本书受到国家自然科学基金项目（编号 71873122）和浙江大学经济学院优秀学术著作出版资助计划的资助。

中国机构投资者的投资与治理行为研究

Investment and Governance
Behavior of
Chinese Institutional Investors

朱燕建　等　著

ZHEJIANG UNIVERSITY PRESS
浙江大学出版社
·杭州·

图书在版编目(CIP)数据

中国机构投资者的投资与治理行为研究 / 朱燕建等
著. -- 杭州：浙江大学出版社，2024.3
ISBN 978-7-308-24718-4

Ⅰ.①中… Ⅱ.①朱… Ⅲ.①机构投资者—研究—中
国 Ⅳ.①F832.51

中国国家版本馆 CIP 数据核字(2024)第 052699 号

中国机构投资者的投资与治理行为研究
ZHONGGUO JIGOU TOUZI ZHE DE TOUZI YU ZHILI XINGWEI YANJIU

朱燕建 等 著

策划编辑	吴伟伟	
责任编辑	丁沛岚	
责任校对	陈　翩	
封面设计	周　灵	
出版发行	浙江大学出版社	
	（杭州市天目山路148号　邮政编码310007）	
	（网址：http://www.zjupress.com）	
排　　版	杭州朝曦图文设计有限公司	
印　　刷	广东虎彩云印刷有限公司绍兴分公司	
开　　本	710mm×1000mm　1/16	
印　　张	22.25	
字　　数	363千	
版 印 次	2024年3月第1版　2024年3月第1次印刷	
书　　号	ISBN 978-7-308-24718-4	
定　　价	98.00元	

前　言

近10年中,我国机构投资者快速发展,形成了以证券投资基金为主导,包括证券机构、社保基金、信托机构、保险机构、QFII(合格境外机构投资者)、企业年金基金、期货公司、财务公司等在内的专业机构格局,机构投资者队伍正在逐渐扩张。根据中国证券投资基金业协会网站所发布的数据,截至 2022年四季度末,我国各类资产管理业务共管理19.17万只产品,总规模约66.83亿元(未包含银行理财、信托计划与保险资管产品)。其中,公募基金规模26.03万亿元,证券公司及其子公司私募资产管理业务规模6.87万亿元,基金管理公司及其子公司私募资产管理业务规模7.12万亿元,基金公司管理的养老金规模4.27万亿元,期货公司及其子公司私募资产管理业务规模约0.31万亿元,私募基金规模20.28万亿元,资产支持专项计划规模1.95万亿元。考虑到数据可得性,本书的分析将主要以公募基金及其他公开资产组合的机构投资者为大样本数据分析对象。

中国证券投资基金业协会于2022年10月发布年报,对我国公募基金行业进行了详细介绍。截至2020年底,我国共有公募基金管理人153家,管理公募基金产品7913只,管理公募基金资产规模达到19.89万亿元,其中纯股票型基金规模仅为2.00万亿元,混合基金规模为4.36万亿元,二者合计占32.0%。①与机构投资者数量扩张相反的是,其对股票市场的参与度却呈明显的下降趋

---

① 2022年4月《中国证券投资基金业年报》发布的是2019年底的数据。

势。权益类公募基金资产净值占全部开放式公募基金资产净值的比例从2009年的81.4%下降到2020年的32.0%,2018年下降到最低,为16.8%。公募基金持有股票类资产总值4.80万亿元,占其持有全部资产的22.1%,仅占沪深A股总市值的7.5%。快速扩张的基金产品与低股票市场参与度导致的问题主要有三:一是基金等机构投资者在上市公司决策中话语权较小,通过改善其持股的上市公司治理体系以达到价值投资目的的空间有限;二是机构投资者,尤其是主动管理的基金类机构投资者有较强的动机进行投机性交易,这加剧了市场波动,投资行为呈现出与噪声交易者类似的特征;三是机构投资者的投资交易行为可能受到很多非理性因素的影响,比如为了吸引流量的利益输送、业绩压力下的风格切换和过度投资等。

本书深入、系统地研究了以公募基金为代表的机构投资者在金融市场和公司治理中的角色,具有重大的理论和现实意义。理论上,本书把机构投资者在公司治理中的角色与其在金融市场上的交易特征联系起来,挖掘机构投资者进行投机性噪声交易的微观公司治理机制,建立一个"不同机构投资者—公司治理角色—金融市场作用"的综合性分析体系,把经典的公司金融问题和资产定价问题结合起来研究。本书尝试分析公募基金与其投资人的"委托—代理"问题,从公募基金的内部治理和外部约束研究他们对基金投资人的利益侵害问题。

本书对金融市场发展、上市公司治理和宏观监管都具有现实意义。

首先,从金融市场来看,市场普遍期望机构投资者的专业投资能力能够显著提升金融市场的效率,提升市场的价格发现功能,促进信息和价格在金融市场快速有序传导,减少市场波动。研究不同类型机构投资者在金融市场的投资行为非常有利于我们认识他们在稳定市场中的实际作用,从而推进他们投资的行业发展和提升金融市场的效率。当然,也许有人会认为机构投资者较低的持股比例、较差的上市公司质量以及复杂的政策环境限制了机构投资者的价值分析和趋势分析的作用效果,但是从金融市场的长远发展来讲,我们一定是期望机构投资者是价格发现的推动者,而不是市场波动的始作俑者。从这个角度来讲,本书有利于引导机构投资者健康发展,也有利于我国金融市场的长远健康发展。

其次,从上市公司治理来看,在我国上市公司的股权机构中,控股股东的平均持股比例一直超过全部A股的30.0%,而单个基金持股单个上市公司的平均比例只有0.2%左右,所有机构投资者平均持股比例也远小于30.0%,导致的直接问题就是控股股东与中小股东(包括机构投资者)之间的利益侵占问题。市场对机构投资者参与公司治理能力的普遍期望与实际情况存在差距,不同机构投资者在公司治理中的角色很难被获知。我们在前期针对基金经理做了一个小型的匿名调查问卷,共收回38份调查问卷,其中超过90.0%的基金经理认为他们与上市公司大股东之间存在信息不对称,70.0%左右的基金经理承认他们有获得内部信息的渠道,但同时,超过85.0%的基金经理有意愿去改善公司信息披露质量,但是认为有能力改善的基金经理不到50.0%。本书将在大样本基础上调查不同的机构投资者改善公司治理状况的意愿、能力以及效果,这对上市公司的长远高质量发展具有非常重大的意义。

最后,从监管部门来看,我国2004年1月通过的《国务院关于推进资本市场改革开放和稳定发展的若干意见》指出,机构投资者群体能够有效推动上市公司的发展,能够改善我国的资本结构,因而要鼓励机构投资者发展壮大;同年12月通过的《关于加强社会公众股股东权益保护的若干规定》设置了分类表决机制,为机构投资者参与上市公司的公司治理、保护中小股东权益提供了法律保障。由此可见,监管部门对机构投资者参与证券市场有非常正面的期许。可是,近几年来,有关机构投资者违规的案例却非常多。本书将详细考察不同类型机构投资者在推动金融市场效率和上市公司治理水平中担当的角色,为监管部门评估我国机构投资者的发展现状,制定有针对性的发展政策提供借鉴,推动我国金融市场、上市公司和机构投资者健康有序发展。

本书为国家自然科学基金项目(71873122)的阶段性成果,感谢项目组的资助。同时,也感谢浙江大学博士生徐嘉婧、本科生李虹毓和王蕊在文稿编辑中提供的帮助。由于笔者水平有限,难免存在错漏之处,敬请读者朋友批评指正。

目　录

第一章　基金费率、业绩压力与投资行为

近年来,我国公募基金行业蓬勃发展,已经成为资本市场中重要的机构投资者。随着行业的不断发展,基金之间的竞争也日益加剧,这使得基金管理的主要角色——基金管理人面临越来越大的竞争压力。中国基金市场上普遍存在着投资者追逐业绩的情形,因此前期业绩相对较差带来的业绩压力会影响基金管理人的投资行为,具体表现在投资风险调整和换手率调整两个方面。

本章以我国基金市场上的开放式股票型基金和混合偏股型基金为研究对象,以2010—2019年所有成立一年以上的基金为研究样本,采用列联表分析和回归分析的研究方法,研究了在业绩压力下,基金管理人投资行为的调整情况,并创新性地从费率角度入手,探究了费率影响上述机制的途径。

本章研究发现,业绩压力会显著影响基金管理人的投资行为。在投资风险方面,由于资本市场具有高风险高收益的特点,上半年业绩压力较大的基金管理人为了改善业绩,会提高下半年的投资风险。在换手率方面,基金管理人通过寻找市场盈利机会进行交易以获得超额收益,上半年业绩压力较大的基金管理人可能会更积极地寻找市场盈利机会,因而会提高下半年的换手率。进一步研究发现,熊市中基金管理人上述投资行为的调整程度要低于牛市,这可能是因为熊市中基金管理人还面临着相对较大的解职压力,且熊市中盈利机会比牛市少。考虑基金费率后,本章还发现当基金的真实管理费率占比大于既定管理费率时,一般情况下基金管理人因业绩压力业绩改善行为动机会减弱,但业绩相同的赢家基金在这种情况下反而会提高投资风险。

第一节　研究概述

一、研究背景

21世纪以来,我国居民收入水平和生活水平有了显著的提升。根据国家统计局数据,2019年底,我国居民人均可支配收入达到30733元(如图1-1所示)。居民财富的增加使得居民对投资理财的需求更加强烈,对其认识也更加深入。随着证券市场的不断改革发展,越来越多的人加入证券投资者的行列,投资证券也逐渐成为个人和家庭重要的资产配置途径。但我国证券市场瞬息万变,风险和收益并存,个人投资者往往欠缺专业的投资知识,而且由于资金量小,难以实现有效的资产配置。证券投资基金在这样的背景下应运而生,通过向投资者发行各类产品募集资金,并聘任专业的基金管理人进行管理,从而降低非系统性风险,有效克服普通投资者资金量少导致投资标的单一的缺点。

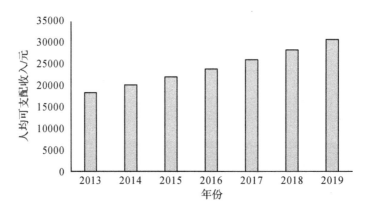

图1-1　2013—2019年我国居民人均可支配收入

数据来源:国家统计局。

1992—1997年,我国政府出台了一系列政策,奠定了基金行业的监管框架;1998年3月,我国首批封闭式基金公开发行上市;2001年9月,我国发行了第一只开放式基金——华安创新;2015年至今,我国基金市场进入高速发展阶段,基金规模实现了翻倍增长;截至2020年底,我国基金管理公司共有146家,公募基金规模达19.89万亿元,共有基金7913只(如图1-2所示)。

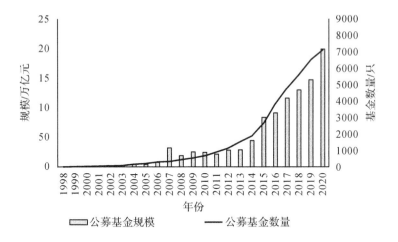

图1-2　1998—2020年我国公募基金行业情况
数据来源:中国证券投资基金业协会。

相比于封闭式基金,开放式基金有着流动性强、市场透明度高、选择性强等优点,在资本市场中更受投资者欢迎。同时,随着互联网金融工具和网上银行的推广与发展,开放式基金受到越来越多的关注。截至2020年底,开放式基金规模达到17.33万亿元,占全部公募基金的87.13%(如图1-3所示)。

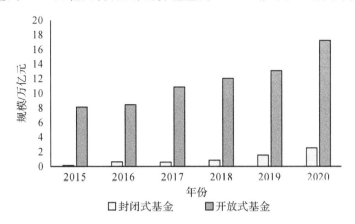

图1-3　2015—2020年我国封闭式基金和开放式基金规模
数据来源:中国证券投资基金业协会。

在开放式基金中,开放式股票型基金和开放式混合型基金凭借其高风险、高收益的特点,在市场上颇受投资者关注,在家庭资产配置中有着重要的地位。同时,由于这两类基金能够提取相对较高的管理费用,并且在同类基金的竞争中能够拉开较大的业绩差距,从而赢得投资者信任,各个机构纷纷设立此类基金。截至2020年底,上述两类基金数量合计占开放式基金总数的67%(如图1-4所示)。

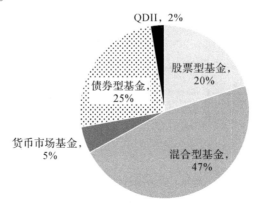

图 1-4　2020年12月我国各类开放式基金分布①
数据来源:中国证券投资基金业协会。

李志冰等(2019)研究发现,投资者在衡量基金管理人能力、选择基金时,更关注基金原始超额收益率,或只基于市场风险调整风险敞口。因此,由基金原始超额收益率引申出来的基金收益率排名对投资者选择基金有重要的影响,基金之间的竞争在一定程度上集中于基金收益率的竞争。

一方面,基金之间的竞争会带来业绩压力,由于基金管理人直接负责基金的日常投资活动,这些压力会直接施加到基金管理人身上。压力会对个人的行为产生深远的影响,基金管理人为了应对压力,很可能会改变其投资行为,具体表现在未来的投资风险和换手率上,这些行为都可能会对基金的未来业绩产生重要影响。而且由于存在委托—代理问题,很难判断基金投资行为的改变是否有效提高了基金业绩。

另一方面,由于国内公募基金实行固定费率制度,不存在激励提成,每只基金的收益只来源于基金规模×基金费率。而股票型和混合偏股型基金的费

---

① 因统计数据录入时进行了四舍五入,导致比率总和为99%,但不影响分布关系。

率大多数为1.5%,从这个角度上看,费率似乎对基金投资行为没有影响。但进一步研究基金披露的财务报告可以发现,财务数据中的真实管理费率(管理费用/基金平均规模)往往与合同设立的既定管理费率有较大的偏差。这种偏差是否会影响基金的投资行为,也是本章重点研究的内容。

二、相关概念

在我国固定管理费率的机制下,基金公司实现利益最大化的途径就是吸引更多的投资者资金流入,扩大基金规模。良好的投资业绩是实现上述目标最直接的途径,因此,相对较差的业绩就会给基金管理人带来业绩压力。基金管理人作为基金的主要管理者,负责基金的投资决策和资产配置,相比于投资者掌握着更多的信息,投资者很难有效地知悉基金管理人的投资行为。从财务报表的角度来看,基金管理人的决策行为最终会体现在持仓组合和报告期内买入/卖出股票总金额两个数据上。因此,由此数据得到的投资风险调整以及换手率调整,是描述基金管理人行为的有效指标。

(一)基金投资风险调整

根据资本资产定价模型,证券市场中投资的预期收益率与投资风险存在着正相关的关系。收益率是对某一非系统性风险承担的补偿。基金因为有着资产规模大的特点,能够灵活地调整资产组合,承担某些特殊类型的风险,以追求收益。常见的风险因子主要有市场因子、规模因子、价值因子和动量因子。

过去多数学者以调整风险敞口后的超额收益率作为基金业绩的评价标准。但在基金市场上,股票型和混合偏股型基金的风险等级均标注为中高风险或高风险,投资者很难判断风险的具体程度。因此,投资者更关注原始收益率,而很少关心基金究竟承担了何种类型的风险。这就使基金管理人产生了调整投资风险的动机。

当基金管理人上一期的业绩较差,面临较大业绩压力的时候,提高当期基金投资的风险水平是改善业绩、取得高收益最直接也是最有效的方法之一。

一般来说,顺应市场风格调整基金组合的风险暴露,是有效的调整方式。比如当市场风格转向价值型股票时,基金管理人通过更多地投资于每股净资产较低的股票,提高价值因子的风险暴露,能够获得更好的收益。但在实际操作过程中,基金管理人能否正确地判断市场趋势,并且做出符合预期的调整,存在大量的不确定性。基金管理人也有可能直接投资高风险股票,以博取更高的收益。在业绩压力下,上述两种机制均会导致基金投资风险的上升。

(二)基金换手率调整

在完全有效市场的假说下,基金无法通过调仓和交易获得额外的收益。但市场上存在着诸多"明星"基金,其收益率长期远超市场回报率,说明在一定程度上存在着基金管理人管理水平的强弱之分。基金管理人之间的竞争,也围绕着基金的收益率、基金管理人的交易能力展开。

当市场上存在盈利机会,即某些股票价格被低估时,基金管理人可以通过及时调仓交易,持有此类股票一定时间后再卖出,以取得收益。因此,基金管理人识别的市场机会越多,基金管理人的换手率就会越高,基金的收益也会随之增加。

基金管理人的换手率越高,并不代表基金的收益越高。一方面,高换手率会产生高的交易费用,这些费用会直接在基金净资产中扣除,因而会降低基金收益率;另一方面,并非所有的基金管理人均有着良好的择时选股能力,并且某些基金管理人可能会因为过度自信,过分相信自己的判断,而对交易机会产生错误的判断。在上述情况下,高换手率反而会减少基金的收益。

三、研究意义

(一)理论意义

首先,随着基金市场的不断发展,学术界对基金业绩压力的研究也越来越完善。过去大部分学者都将目光集中于业绩压力与基金投资风险之间的关系,但除了投资风险,业绩压力还会对基金管理人的其他投资行为产生影响。

Pastor 等(2017)以股票型基金为研究样本,以周转率衡量换手率,发现换手率与基金绩效存在着正相关的关系,且时间序列上的正相关关系比横截面上的更强,这说明换手率也会对基金绩效产生影响,因此在业绩压力下,基金管理人可能会为了提高收益调整基金换手率。本章依照过去学者研究投资风险的方法,创新性地将换手率引入研究,探究了在业绩压力下,基金管理人换手率的调整行为,为业绩压力与投资行为的研究提供了新的视角。

其次,基金费率在基金理论研究中也有着重要的地位。过去学者大多将目光集中于基金费率的影响因素或基金费率与基金业绩之间的关系,而未对基金费率的调节效应展开研究,本章从一个全新的视角看待基金费率,将基金真实管理费率与设定管理费率之差引入研究,探究了在业绩压力影响基金管理人投资行为的过程中,该变量所起到的作用,为基金费率的相关研究提供了新的思路。

(二)现实意义

对基金公司来说,由于国内公募基金公司缺乏完善的公司治理机制,委托—代理问题一直在业界普遍存在。随着基金市场规模的迅速扩大,如何有效地约束与激励基金管理人,保障投资者利益,是当前市场监管部门的重要研究内容。在业绩压力下,基金管理人为了追逐业绩,尽可能扩大基金规模,很可能会因为过分自信、非理性等因素做出错误的判断,从而影响到基金业绩。因此,本章可以帮助基金公司更进一步地了解基金管理人面对压力时投资行为的变动,从而建立合理的激励与奖惩机制,规范基金管理人的行为,保护基金投资者的权益。

对投资者来说,如何有效地判断基金的投资风险、投资风格、投研能力,并据此选择适合自己的基金,是投资过程的重要内容。然而市场上的基金年报数据有限,且缺少基金评价机构和相应的评价指标,投资者难以获得有效的基金信息。相对而言,基金的历史业绩数据更容易获得,且现阶段的基金销售平台常常将往期收益率作为宣传重点,因而基金投资者在选择基金时会较多地参考基金的历史业绩,然而基金历史业绩压力导致的基金管理人投资行为变动却往往被投资者忽视。基金所收取的管理费率也直接关系到投资者所付出的成本。过去的研究往往将视野集中在固定管理费率上,忽视了年报中蕴含的真实管理费率。本章引入业绩压力与基金投资行为调整,以及基金真实费率与设定费率之差对投资行为调整的影响,能够为投资者在参考基金历史业绩进行选择时提供新的视角。

(三)创新点

第一,现有文献大多将研究焦点集中在业绩压力下基金投资风险的调整,而忽略了基金管理人的其他投资行为。近年来,基金换手率得到了越来越多学者的重视。国内外学者的研究结论均指出,基金管理人有着优秀的择时选股能力,由交易导致的换手率高低也会影响基金业绩。本章借鉴了以往学者的研究方法,并创新性地将基金换手率引入基金业绩压力研究框架中,为基金业绩压力的研究提供了新的视角。

第二,以往的研究往往局限于基金费率的影响因素,或基金费率与基金业绩之间的关系,而未对基金披露的费率数据进行更进一步的研究。本章引入基金的真实管理费用占比与固定管理费率之差,创新性地构造了基金费率影响虚拟变量,为未来基金费率的研究提供了新的思路。

第二节　文献综述

一、基金风险调整行为研究

(一)业绩压力与基金风险调整行为关系研究

大量学者研究了基金业绩压力与风险偏好之间的关系,但得出的结论并不一致,即存在业绩压力的基金,其下个阶段的投资风险难以判断。Brown等(1996)首次将锦标赛理论引入基金研究,他们使用基金月度收益率标准差构造风险指标,研究发现,当存在激励机制时,业绩较差的基金会显著提高下个阶段的投资风险。Berk等(2004)通过理论模型研究,证明在薪酬激励和雇佣风险两种因素的共同影响下,上一期较好的业绩会使基金管理人降低下一期的投资风险,而上一期较差的业绩则会使基金管理人提高下一期的投资风险。Schwarz(2012)在纠正了"排序偏差"之后得到了同样的结果,即上半年表现不佳的基金管理人会在下半年提高投资组合风险,而且这种竞赛行为并不依赖于上半年的市场状况。

但也有学者提出了不同的意见,即年中业绩较好的基金为了保持领先地位,反而会在下半年采用比输家基金更激进的投资策略。Chevalier等(1997)在Brown等(1996)的基础上进一步研究发现,以9个月为业绩基准期,赢家基金在接下来3个月内会显著提高投资风险,而输家基金则会降低投资风险,并且新基金比旧基金有着更强的相关性。Taylor(2003)基于锦标赛理论,建立了一个只包含两只基金的两期模型,研究发现当基金的业绩基准作为外生变量时,上一期业绩较差的基金会在下一期提高投资风险,但上一期业绩较好的基金会预测到业绩较差的基金将提高投资风险,因此也会跟进并提高投资风险,这一行为在年中业绩差距较大或股票收益同时具有高回报率和低波动率时更为明显。Basak等(2007)研究认为基金管理人的风险激励是由资金流动与相对业绩之间呈递增的凸形关系所引起的。他们证明了在一个动态的投资组合选择框架中,基金管理人存在一个有限的风险转移范围。在这个范围内,基金管理人会以高于基准的方式进行投机,但这种投机行为导致基金管理人投资组合风险的变动,取决于基金管理人的风险承受能力。Busse(2011)采用日度收益率数据替换月度收益率数据,重复了Brown等(1996)的检验,指出在调整了自相关性之后,无法得出相同的研究结论。

在国内方面,史晨昱等(2005)指出国内基金的竞争压力越来越大,业绩相对较差的基金管理人有提高下一期投资风险的倾向,并且成立时间较短的基金风险增加程度比成立时间较长的基金更大。龚红等(2010)以封闭式基金为样本,发现由于不像开放式基金那样面临着投资者赎回和申购的压力,较差的业绩并不会令封闭式基金的基金管理人产生压力,因而他们成为输家后并不会提高投资风险以改善业绩。此外,行业政策等因素的变化会对基金管理人的投资风险产生显著影响。山立威等(2012)以2005—2010年间开放式股票型基金和混合型基金为样本,研究发现,年中业绩较差的基金管理人会显著提高下半年的投资风险,但这些基金管理人采取激进的投资方式后无法改善下半年的业绩。此外他们还考虑了基金管理人更换、资金流动、基金管理人个人特征以及基金年底排名等因素对上述关系的影响。肖继辉等(2015)在研究业绩压力对基金投资风险调整的影响时,发现很难直接判断输家是否比赢家更爱冒险,需要进一步考虑赢家身份、排名位置、股市表现、基金投资风格和持有风险资产质量等因素。

(二)基金风险调整行为动因研究

Chevalier等(1997)认为,在基金行业普遍存在着"委托—代理"问题,基金投资者和基金管理人分别作为委托人和代理人,有着不同的目标,前者的目标是最大化基金的投资收益,后者的目标则是通过扩大基金规模收取管理费用,最终最大化自身报酬。他们还指出,基金业绩和资金流存在着不对称性,当基金业绩排名较高时,会吸引大量投资者资金流入;但当基金业绩排名较低时,则不会有同等幅度的投资者资金流出。这种不对称关系使得基金管理人有追逐收益的动机。Kempf等(2008)指出,在研究业绩排名与基金管理人风险调整行为的关系时,只考虑锦标赛机制是不完整的,原因在于锦标赛机制仅分析了业绩与报酬之间的关系。但对于基金管理人来讲,在前期业绩较差时,下一期仍然提高风险以追逐业绩,这种行为很有可能导致基金管理人被解雇。由此得到的结论与Brown等(1997)提出的锦标赛机制结论完全相反。

国内方面,李学峰等(2011)先从理论出发,提出我国证券投资基金行业存在隐性激励问题,再通过对比开放式基金和封闭式基金实现了对隐性刺激程度的度量,最后证明了我国开放式基金存在着普遍的惯性行为。彭耿(2012)从理论上分析了固定费率与业绩报酬激励机制对基金风险承担的影响,并采用了EGARCH模型进行了实证研究,发现在固定费率的体系下,业绩报酬激励会促使基金提高风险以追逐业绩。张宗新等(2012)以2006—2010年开放式股票型基金季度数据为基础构建了动态面板模型,实证结果表明基金持有人的申购、赎回行为会直接影响基金管理人的投资行为,包括策略选择和资产组合调整。肖继辉等(2015)通过构建理论模型并通过实证检验,发现市场为牛市时,若输家持有优质资产,则其排名越靠后,下一期投资风险调整就越大;当市场为熊市时,则恰恰相反。他们还发现,上述风险调整行为会对下一期的收益产生影响,具体表现为输家业绩会上升,而赢家业绩会下滑。肖继辉等(2016)将股市表现和市场强度作为锦标赛理论的外生变量,研究了报酬激励和解职风险的相对强度对基金管理人预期风险调整的影响,得出结论:牛(熊)市情况下,输(赢)家有更强的提高下一期投资风险的意愿,这是因为牛市时报酬激励占主导,而熊市时解职风险占主导。

二、基金换手率研究

(一)基金业绩与基金换手率

在基金换手率与基金业绩的关系上,国外学者的研究较多,国内学者的研究较少。大部分学者认为二者存在正相关性。Grinblatt等(1994)以美国279只共同基金和109只被动投资组合基金为样本,以不同的业绩评定方式评价基金,以探究基金业绩与基金各个特征之间的关系。他们的研究结果表明,基金换手率的高低能够体现基金管理人的投资水平,与基金的超额收益有着正相关关系。Wermers(2000)采用新的基金数据库数据,将基金的收益和成本分解为不同的组成部分,实证结果表明主动型基金能够得到超过市场平均值的收益率,且换手率越高的基金,往往业绩越好。Cao等(2013)利用CRSP共同基金数据库,发现有证据表明,在1974—2009年,共同基金管理人在投资组合水平和单个基金水平上都表现出了把握市场流动性的能力,且这些基金往往具有更长的历史、更高的费用比率和更高的周转率。Pastor等(2017)以股票型基金为研究样本,以周转率衡量换手率,发现换手率与基金绩效存在着正相关的关系,且时间序列上的正相关关系比横截面上的更强。Vidal-Garcia等(2018)用回归分析方法和包络分析方法分析了基金成本(包括费率、换手率和风险)和基金绩效的关系,发现各国的基金都是近似"均值—方差"有效的。

也有一些学者不同意上述观点。Elton等(1993)研究发现,主动型共同基金比被动型指数基金的表现差,更高的基金费率和换手率反而会带来更差的业绩,而且基金不会根据业绩调整基金的成本。Carhart(1997)研究发现,基金换手率和基金业绩呈负相关关系,基金的每一笔交易都会使收益降低95个基点。Mingo-Lopez等(2018)以1999—2014年美国共同基金为样本,研究发现高换手率的基金业绩表现并不优于低换手率的基金,投资于低周转率基金比投资于以前的高周转率基金可以带来更高的风险调整回报。他们还证明了这个负相关关系不受其他因素影响。

还有学者认为基金换手率和基金绩效之间并没有必然联系。Droms等(1994)采用了混合截面回归和时间序列回归的方法,以1971—1990年运营的108只国际权益类共同基金为样本,研究发现基金业绩,不论是否经过风险调整,均与换手率无关。Gottesman等(2007)研究了共同基金特征,如费用比率、换手率和晨星共同基金星级评级等对新兴市场共同基金业绩的预测能力,结果发现费用比率较低的基金能够取得更高的收益,而换手率等其他特征并没有预测能力。

(二)基金换手率调整行为动因研究

基金换手率作为基金财务报告披露的重要特征,其影响因素也在学术界受到了广泛的关注。基金的换手率也受到基金各个特征的影响,其中得到广泛认可的是基金管理人的能力和行为特征。前者包括私有信息、择时能力和辨别盈利机会的能力,后者则包括自身的条件、所处的社交网络以及行为金融学中提及的行为偏差、过度自信等特征。

还有一些学者从基金管理人能力入手来解释高换手率成因。Baker等(2010)以共同基金管理人持有和交易的股票的收益公告回报来衡量他们的选股能力,研究发现,基金管理人具有根据基本面进行选股的能力,同时他们有预测股票每股收益的能力,这种能力带来的收益能够解释基金大部分的超额收益。Yi等(2016)以2002—2013年中国股票型基金的日度数据为样本,研究发现基金的换手率和费用与基金管理人的市场择时能力和价值择时能力正相关,而与动量择时能力负相关。他们在2018年进一步从市场收益、波动性和流动性三个角度来衡量基金管理人的择时能力,并采用Bootstrap法研究发现了中国的基金管理人能够根据市场的波动性和流动性进行择时投资,并且成功的基金管理人往往具有较高的换手率(Yi et al., 2018)。Pastor等(2017)研究发现,基金管理人的换手率与基金的业绩存在正相关关系的原因在于,市场上存在着各种各样的盈利机会,为了挖掘和实现这些盈利,基金管理人必然会增加一个周期内调仓的次数,以提高其换手率。

在基金管理人的行为特征方面,Daniel等(1998)认为自我归因偏差和过度自信都会提高投资者的换手率,包括机构投资者和个人投资者,但无法判断这种因素是否能提高投资业绩。肖欣荣等(2015)认为,上一期业绩表现突出的基金管理人会产生过度自信的心理,从而使得下一期的换手率增加。此外,他们发现基金管理人的年龄、任职基金数量与换手率存在负相关,说明缺乏从业经验的基金管理人更容易产生过度自信的心理,而性别、学历等因素则不会产生影响。Christoffersen等(2011)系统地研究了人口特征因素(包括管理经验、工作地点、教育和性别)对基金换手率的影响,发现工作地点在金融中心的新晋基金管理人的换手率往往更高,但他们的业绩表现并不优于工作地点在小城镇的缺乏经验的经理。另外,工作地点在金融中心的经理在实现较好的业绩后偏向于提高换手率。这一结果对那些投资于增长型股票、居住在纽约、经验不足、受教育程度更高的男性基金管理人来说尤其明显。

在基金管理人的私有信息和社交网络方面,Chou等(2016)根据台湾证券投资信托咨询协会的月度数据研究了更换基金管理人对基金管理和业绩的影响。他们发现,基于私人信息、声誉担忧,以及新经理出售表现不佳股票的宽限期,新的基金管理人会调整基金的资产组合,使得换手率大大提高。在基金管理人更换后的三个月内,投资组合的调整对业绩的影响具有不确定性。但当观测期调整到一年后,投资组合的调整的确有助于新任基金管理人取得比前任基金管理人更好的业绩。杜威望等(2018)借助SIR传染病模型,通过基金管理人的社会关系构建了理论框架,通过理论和实证研究,发现当基金管理人处于同一个社交网络下时,他们的换手率和业绩起伏具有高度相似性,这是因为基金管理人会通过社交网络传递共享信息。同时,溢出效应也存在于上述机制之中,具体表现为单个基金管理人的换手率不仅会影响其所管理基金的业绩,还会影响到同一个社交网络下其他基金管理人所管理基金的业绩。

三、基金费率研究

(一)基金业绩与基金费率

基金费率与基金业绩的关系在国内外学术界得到了广泛的关注,多数学者得到的结论是它们之间存在着负相关的关系。在模型研究方面,Nanda 等(2000)建立了一个模型,其中管理费率、申购赎回费率以及基金的平均收益在市场竞争环境中是内生决定的。他们的研究发现,基金投资者的流动性需求和市场需求导致了基金费率的多样性,且市场同时存在多个均衡点,不同偏好的投资者会被"筛选"到不同的均衡点上。此外,更多的学者试图通过实证研究探讨两者之间的关系,并提出了相应的解释逻辑。Christoffersen(2001) 发现,在货币基金市场中基金减免费用是一个很普遍的现象。他的研究表明,表现较差的零售基金和机构基金均会为了提高业绩而减免基金费用,表现较好的零售基金会减免更多费用以吸引对业绩更加敏感的投资者,但表现较好的机构基金则不会减免基金费用,因为机构基金的投资者往往对业绩敏感性不高。Prather 等(2004)在研究中发现,基金费用与基金绩效呈负相关,这是因为基金向投资者收取的费用并没有高效地应用到基金研究当中去,有一部分会被用于行政管理和市场营销。

近年来,越来越多的国外学者将注意力集中在基金投资者的敏感性上,并指出这是基金绩效与基金费用呈负相关的重要原因。Gil-Bazo 等(2009)研究发现,基金扣除费用前的业绩与基金费用之间存在负相关关系,并通过实证得出结论:基金面对不同程度的业绩敏感度投资者时,会战略性地设置基金费用。较高的费用会降低基金扣除费用后的收益,而业绩较差基金的投资者往往对业绩敏感性较低,不会轻易卖出基金,因此当基金提高费用比例时,即使业绩较差,也能获得不错的收入。而业绩较好的基金则会通过降低费率,更进一步地建立竞争优势,吸引投资者投资,达到扩大基金规模的目的。Vidal 等 (2015)研究发现,基金费率与基金业绩之间的负相关关系能够用来预测基金 业绩,原因也是基金会根据往期业绩或预计业绩战略性地设定基金费率。Hu 等(2016)以美国 1962 年 1 月到 2011 年 12 月的基金数据为研究样本,用 BW 情 绪指标替代资金流入,重新定义了业绩敏感度指标,通过实证研究发现基金会 对不同业绩敏感性的投资者实施战略性收费。

国内方面,曾德明等(2005)以封闭式基金为样本,实证研究发现基金费用 与基金业绩之间的关系受到管理质量的影响。在管理质量好的基金中,这两 者存在负相关关系,而在管理质量差的基金中则相反。王性玉等(2009)发现, 上一期基金管理费与本期基金的业绩不相关,本期基金管理费、托管费之和, 与本期基金的业绩正相关,并且相比于开放式基金,该关系在封闭式基金中更 加明显。彭振中等(2010)通过理论研究构建了一个模型,发现基金费率结构 模式能够提高基金业绩。在我国基金行业,私募基金的费率结构设置可以产 生更高效率的激励约束作用。韩燕等(2015)通过理论研究提出了一个基于信 息不对称的模型,指出基金业绩与费用之间存在负相关关系的主要原因是,在 信息不对称的条件下,基金投资者容易受到基金营销活动的影响,难以准确判 断基金的业绩。因此,业绩较好的基金应该通过降低基金费率提高竞争力。

(二)基金费率影响因素

开放式基金费率的影响因素是费用问题的研究重点之一。Tufano 等 (1997)从公司治理的角度研究了基金费率和董事会之间的关系,他们发现当 基金董事会规模较小、独立董事比例较大,以及董事会由在基金发起人的其他 董事会中占很大比例的董事组成时,基金向投资者收取的费用较低。Iannotta 等(2012)研究发现,基金规模越大、存续时间越长、基金公司管理的基金数量 越多,基金的费用越小。

国内方面,王霞等(2005)对我国基金费率模型进行了研究,认为我国基金 费率结构比较单一、不够灵活,仅与基金的类型相关。夏明玉等(2009)也得出 了类似的结论,并进一步发现我国基金不存在规模效应,基金的规模与费用不相关。但也有学者持不同观点。江菲(2012)以2009年开放式基金截面数据为研究样本,通过实证研究发现基金业绩与基金运营费率存在负相关关系,且该关系是非线性的,随着基金业绩的提高,基金运营费率的降低速度放缓。此外,将基金公司的其他特征引入研究后,发现基金公司拥有的开放式基金数量和基金的存续时间与运营费率的关系不显著,基金的业绩越差、机构投资者持有比例越高,基金运营费率越低。宗庆庆等(2015)采用空间计量方法,研究了基金销售费率,结果表明由于销售渠道有限,基金的渠道费用较高,使得基金费率保持在较高的水平。

四、文献评述

综上所述,国内外已有大量学者对基金业绩压力进行了研究,但仍然不够全面,主要有以下几个方面可以补充。

第一,已有学者指出,基金换手率与基金业绩之间也存在相关性,在业绩压力下,基金管理人可能通过调整换手率以追逐业绩。而大多数学者在研究业绩压力对投资行为的影响时,只关注投资风险的调整,而忽略了基金换手率的调整。

第二,部分学者在研究业绩压力对投资行为的影响时,考虑了个体、时期的异质性,比如王燕鸣等(2013)考虑了基金管理人的从业年限,肖继辉等(2016)考虑了牛、熊市,但少有学者考虑到基金费率。大多数学者对基金费率的研究停留在绝对值层面,而未关注真实值与设定值之差的影响。如前所述,财务数据中的管理费用/基金平均规模往往与合同设立的固定管理费率有较大的偏差,这种偏差也可能会影响基金的投资行为。

第三,国内已有相关文献的数据大多集中在2015年及以前。2010年至今,国内资本市场经历了多个周期,各项制度更加完善,基金市场中可能出现了新的特征,需要进一步地进行研究。

第三节　基本理论、理论机制与研究假设

一、基本理论

基金研究一直是金融领域内重要的话题之一。过去的学者也将一系列经济学理论引入基金研究,其中与基金管理有关的经济学理论主要有委托—代理理论和有效市场假说,与基金竞争有关的经济学理论主要是锦标赛理论。

(一)委托—代理理论

委托—代理理论起源于20世纪60年代末,以非对称信息博弈论为理论基础,是过去几十年中契约理论最重要的发展之一。在该理论中,委托人的效用函数是追求财富最大化,而代理人的效用函数则是追求薪资、消费、闲暇和声誉最大化,若不采取某些措施平衡两者的关系,彼此目标的不一致必然会导致一系列利益冲突问题。由于代理人往往掌握着更多的信息,最终会导致委托人的利益受损。

基金行业中的委托—代理关系,主要表现为两种形式:一是基金公司与基金管理人的委托—代理关系,二是基金投资者与基金管理人的委托—代理关系。基金公司和基金投资者作为委托人,追求的是收益最大化;而基金管理人作为代理人,在追求投资收益之外,还追求个人收益。如何建立有效的行业体系、政策法规、公司管理制度以及市场约束机制,平衡三方之间的关系,是历年来基金行业中的热门话题。

(二)有效市场假说

Fama(1970)总结了过去学者对股票随机游走模型的研究,提出了有效市场假说。该假说的基本观点是,假设市场上的每个行为人都是理性的,并且同时获得同样精确且完整的信息。他们每天都在分析股票的基本面,以未来收益折现法判断股票的现时价值,并据此买入卖出股票。在这样的机制下,一旦

某只股票的价格偏离了其价值,就会出现供求关系的不对等,市场上的行为人能立即发现这个现象,并通过交易平衡股票的价格和价值。所以从另一个角度来讲,在市场有效的情况下,股票价格已经反映了该股票在市场上所有可获得的信息,因此不管投资者如何进行分析或操作,也无法从交易中获得超额收益。通过对市场信息有效性的分类,Fama提出了有效市场假说的三种形态,分别为弱式有效市场假说、半强式有效市场假说和强式有效市场假说。

有效市场假说发展至今,也面临着诸多挑战,其中冲击最大的是行为金融学。行为金融学否定了理性人的假说,认为行为人不仅不能获得最有效的信息,而且在有效信息的情况下也无法做出理性的决定。

基金市场的存在与蓬勃发展也从侧面说明了证券市场很难达到有效市场这样的理想状态。假设市场是有效的,那么基金管理人就无法通过投资提高基金的收益,主动型基金也无法在市场中得到认可。而现实情况是不同的基金之间存在着较大的业绩差异,这也是本章的现实研究基础。

(三)锦标赛理论

锦标赛理论由Lazear和Rozen于1981年提出,该理论通过相对业绩比较,运用了博弈论的方法研究委托—代理关系。由于代理人的业绩不仅来自其努力程度,还来自随机的运气,因此委托人无法通过业绩直接评价代理人的努力程度。故在锦标赛机制中,委托人直接根据相对业绩的排名来评价代理人,给予相应的报酬,这样可以剔除很多不确定性因素,并且在一定程度上能够强化激励机制。

锦标赛理论在基金行业也有很强的适用性。基金管理人面临着共同的环境不确定性,基金公司也很难量化基金管理人投资能力并给予相应的报酬。Brown等(1996)首次将锦标赛理论应用于基金市场,以研究基金管理人的投资风险调整行为,给接下来的研究带来了极大的启发。20多年来,基于锦标赛机制的基金研究越来越完善,一些学者还引入解职风险等因素共同探究了基金管理人的投资行为。

二、理论机制与研究假设

(一)业绩压力与投资风险调整行为

自从 Brown 等(1996)将锦标赛理论引入基金研究领域,国内外学者对基金业绩压力和风险调整行为展开了丰富的研究,并且从不同的角度得到了不同的结论。总体来说,业绩压力对基金的风险调整行为的作用机制主要源于两个方面:一是投资者对业绩的追逐,二是基金管理人对薪酬激励和雇佣风险的考虑。

一般而言,由于我国实行固定管理费率,只有不断扩大基金规模,基金才能得到更多的收益,基金管理人才能获得更多的报酬,而排名靠前的基金往往能够吸引更多的投资者,获得更多的资金流入;相反,排名靠后的基金得到的关注较少,且可能面临资金流出。伍燕然等(2019)研究发现,我国基金投资者存在着明显的业绩追逐行为,"明星效应"显著,而且并不存在赎回异象。因此,在前期业绩较差、业绩压力较大的情况下,基金管理人有较大的动机通过提高基金投资风险的方式,以获得更高的收益率。因此,本章提出假设 H1-1。

假设 H1-1:上半年业绩排名靠后的基金比业绩排名靠前的基金更倾向于提高投资风险。

大部分已有文献均指出基金流量与基金历史业绩有正相关关系,但也有证据表明,业绩与资金流入的关系是不对称的。Chevalier 等(1997)基于委托—代理框架,指出基金管理人实质上拥有一个期权,即在业绩较好时能够吸引较多资金流入,而业绩较差时却不会面临明显的资金流出。此外,肖峻(2013)指出,在牛市时,基金投资者更热衷于追逐业绩,更愿意进一步加仓基金;而在熊市时,基金投资者追逐业绩的热情较低,且当基金业绩排名相对较高时,更愿意赎回基金,以实现既得利益。

年中基金业绩排名靠后的基金管理人通过提高后期的投资组合风险,能够提高预期收益率,从而获得资金流入,提高薪酬。但更大的风险往往也意味着更大的损失,若基金出现较大幅度的亏损,基金管理人有很大概率遭到解雇。王燕鸣等(2013)研究了不同市场下基金管理人对业绩压力的风险调整行为,指出在牛市时,薪酬激励占主导地位,上半年业绩较差的基金下半年提高投资风险的倾向较高;而在熊市时,雇佣风险占主导地位,上半年业绩较差的基金在下半年提高投资风险的倾向反而更低。

2010年以来,随着我国教育水平的不断提高、资本市场的进一步发展和大众理财投资意识的不断加强,基金管理人之间的竞争日趋激烈。并且,由于各类网上理财平台在终端的普及,基金业绩给基金带来了更多的曝光度。一方面,这些平台会为投资者提供按照业绩排序的基金排名;另一方面,投资者在选择基金时能直观看到的唯有基金的历史业绩。故在这样的市场情况下,不管是在牛市还是在熊市,基金业绩压力均会使得基金管理人提高投资风险,以获得更高的收益。相应地,由于上述机制的存在,在熊市时基金管理人由于业绩压力产生的风险调整行为的倾向比在牛市时更低。因此,本章提出假设H1-2。

假设H1-2: 不管是在牛市还是在熊市,上半年排名靠后的基金比排名靠前的基金在下半年均更倾向于提高投资风险,并且在熊市情况下,上述风险提高的程度比在牛市情况下要小。

(二)业绩压力与换手率调整行为

现阶段较少学者研究业绩压力与换手率调整行为的关系,但其理论机制与上述业绩压力与投资风险调整行为的理论机制具有一致性,即基金管理人能够通过此行为调整提高业绩,从而吸引更多的资金流入,以扩大基金规模,获得更高的报酬和声誉。

一方面,现有结论支持高换手率能够带来高基金收益。Pastor等(2017)通过建立模型提出基金的换手率与基金风格调整后的收益率存在着正相关的关系;此外,他们还进行了实证研究,发现基金管理人能够识别盈利机会,因此更高的换手率能够带来更高的收益。吴敬仪(2019)发现在中国市场上也存在着上述现象。另一方面,基金换手率的提高会产生较高的交易费用,而这些费用是直接从基金净值中扣除的,因此会减少基金的收益。在基金管理人判断正确的情况下,基金的交易费率与基金管理人发现盈利机会所带来的收益相比是微不足道的。故业绩压力较大的基金管理人为了提高收益率,会更有动力去寻找盈利机会进行交易,提高换手率。因此,本章提出假设H1-3。

假设H1-3:上半年排名靠后的基金比排名靠前的基金在下半年有更高倾向提高换手率。

不同的市场趋势也有可能会影响基金管理人在压力下换手率调整的幅度。在牛市时,大盘整体上涨,市场上存在着更多的盈利机会,业绩压力较大的基金管理人更愿意挖掘这些盈利机会,以改善业绩,从而使得基金的换手率有较大提升;而在熊市时,大盘整体下跌,市场情绪较差,盈利机会较少,在这种情况下,业绩压力较大的基金管理人在考虑风险和交易成本之后,基金换手率提高的程度较牛市时小。因此,本章提出假设H1-4。

假设H1-4:不管是在牛市还是在熊市,上半年排名靠后的基金比排名靠前的基金在下半年均更倾向于提高换手率,并且在熊市情况下,换手率提高的程度比在牛市情况下要小。

(三)基金费率影响业绩压力与投资行为

基金的半年度报告和年度报告会披露基金运营过程中产生的费用,其中管理费用由基金公司收取,是基金公司的收入来源。因此,基金费用的多少对基金管理人有着重要的激励作用。但由于开放式股票型基金的固定管理费率大部分为1.5%,在各基金之间少有差别,因此本章从年报中真实产生的管理费用占比与固定管理费率的差别入手,提出了一个全新的机制。

本章设定的基金的真实管理费用占比=基金报告期提取的管理费用÷基金按报告期计算的平均规模。当基金的真实管理费用占比大于固定管理费率时,说明基金的日均规模大于基金按报告期计算的平均规模。此时,基金管理人已经帮助基金公司赚取了比报告期数据更高的收益,基金管理人管理的基金相比于报告期数据较大的日均规模也在一定程度上证明了基金管理人的能力。当基金管理人面临相同的业绩压力时,已取得的实际成绩能够帮助他们减轻下一期改善业绩的压力。但是,若基金在上半年为赢家,且已取得了上述更高收益,也有可能因此产生过度自信的问题,从而影响下半年的投资行为。由于投资风险调整受主观因素影响较大,换手率调整还受到其他客观因素影响,故该过度自信问题具体表现在提高投资风险上,而对换手率的影响较小。因此,本章提出假设H1-5和假设H1-6。

假设H1-5:当基金的真实管理费用占比大于固定管理费率时,面临相同业绩压力的赢家基金管理人会增强下一期提高投资风险的行为倾向,而输家基金则会削弱下一期提高投资风险的行为倾向。

假设H1-6:当基金的真实管理费用占比大于固定管理费率时,面临相同业绩压力的基金管理人会降低下一期提高换手率的行为倾向。

本章的理论机制如图1-5所示。

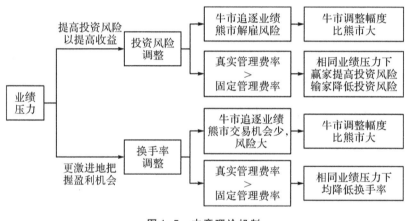

图1-5　本章理论机制

第四节　数据和方法

一、数据来源

本章重点研究的基金管理人投资行为包括投资风险调整和换手率调整,一般通过调整持有的股票资产实现。根据Wind数据库,普通股票型基金和混合偏股型基金持有股票资产占比较高,合计占60%以上。因此,本章剔除了指数型、ETF、QDII、保本型基金，以普通股票型基金和混合偏股型基金为研究对象，样本区间为2010年1月至2019年12月。此外，本章还剔除了成立时间不足12个月和报告期内数据缺失的基金。本章数据均来源于Wind数据库和国泰安数据库，并在1%的水平上进行了缩尾处理。

二、变量定义和描述性统计

（一）变量定义

1. 业绩压力（Rank）

本章采用业绩排名百分数$Rank_{i,t}$来衡量基金管理人面临的业绩压力，具体计算方式为：根据基金上半年考虑红利再投资的累计收益率得到的排名除以当年同类基金的基金数量。该数值越接近0，表明基金的业绩排名越靠前，基金管理人面临的业绩压力越小；该数值越接近1，表明基金的业绩排名越靠后，基金管理人面临的业绩压力越大。

2. 基金投资风险调整（RRAR）

参照Brown等（1996）与山立威等（2012）的做法，本章采用基金下半年的相对风险调整率（$RRAR_{i,t}$）来衡量基金投资风险调整，计算公式为

$$RRAR_{i,t} = \frac{Std_{i,t}^2}{Std_{i,t}^1} \tag{1-1}$$

式中，$Std_{i,t}^2$为基金年报中重仓股基金i在第t年下半年的月度加权预期收益率标准差，$Std_{i,t}^1$为基金半年报中重仓股基金i在第t年上半年的月度加权收益率标准差。若$RRAR_{i,t}$等于1，表明下半年投资的资产的风险和上半年投资的资产的风险是一样的；若该比值大于1，表明下半年投资的资产的风险高于上半年投资的资产的风险，且比值越大，表明基金在后期投资的资产的风险相对于前期投资的资产的风险越大。

3. 基金换手率调整（RTAR）

本章使用基金在报告期内买入股票总成本和卖出股票总收入孰小值÷基金报告期内平均资产规模，来反映基金换手率$Fundturn_{i,t}$。使用孰小值的原因

是,当基金资金流入较多时,买入股票总成本也会增加,会使得换手率偏高,此时以基金卖出股票总收入衡量换手率更准确;当基金资金流出较多时,原因同理。

参考基金投资风险调整,本章采用相对换手率调整率来衡量基金换手率调整,计算公式如下

$$\text{RTAR}_{i,t} = \frac{\text{Fundturn}_{i,t}^2}{\text{Fundturn}_{i,t}^1} \tag{1-2}$$

式中,$\text{Fundturn}_{i,t}^1$ 为基金 i 在第 t 年上半年的换手率,$\text{Fundturn}_{i,t}^2$ 为基金 i 在第 t 年下半年的换手率。若 $\text{RTAR}_{i,t}$ 等于1,表明基金下半年换手率和上半年换手率是一样的;若该比值大于1,表明下半年换手率高于上半年换手率,且比值越大,表明基金下半年换手率相对于上半年换手率越大。

4.牛、熊市虚拟变量(Bull, Bear)

以往学者大多以某一时间段内市场收益率的正负来区分市场的牛、熊市情况,但这种方法会忽略市场在样本年度内的波动和震荡情况。参照肖继辉等(2016)的做法,本章依据各样本年度沪深300指数在上半年的涨跌情况来定义牛、熊市,并采用Cox-Stuart趋势检验办法验证该时间段内市场趋势的显著性。

Cox-Stuart趋势检验的理论机制是:一组呈现上升趋势的数据,它后面的数值会比前面的数值大;呈现下降趋势的时候则相反。故此方法通过分组做差,统计差值的正负,来判断整组数据的趋势性。

结合各年度上半年沪深300指数收益率的正负性,以及Cox-Sruart趋势检验的显著性,得出2012年、2015年、2017年、2019年为牛市,2010年、2011年、2013年、2014年、2016年、2018年为熊市(见表1-1)。

当年份为牛市年份时,牛市虚拟变量 Bull_t 为1,熊市虚拟变量 Bear_t 为0;当年份为熊市年份时,牛市虚拟变量为 Bull_t 为0,熊市虚拟变量 Bear_t 为1。

表1-1　市场情况

年份	上半年沪深300指数收益率	市场情况
2010	−0.2832 （1.2010e-9***）	熊市
2011	−0.0269 （0.0119**）	熊市
2012	0.0493 （0.0011***）	牛市
2013	−0.1278 （3.6666e-5***）	熊市
2014	−0.0708 （0.074*）	熊市
2015	0.2658 （6.9389e-18***）	牛市
2016	−0.1547 （0.1487）	熊市
2017	0.1078 （0.0008***）	牛市
2018	−0.1290 （1.7347e-18***）	熊市
2019	0.2707 （0.0435**）	牛市

注：括号内为Cox-Sruart趋势检验的t值；**、***分别表示在5%、1%的水平上显著。

5.基金费率影响的虚拟变量（D_fee）

考虑基金费率的影响机制，引入本章的虚拟变量。基金的真实管理费用占比＝基金真实管理费用÷基金按报告期计算的平均规模。当基金的真实管理费用占比大于固定管理费率时，记为1，否则记为0。

6.控制变量

国内外一些学者研究发现，基金本身和基金家族的某些特征与基金管理人的行为调整存在密切关系。参考王燕鸣等（2013）的做法，本章将基金规模、基金存续期、基金家族规模和基金资金流量作为控制变量（见表1-2）。

表1-2　变量说明

变量名称	变量符号	变量说明
业绩压力	Rank	根据基金上半年的考虑红利再投资的累计收益率得到的排名除以当年同类基金的基金数量
基金投资风险调整	RRAR	下半年基金投资持仓风险水平和上半年投资组合风险水平之比
基金换手率调整	RTAR	下半年基金换手率和上半年基金换手率之比
牛、熊市虚拟变量	Bull,Bear	当年份为牛市年份时,牛市虚拟变量 $Bull_t$ 为1,熊市虚拟变量 $Bear_t$ 为0;当年份为熊市年份时,牛市虚拟变量为 $Bull_t$ 为0,熊市虚拟变量 $Bear_t$ 为1
基金费率虚拟变量	D_fee	当基金的真实管理费用占比大于固定管理费率时,记为1,否则记为0
基金规模	L_TNA	基金报告期内平均净资产的对数
基金家族规模	L_FTNA	基金所在公司旗下年末研究范围内所有基金净资产加总的对数
基金存续期	L_Age	基金自成立以来至报告期末年数的对数
基金资金流量	Flow	假设基金资金在期末流入并且全部红利再投资,采用基金资产净值总额变动比例计算资金流动指标

（1）基金规模（L_TNA）

基金规模取基金报告期内平均净资产的对数。

（2）基金家族规模（L_FTNA）

基金家族规模取基金所在公司旗下年末研究范围内所有基金平均净资产加总的对数。

（3）基金存续期（L_Age）

基金存续期取基金自成立以来至报告期末年数的对数。

（4）基金资金流量（Flow）

基金资金流量的计算公式为

$$\text{Flow}_{i,t} = \frac{\text{TNA}_{i,t} - \text{TNA}_{i,t-1}\left(1 + R_{i,t}\right)}{\text{TNA}_{i,t-1}\left(1 + R_{i,t}\right)} \times 100\% \tag{1-3}$$

其中,$\text{TNA}_{i,t}$ 为报告期末基金规模;$\text{TNA}_{i,t-1}$ 为报告期初基金规模;$R_{i,t}$ 是基金报告期内考虑了红利再投资的累计收益率。

(二)描述性统计和相关系数矩阵

变量的描述性统计如表1-3和表1-4所示,通过观察可以得出以下结论。

第一,在基金下半年的投资行为调整方面,10年的数据中有9年的RTAR大于1,说明在下半年,基金在平均水平上会比上半年采取更高的换手率。在投资风险调整方面没有普遍的规律。

表1-3　描述性统计——分年度

年份	观测数	调整变量		虚拟变量	控制变量				市场情况
		RRAR	RTAR	D_fee	L_TNA	L_FTNA	L_Age	Flow	
2010	254	0.774	1.196	0.874	21.771	23.753	1.419	0.019	熊
2011	304	1.251	1.036	0.832	21.563	23.691	1.501	-0.046	熊
2012	359	1.025	1.073	0.682	21.082	23.412	1.565	-0.088	牛
2013	407	0.925	1.100	0.764	20.742	23.363	1.649	-0.092	熊
2014	439	0.991	1.869	0.770	20.621	23.340	1.762	-0.035	熊
2015	494	1.134	1.029	0.704	20.634	23.510	1.805	-0.122	牛
2016	593	1.437	1.198	0.275	20.453	23.354	1.738	0.053	熊
2017	662	0.868	1.296	0.432	20.272	23.312	1.832	0.098	牛
2018	764	1.211	1.028	0.780	20.061	23.293	1.833	0.008	熊
2019	909	0.946	0.996	0.350	19.710	23.111	1.813	0.003	牛
合计	5185	1.066	1.165	0.594	20.47	23.35	1.737	-0.010	

表1-4　描述性统计——全样本

变量	N	均值	中位数	最大值	最小值	标准差
RRAR	5185	1.066	1.023	2.536	0.280	0.387
RTAR	5185	1.166	0.961	5.951	0.202	0.831
Rank	5185	0.500	0.500	1.000	0.001	0.288
D_fee	5185	0.594	1.000	1.000	0	0.491
L_TNA	5185	20.467	20.684	23.251	16.703	1.532
L_FTNA	5185	23.351	23.570	25.122	18.839	1.190
L_Age	5185	1.737	1.792	4.787	0.693	0.604
Flow	5185	-0.076	-0.667	0.693	-1.316	0.404

第二,D_fee的取值为1和0,大部分年份该指标平均数大于0.5,说明大多数时间里,基金管理人在上半年能够取得超过既定管理费率的收益。

第三,基金观测数从2010年以后呈逐年增加的趋势,而基金规模和基金家族规模的平均值从2010年以后一直在减少,说明不管是基金之间还是基金公司之间的竞争越来越激烈。

第四,从全样本描述性统计来看,RRAR和RTAR的最大值和最小值之间差距较大,且它们的方差较大,表明各个基金的投资行为调整存在着较大的差别。其中RTAR的方差比RRAR的方差更大,说明各个基金在换手率调整上比投资风险调整有着更大的差异。

三、实证方法

(一)列联表分析法

列联表分析法的原理是将样本数据按一定的条件分类,观察各个类别下样本的数量,通过统计量检验判断样本各类数据间是否存在差异。

在本章中,其主要用于初步验证假设H1-1、假设H1-2、假设H1-3和假设H1-4,具体应用过程如下:

第一,以基金当年上半年考虑红利再投资的累计收益率得到的排名Rank为基准将基金划分为中期赢家和输家。其中Rank>0.5的为输家,Rank≤0.5的为赢家。

第二,以基金当年投资行为调整系数为基准将基金进行分类,其中大于当年投资行为调整系数中位数的为高AR组,小于当年投资行为调整系数中位数的为低AR组。投资行为调整系数包括投资风险调整系数和换手率调整系数。

第三,通过上述两种方式分类共得到四类基金,分别为(赢家/高AR)、(赢家/低AR)、(输家/高AR)、(输家/低AR)。当基金业绩压力不对投资行为产生影响时,上述四类基金每个类别所占比例应当接近25%。通过Pearson-chi^{2}统计量进行显著性检验,可以定性地得出结论。

(二)多元线性回归法

考虑到列联表分析法只能得出定性结果的局限性,且没有考虑基金的其他特征对基金投资风险调整的影响,本章的实证方法为多元线性回归法。为了最大限度地降低基金个体无法观测的特征对回归结果的影响,本章拟采用固定效应模型,在后续的实证过程中,均进行了 Hausman 检验,且结果均为显著,表明本章可采用固定效应模型。考虑以往学者的研究和采用的样本数据,本章构建了非平衡面板数据的双向固定效应模型,控制了基金个体、时间固定效应,并采用了经聚类稳健调整的标准误,以提高结果稳健性。

为了探究假设 H1-1 和假设 H1-3,本章构建的模型为

$$AR_{i,t} = \alpha + \beta_1 Rank_{i,t} + \beta_2 L\_Age_{i,t} + \beta_3 L\_TNA_{i,t} + \beta_4 L\_FTNA_{i,t} + \beta_5 Flow_{i,t} + \varepsilon_{i,t} \quad (1-4)$$

在探究过程中,AR 表示投资行为调整系数,包括投资风险调整系数和换手率调整系数。

为了探究假设 H1-2 和假设 H1-4,本章构建的模型为

$$AR_{i,t} = \alpha + \beta_1 Rank*Bull_{i,t} + \beta_2 Rank*Bear_{i,t} + \beta_3 L\_Age_{i,t} + \\ \beta_4 L\_TNA_{i,t} + \beta_5 L\_FTNA_{i,t} + \beta_6 Flow_{i,t} + \varepsilon_{i,t} \quad (1-5)$$

其中,Rank*Bull_{i,t} 和 Rank*Bear_{i,t} 为业绩排名与牛熊市虚拟变量的交互项。

为了探究假设 H1-5,本章构建的模型为

$$AR_{i,t} = \alpha + \beta_1 Rank_{i,t} + \beta_2 D\_fee_{i,t} + \beta_3 Rank*D\_fee_{i,t} + \beta_4 L\_Age_{i,t} + \\ \beta_5 L\_TNA_{i,t} + \beta_6 L\_FTNA_{i,t} + \beta_7 Flow_{i,t} + \varepsilon_{i,t} \quad (1-6)$$

其中,Rank*D_fee_{i,t} 为业绩排名与基金费率虚拟变量的交互项。

第五节 实证分析结果

一、基金费率、业绩压力与基金投资风险调整行为研究

(一)列联表法分析结果

通过观察表1-5可以看出,在全样本分析结果中,χ^2值较大,且在1%的水平上显著,其中赢家/低 RARR 和输家/高 RARR 类型基金的比例显著高于赢家/高 RARR 和输家/低 RARR 的比例,说明在基金市场上,上半年的业绩压力对基金下半年的投资风险调整行为有显著影响。具体来讲就是,上半年业绩压力

较大的基金,其下半年的投资风险会显著提高。该结果验证了本章的假设H1-1。此外,将市场区分为牛市、熊市后,可以观察到χ^2值均较高,且均在1%的水平上显著,其中在牛市中,赢家/低RARR和输家/高RARR的比例均为29.41%;而在熊市中,赢家/低RARR和输家/高RARR的比例分别为27.08%和27.05%,前者相对更高。该结果说明,无论是在牛市中还是在熊市中,业绩压力下的基金管理人均会为了追逐业绩而提高投资风险。另外,在熊市中的基金管理人可能会在一定程度上受到解雇风险等因素的影响,因此对业绩的追逐行为要弱于牛市。该结果验证了本章的假设H1-2。

表1-5 业绩压力与基金投资风险调整列联表分析

样本区间	所占百分比/%				χ^2	p值	样本数量
	赢家/高RARR	赢家/低RARR	输家/高RARR	输家/低RARR			
全样本	21.89	28.17	28.15	21.79	82.9817	0.000***	5185
牛市子样本	20.63	29.41	29.41	20.54	75.5716	0.000***	2424
熊市子样本	22.99	27.08	27.05	22.88	18.8217	0.000***	2761

注:***表示在1%的水平上显著。

(二)多元线性回归结果

通过列联表法,本章得到了定性的分析结果,但该方法没有考虑基金的其他特征对基金投资风险调整的影响。为了控制其他可能影响基金投资风险调整的因素,并得到定量的结果,本章采用多元线性回归模型。表1-6列(1)、列(2)、列(3)分别展示了模型(1-4)、模型(1-5)、模型(1-6)的回归结果。

表1-6 基金费率、业绩压力与基金投资风险调整回归分析

变量名称	(1)	(2)	(3)
Rank	0.1912*** (9.55)		0.2960*** (7.39)
Rank*Bull		0.2948*** (10.52)	
Rank*Bear		0.1129*** (4.64)	

续表

变量名称	（1）	（2）	（3）
D_fee			0.1091***
			（4.67）
Rank*D_fee			−0.1907***
			（−4.26）
L_TNA	0.1491***	0.1504***	0.1475***
	（12.53）	（12.52）	（12.40）
L_FTNA	−0.0282	−0.0246	−0.0258
	（−1.50）	（−1.31）	（−1.38）
L_AGE	−0.1316***	−0.1292***	−0.1289***
	（−3.72）	（−3.65）	（−3.66）
Flow	−0.0288	−0.0245	−0.0103
	（−1.55）	（−1.33）	（−0.50）
Constant	−1.6731***	−1.7475***	−1.7523***
	（−3.89）	（−4.04）	（−4.12）
观测数	5185	5185	5185
基金数	911	911	911
个体固定效应	是	是	是
年份固定效应	是	是	是
Hausman 检验	0.0000	0.0000	0.0000
Within-R^2	0.3567	0.3612	0.3609

注：括号内的数字为经聚类稳健标准误调整过的 t 值；***表示在1%的水平上显著。

表1-6中报告的 Hasuman 检验结果均为显著，表明应拒绝原假设；采用固定效应模型 Rank 数值越大，表明基金上半年的业绩排名越靠后，即业绩表现越差，其下半年在投资时承担的业绩压力也就越大。列（1）中 RANK 的系数在1%的水平上为正，表明上半年基金排名靠后、承担较大业绩压力的基金在下半年会有更强烈的提高投资风险的倾向，验证了本章的假设 H1-1。列（2）中基金排名与市场情况虚拟变量交互项 Rank*Bull 和 Rank*Bear 的系数均在1%的水平上显著，说明近年来基金市场竞争越来越激烈，不管是牛市还是熊市，上半年业绩排名靠后的基金均会提高下半年的投资风险。进一步观察可以看到，业绩排名与牛市虚拟变量的交互项 Rank*Bull 的系数为0.2948，大于业绩排名与熊市虚拟变量的交互项 Rank*Bear 的系数（0.1129），表明在熊市情况

下,基金管理人还可能受到解职风险等因素的影响,会限制其追逐业绩的动机,故基金下半年提高投资风险的意愿要比在牛市情况下小。上述结果验证了本章的假设 H1-2。列(3)中 D_fee、Rank 与 D_fee 的交互项系统均在 1% 的水平上显著,符号分别为正和负。当 D_fee 为 1,且业绩排名大于 0.1091/0.1907 =57.21%,即业绩排名靠后时,两项加总为负,而当业绩排名小于 57.21% 时,两项加总为正。该数值正好介于赢家和输家的排名之间,说明在基金的真实管理费用占比大于固定管理费率,即基金管理人已经帮助基金公司取得比财务报告反映的业绩更好的收益的情况下,赢家和输家对此的反应是不同的。在相同业绩的情况下,赢家基金管理人会有提高下一期投资风险的倾向,这可能是因为产生了过度自信的心理;而输家基金管理人则会有降低下一期投资风险的倾向,这可能是因为已取得的收益降低了业绩压力。这验证了本章的假设 H1-5。

此外,回归结果显示,控制变量中基金规模和基金年龄的系数均在 1% 的水平上显著,其中基金规模的系数为正,基金年龄的系数为负,说明规模越大,基金越年轻,基金在下半年提高投资风险的意愿越强烈。这说明了规模较大的基金管理人往往会承受更大的压力,越年轻的基金也会采取越激进的投资方式。

(三)稳健性检验

本章通过以下三种方式进行稳健性检验。一是在回归中加入基金上半年的投资风险 Std_a,这是因为上半年投资风险的高低也可能会影响到基金的风险调整行为;二是重新构造了基金风险调整的衡量指标,以下半年与上半年的考虑红利再投资后的基金月度收益率标准差之比替代原来的被解释变量;三是直接将数据分为牛市子样本和熊市子样本分别回归的方式进行稳健性检验,其中牛市子样本观测数为 2424 个,熊市子样本观测数为 2761 个。表 1-7— 表 1-9 分别汇报了上述稳健性检验的回归结果,通过观察可知,各个主要变量的系数及显著性与前文结果没有较大的差别,证明本章的结果是稳健的。

表1-7　基金费率、业绩压力与基金投资风险调整回归稳健性（加入上半年投资风险）

变量	（1）	（2）	（3）
Rank	0.1886*** （9.43）		0.2939*** （7.37）
Rank*Bull		0.2903*** （10.43）	
Rank*Bear		0.1118*** （4.59）	
D_fee			0.1094*** （4.69）
Rank*D_fee			−0.1916*** （−4.30）
L_TNA	0.1503*** （12.60）	0.1515*** （12.58）	0.1486*** （12.46）
L_FTNA	−0.0287 （−1.53）	−0.0252 （−1.34）	−0.0263 （−1.40）
L_Age	−0.1378*** （−3.89）	−0.1351*** （−3.82）	−0.1351*** （−3.84）
Flow	−0.0223 （−1.19）	−0.0184 （−0.99）	−0.0038 （−0.18）
Std_a	−0.8579*** （−3.05）	−0.8210*** （−2.93）	−0.8642*** （−3.07）
Constant	−1.6346*** （−3.80）	−1.7093*** （−3.95）	−1.7137*** （−4.03）
观测数	5185	5185	5185
基金数	911	911	911
个体固定效应	是	是	是
年份固定效应	是	是	是
Hausman检验	0.0000	0.0000	0.0000
Within−R^2	0.6923	0.6915	0.6919

注：括号内的数字为经聚类稳健标准误调整过的 t 值；***表示在1%的水平上显著。

表1-8　基金费率、业绩压力与基金投资风险调整（构造新的被解释变量）

变量	（1）	（2）	（3）
Rank	0.3156*** （5.98）		0.4305*** （5.88）

续表

变量	（1）	（2）	（3）
Rank*Bull		0.4000***	
		(3.11)	
Rank*Bear		0.2039***	
		(6.08)	
D_fee			0.1091***
			(4.67)
Rank*D_fee			−0.1907***
			(−4.26)
L_TNA	0.1077***	0.1039***	0.1061***
	(2.86)	(2.76)	(2.83)
L_FTNA	−0.0072	−0.0086	−0.0104
	(−0.35)	(−0.41)	(−0.50)
L_AGE	0.3206***	0.3160***	0.3213***
	(6.37)	(6.25)	(6.39)
Flow	−0.0187	−0.0213	−0.0241
	(−0.28)	(−0.32)	(−0.36)
Constant	−1.4804*	−1.4001*	−1.4329*
	(−1.79)	(−1.70)	(−1.75)
观测数	5185	5185	5185
基金数	911	911	911
个体固定效应	是	是	是
年份固定效应	是	是	是
Hausman 检验	0.0000	0.0000	0.0000
Within-R^2	0.6923	0.6915	0.6919

注：括号内的数字为经聚类稳健标准误调整过的 t 值；*、***分别表示在10%、1%的水平上显著。

表1-9　基金费率、业绩压力与基金投资风险调整稳健性检验-直接区分牛熊市

变量名称	牛市子样本		熊市子样本	
	（1）	（2）	（3）	（4）
Rank	0.2604***	0.3647***	0.1238***	0.1945***
	(8.14)	(6.87)	(4.62)	(3.35)
D_fee		0.0977**		0.0604*
		(2.44)		(1.88)
Rank*D_fee		−0.1990***		−0.1107*
		(−2.87)		(−1.77)

续表

变量名称	牛市子样本		熊市子样本	
	（1）	（2）	（3）	（4）
L_TNA	0.1575***	0.1571***	0.1235***	0.1225***
	（9.07）	（9.04）	（8.30）	（8.23）
L_FTNA	0.0153	0.0182	−0.0584**	−0.0576**
	（0.52）	（0.62）	（−2.46）	（−2.43）
L_AGE	−0.1380***	−0.1337***	−0.1498***	−0.1462***
	（−2.91）	（−2.84）	（−2.99）	（−2.92）
Flow	−0.0383	−0.0316	−0.0615*	−0.0465
	（−1.56）	（−1.15）	（−1.87）	（−1.29）
Constant	−2.5597***	−2.6587***	−0.3608	−0.3971
	（−3.84）	（−3.98）	（−0.69）	（−0.76）
观测数	2424	2424	2761	2761
基金数	911	911	911	911
个体固定效应	是	是	是	是
年份固定效应	是	是	是	是
Hausman 检验	0.0000	0.0000	0.0000	0.0000
Within-R^2	0.2691	0.2738	0.3949	0.3962

注：括号内的数字为经聚类稳健标准误调整过的 t 值；*、**、***分别表示在10%、5%、1%的水平上显著。

二、基金费率、业绩压力与基金换手率调整行为研究

（一）列联表法分析结果

通过观察表1-10可以看到，在全样本中，χ^2 值较大，p 值在5%的水平上显著，赢家/低 RTRR 和输家/高 RTRR 类型基金的比例显著高于赢家/高 RTRR 和输家/低 RTRR 的比例，说明基金上半年的业绩压力总体上会使基金管理人选择在下半年提高基金的换手率，验证了本章的假设 H1-3。同时也叮以观察到，牛市子样本的结果与全样本基本一致；而在熊市子样本中赢家/低 RTRR 和输家/高 RTRR 占比较高，但结果不显著，说明在熊市中，业绩压力下基金管理人提高换手率的意愿没有在牛市中强烈。该结果一定程度上验证了本章的假设 H1-4。

表1-10 业绩压力与基金换手率调整列联表分析

样本区间	所占百分比/%				χ^2	p 值	样本数量
	赢家/ 高 RARR	赢家/ 低 RARR	输家/ 高 RARR	输家/ 低 RARR			
全样本	24.37	25.68	25.68	24.37	3.8886	0.049**	5185
牛市子样本	24.17	25.87	25.87	24.09	2.9110	0.088*	2424
熊市子样本	24.55	25.52	25.52	24.40	1.2182	0.270	2761

注:*、**表示分别在10%、5%的水平上显著。

(二)多元线性回归结果

多元线性回归的结果详见表1-11。与前文一致,表中列(1)、列(2)、列(3)分别展示了模型(1-4)、模型(1-5)、模型(1-6)的回归结果,其中 Hasuman 检验结果均为显著,表明应采用固定效应模型。

表1-11 基金费率、业绩压力与基金换手率调整回归分析

变量	(1)	(2)	(3)
Rank	0.1296*** (2.76)		0.1718*** (2.58)
Rank*Bull		0.1842*** (2.64)	
Rank*Bear		0.0884* (1.77)	
D_fee			−0.1143** (−2.56)
RankD_fee			−0.0720 (−0.89)
L_TNA	0.0352 (1.50)	0.0359 (1.53)	0.0377 (1.61)
L_FTNA	0.0548 (1.61)	0.0567 (1.64)	0.0466 (1.37)
L_AGE	−0.0688 (−0.92)	−0.0675 (−0.90)	−0.0497 (−0.67)
Flow	−0.1818*** (−3.94)	−0.1796*** (−3.88)	−0.1756*** (−3.84)

续表

变量	（1）	（2）	（3）
Constant	−0.8112 （−1.03）	−0.8505 （−1.06）	−0.6509 （−0.83）
观测数	5185	5185	5185
基金数	911	911	911
个体固定效应	是	是	是
年份固定效应	是	是	是
Hausman 检验	0.0000	0.0000	0.0000
Within-R^2	0.1115	0.1158	0.1210

注：括号内的数字为经聚类稳健标准误调整过的 t 值；*、**、***分别表示在 10%、5%、1% 的水平上显著。

表 1-11 列（1）中 Rank 的系数在 1% 的水平上显著，表明上半年基金排名靠后的基金在下半年会有更强烈的提高换手率的意愿，验证了本章的假设 H1-3。列（2）中 Rank*Bull 和 Rank*Bear 的系数分别在 1%、10% 的水平上显著，说明不管是在牛市还是在熊市，上半年业绩排名靠后的基金均会提高下半年的换手率，且 Rank*Bull 的系数（0.1842）大于 Rank*Bear 的系数（0.0884），说明在熊市情况下，基金调整换手率的意愿比牛市情况下要小。上述结果验证了本章的假设 H1-4。列（3）中 D_fee、Rank 与 D_fee 的交互项系数均为负，说明当基金的真实管理费用占比大于固定管理费率时，基金管理人已经帮助基金取得比报告期反映的业绩更好的收益，会减弱基金下一期提高换手率的意愿，验证了本章的假设 H1-6。

此外，控制变量中基金规模的系数显著为正，说明规模越大，基金在下半年提高换手率的意愿越强烈。该结果同样说明了管理基金规模较大的基金管理人会有更强烈的追求业绩的动力。

3. 稳健性检验

本章通过以下三种方式进行了稳健性检验。一是在回归中加入基金上半年的换手率 Fundturn_a，这是因为上半年换手率的高低也可能会影响到基金的风险调整行为；二是重新构造了基金换手率调整的衡量指标，以基金财务报告中披露的下半年与上半年的真实交易费率之比替代原来的应变量;三是通过将数据分为牛市子样本和熊市子样本分别回归的方式进行稳健性检验,其中牛市子样本观测数为2424个,熊市子样本观测数为2761个。表1-12—表1-14分别汇报了上述稳健性检验的回归结果,通过观察可知,各个主要变量的系数及显著性与前文结果没有较大的差别,证明本章的结果是稳健的。

表1-12 基金费率、业绩压力与基金投资风险调整回归稳健性-加入上半年换手率

变量	(1)	(2)	(3)
Rank	0.2206***		0.2412***
	(4.66)		(3.75)
Rank*Bull		0.2858***	
		(4.10)	
Rank*Bear		0.1714***	
		(3.02)	
D_fee			−0.0838*
			(−1.96)
Rank*D_fee			−0.0333
			(−0.44)
L_TNA	−0.0588**	−0.0581**	−0.0558**
	(−2.48)	(−2.45)	(−2.36)
L_FTNA	−0.0120	−0.0098	−0.0164
	(−0.32)	(−0.26)	(−0.44)
L_AGE	−0.0718	−0.0702	−0.0588
	(−0.95)	(−0.93)	(−0.78)
Flow	−0.1255***	−0.1228***	−0.1221***
	(−2.84)	(−2.77)	(−2.78)
Fundturn_a	−0.2248***	−0.2249***	−0.2218***
	(−13.05)	(−13.05)	(−12.93)
Constant	3.0564***	3.0122***	3.1086***
	(3.48)	(3.41)	(3.55)
观测数	5185	5185	5185
基金数	911	911	911
个体固定效应	是	是	是
年份固定效应	是	是	是
Hausman 检验	0.0000	0.0000	0.0000
Within-R^2	0.2093	0.2097	0.2117

注:括号内的数字为经聚类稳健标准误调整过的t值;*、**、***分别表示在10%、5%、1%的水平上显著。

表1-13 基金费率、业绩压力与基金换手率调整回归稳健性检验(构造新的被解释变量)

变量	(1)	(2)	(3)
Rank	0.3891***		0.4490***
	(9.35)		(7.80)
Rank*Bull		0.4152***	
		(7.01)	
Rank*Bear		0.3693***	
		(7.06)	
D_fee			−0.0542
			(−1.37)
Rank*D_fee			−0.1197*
			−0.0542
L_TNA	0.1772***	0.1775***	0.1783***
	(7.97)	(7.99)	(8.07)
L_FTNA	0.0117	0.0125	0.0048
	(0.35)	(0.38)	(0.14)
L_Age	−0.2999***	−0.2993***	−0.2858***
	(−4.50)	(−4.49)	(−4.33)
Flow	−0.6016***	−0.6005***	−0.5964***
	(−16.23)	(−16.12)	(−16.27)
Constant	−1.4958**	−1.5146**	−1.3564*
	(−2.06)	(−2.08)	(−1.88)
观测数	5185	5185	5185
基金数	911	911	911
个体固定效应	是	是	是
年份固定效应	是	是	是
Hausman检验	0.0000	0.0000	0.0000
Within-R^2	0.2925	0.2926	0.2964

注:括号内的数字为经聚类稳健标准误调整过的 t 值;*、**、***分别表示在10%、5%、1%的水平上显著。

表1-14 基金费率、业绩压力与基金换手率调整稳健性检验(区分牛市和熊市)

变量	牛市		熊市	
	(1)	(2)	(3)	(4)
Rank	0.1555*	0.2895**	0.1383**	0.1404
	(1.93)	(2.16)	(2.06)	(1.63)

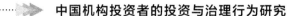

续表

变量	牛市		熊市	
	（1）	（2）	（3）	（4）
D_fee		−0.0446		−0.1294*
		（−0.63）		（−1.83）
Rank*D_fee		−0.2095		0.0110
		（−1.39）		（0.09）
L_TNA	−0.0024	−0.0035	0.0484	0.0558*
	（−0.07）	（−0.11）	（1.49）	（1.70）
L_FTNA	0.1228**	0.1140**	−0.0162	−0.0211
	（2.23）	（2.05）	（−0.32）	（−0.42）
L_AGE	0.0894	0.1295	−0.1740	−0.1754*
	（0.79）	（1.15）	（−1.63）	（−1.65）
Flow	−0.1228**	−0.1282**	−0.1980**	−0.1758**
	（−2.02）	（−2.13）	（−2.38）	（−2.12）
Constant	−1.9201	−1.7193	0.6793	0.6859
	（−1.40）	（−1.25）	（0.60）	（0.61）
观测数	2424	2424	2761	2761
基金数	911	911	911	911
个体固定效应	是	是	是	是
年份固定效应	是	是	是	是
Hausman 检验	0.0000	0.0000	0.0000	0.0000
Within−R^2	0.0686	0.0750	0.1667	0.1701

注：括号内的数字为经聚类稳健标准误调整过的 t 值；*、**分别表示在10%、5%的水平上显著。

第六节　本章小结

一、主要结论

本章以我国基金市场上开放式股票型和混合偏股型基金为研究对象，以2010—2019年所有成立一年以上的基金为研究样本，形成了包含5185条记录的非平衡面板数据，采用列联表分析法和回归分析法，探究了在业绩压力下，基金管理人投资行为的调整情况，并创新性地从费率角度入手，探究了费率影响上述机制的途径。本章的主要结论如下。

第一，由于资本市场中存在着高风险高收益的市场特点，上半年排名靠后的基金，即业绩压力较大的基金，其基金管理人在下半年的持仓组合有着更高的风险。通过进一步的研究发现，基金管理人调整风险的意愿在牛市和熊市存在着差异。与以往文献的结论不同，不管是在牛市还是在熊市，上半年业绩压力较大的基金管理人均会提高下半年的投资风险。本章还发现，在熊市中，基金投资风险调整的幅度比在牛市中小，这支持了过去学者的结论，即牛市中激励作用占主导，而熊市中的基金管理人则会同时面临较大的解职风险。

第二，上半年业绩压力较大的基金，其基金管理人在下半年会提高换手率。这是因为基金收益中超过市场收益的部分来自基金管理人对市场机会的把握，为了应对业绩压力，基金管理人会更多地去挖掘市场机会，从而提高换手率。同上述投资风险结论类似，不管是在牛市还是在熊市，上半年业绩压力较大的基金管理人均会提高下半年的换手率，一是因为熊市中市场盈利机会较少，二是由于高换手率带来的高交易费用也会降低收益率。

第三，基金费率对上述机制也有一定的影响。当基金的真实管理费用占比大于固定管理费率时，面临相同业绩压力的基金管理人一般会降低下一期改善业绩的行为倾向，在降低风险倾向和换手率调整两个方面均有所体现。原因在于基金管理人已经帮助基金公司赚取了比报告期数据更高的收益，并且基金管理人管理的基金相比于报告期数据较大的日均规模也在一定程度上证明了基金管理人的能力。当基金管理人面临相同的业绩压力时，已取得的实际成绩能够帮助他们减少压力。但本章还发现，当基金的真实管理费用占比大于固定管理费率时，面临相同业绩压力的赢家基金，提高投资风险的倾向反而更大，这可能是因为过度自信。

二、政策建议

本章的研究过程和研究结论可以给基金监管部门、基金公司以及基金投资者带来一定启发，下面分别针对各自可以完善的地方，提出三方面建议。

(一)基金监管部门

第一,建立健全科学有效的基金综合评价体系。目前国内基金行业内尚未形成完整的基金评价体系,也缺乏专业的评价机构,多数机构和基金销售平台以基金的历史业绩作为基金的评价标准和宣传内容,忽略了基金的其他重要特征,如风险、风格、基金管理人特征等。建立统一且多样化的基金评价标准,不论是对基金监管机构、基金公司,还是对投资者,都尤为重要。基金监管机构能够通过此标准对基金行业进行监督,及时纠正行业内存在的问题,保护广大投资者的利益。

第二,完善基金信息披露制度,提高基金信息披露的频率,拓展基金信息披露的范围。相比于国外,我国基金财务报告披露的数据较少,以基金费率为例,基金申购赎回费用、销售费用等数据未能得到披露,或有较多的缺失值。此外,我国基金数据披露的周期为一个季度,并且相比于半年报和年报,季度报中披露的数据种类更少。现阶段,国外主流学者均以月度数据为基础研究基金,较长的数据周期降低了基金信息的透明度,不仅影响到基金投资者的决策,还限制了我国基金行业的研究。

第三,加强投资者教育,引导投资者理性投资。随着居民财富的增长,越来越多的人加入基金投资者的行列。但与此同时,我国对基金投资者的教育尚待加强,目前市场上唯业绩论的风气正盛,许多投资者本着从众心理投资基金,缺乏对基金的了解,更是忽略了基金特性与自身风险承担能力的匹配程度。因此,基金投资者教育亟须加强。

(二)基金公司

第一,完善公司内部评价体系,建立长期绩效评价机制。公募基金是资本市场中重要的机构投资者,应践行基本面投资、价值投资的投资理念。但目前我国基金行业的业绩评价周期较短,在短期业绩压力的驱使下,基金管理人可能会做出短期投机的投资决定。这就需要基金公司从内部建立有效的绩效评价机制和激励机制,引导基金管理人的投资行为。相比于短期业绩的迅速拉升,基金管理公司更需要重视基金管理人投研能力的培养以及其业绩的持续性和投资风格的稳定性,从而降低风险失控的可能性,保护公司和投资者的利益。

第二,重视基金投资风险控制,完善公司内部风控平台。近年来,资本市场和基金行业迅速扩张,但大多数基金公司的风控体系未能得到有效跟进。监管层通报的"老鼠仓"事件、换手率较高且尚未采取有效措施、员工侵占清算资金等一系列事件表明一些基金公司存在着内控失控的问题。因此,基金公司应该将更多的资源投入建设风险控制体系当中去。基金公司可以借助互联网和大数据技术建立网络风控平台,制定合理有效、与时俱进的监控规则,实行覆盖面广的高效监控。比如监测到基金管理人的交易数据存在异常情况时,应及时地给予关注,确保风险在可控范围内。

(三)基金投资者

第一,加强基本投资知识的学习,坚持长期投资的理念。我国大多数基金投资者缺少专业的投研能力、市场信息获取能力有限,并且有着情绪波动较大、从众心理严重、过于注重短期收益等特征。而基金投资者的这些特征,也正是导致部分基金管理人追求短期业绩,不惜铤而走险的直接原因。因此,基金投资者应该加强个人投资素养,匹配个人条件和风险偏好,坚持长期投资的理念,促进基金行业良性循环。

第二,拓展信息获取渠道,及时关注基金动态。在前期投资时,投资者可以通过基金募集说明书、财务报告、机构研究报告、市场评价等多个渠道尽可能详细地了解基金的基本情况。随着互联网的高速发展,基于大数据技术的智能投顾也是帮助投资者实施投资决策的有效工具。在投资后,投资者也应该时刻关注基金的近期动态。本章研究指出,基金管理人在短期业绩变化的时候,会调整投资行为。特别是在季度报、半年报、年报等重要报告发布期间,投资者更应该根据基金最新披露的信息,调整投资决策,从而更好地把握投资风险。

三、研究不足和未来研究方向

本章通过列联表法和回归分析法研究了我国基金市场上基金管理人在业绩压力下投资行为的调整现象。由于本人实践经验、研究能力和所掌握学术知识有限,本章在研究过程中还存在以下缺陷和不足。

第一,基金的投资行为调整除了投资风险调整和换手率调整,还包括投资风格漂移。由于本章的数据以半年度为周期,而基金投资风格的判定往往需要至少连续三年的数据,故未考虑投资风格这个因素。

第二,基金的投资行为调整很大程度上受基金管理人的个人特征和基金公司的制度所影响。基金管理人的性别、从业年限、教育背景、是否具有行业研究经验,基金公司的股权结构、风控能力以及团队制度都会对基金的投资行为调整产生影响。考虑到上述数据有的难以搜集,有的难以量化,且不是本章的重点内容,因此没有加以探究。

第三,关于基金费率,基金公司除了能收取管理费率,还能按比例收取一定的申购、赎回费率。但基金财务报告只披露了多层次的固定申购、赎回费率,并未披露基金费率的实际金额。未来随着基金行业信息披露制度的进一步完善,本章的主题可以得到更深入的探究。

第二章　基金特征、基金费率与基金绩效

自2001年我国首次推出开放式基金以来,我国基金市场取得了巨大的发展。截至2017年底,我国基金管理公司共有113家,管理基金总额达到115997亿人民币,其中股票型开放式基金规模达7602亿人民币。随着市场越来越活跃,各个基金之间的竞争也越来越激烈。

市场上不仅存在众多风格不同的基金,各个基金的绩效也存在着巨大的差距和不确定性,而这更增加了投资者决策的困难。如何挑选基金一直都是普通投资者面临的重要问题。虽然市场上存在着基金评级、基金排行榜等反映基金历史业绩的信息,但历史数据很难反映未来收益,市场需要专业的研究提供向导。

已有国内外文献表明,一些基金的特征因素,例如规模、历史业绩、基金管理人特征、资金流等都会显著影响基金绩效。除了以上基金绩效影响因素,近年来对基金费率结构的研究也层出不穷。国外对基金费用对基金业绩的研究比较充分,但由于我国与国外基金费率体系和信息披露情况存在差异,因此国内相关的文献较少。

基金投资者需要向基金管理者缴纳一定比例的基金费用,期望通过有能力的基金管理者的运作,得到尽可能高的回报。而基金管理者收取该费用,支付基金运行时产生的相关费用,并获得收益。一般而言,基金投资者付出费用,应得到与费用相当或者大于费用的收益,即正向的边际效应。但在这个过程中容易出现代理问题——基金管理人未能将所收取的基金费用充分利用,

则基金费用无法充分反映基金的服务质量,可能会出现高费用率的基金绩效反而比低费用率的基金绩效更低的现象。故现阶段亟须对基金费用设置的合理性进行研究。

第一节　研究概述

一、基金业绩影响因素

(一)国内相关研究

自从国内基金市场建设发展以来,基金业绩一直是诸多学者讨论的重要话题,基金的特征是研究的关键。

曾德明等(2006)通过对基金特征、管理特征的研究,分析了影响基金业绩的因素。该研究发现,滞后一期的基金超额收益、折价率、单位净资产与基金绩效有显著的正相关关系,基金管理人从业经历以及市净率则对基金绩效有显著的负面影响,基金年龄和周转率因素也会对基金绩效产生负面影响。赵秀娟等(2010)发现基金管理人的学历和从业经验会影响基金的绩效。郭文伟等(2010)通过研究发现大部分基金管理人拥有较高的择时能力。江萍等(2011)发现国有资本和外资参股均有助于提高基金业绩。肖峻等(2011)研究了我国基金市场不存在的基金赎回异象,投资者总体上会投资过往业绩好的基金。杨坤等(2013)研究发现中国基金市场存在较强的"明星效应"和"垫底效应"。

(二)国外相关研究

国外基金市场发展较早,相关研究也远比国内丰富。Sharpe(1966)最早发现基金费用会显著影响基金业绩。Brennan等(1991)、Prather等(2004)的研究对基金规模产生的效应得出了不同的结论。Chevaliner等(1999)发现,基金的历史业绩反映基金的管理水平,优秀的基金管理人往往能够使得基金持续

获得收益,因此可以通过基金的历史收益对未来收益进行预测。Zheng(1999)
发现,资金净流入为正的基金,其收益显著高于资金净流入为负的基金,成立
时间较久的基金往往有更出色的表现(Gregory et al.,2010)。另外,Golec
(1996)等学者的研究都表明周转率对基金绩效具有较大负面影响。同样地,
基金管理人对基金而言十分重要,因此目前也有许多文献对基金管理人的各
项特性进行了研究,包括基金管理人的性别、学历、工作年限、年龄等。Gruber
(1996)的回归结果表明,基金管理人的个性特点以及投资策略确实会对基金
表现产生影响。

二、基金绩效与基金费用

(一)国内相关研究

曾德明等(2005)在封闭式基金中未发现基金管理费与基金绩效之间存在
显著关系。王性玉等(2009)发现本期的管理费率、托管费率与本期的基金净
值增长率正相关,滞后一期的则不相关。彭振中等(2010)、江菲(2012)的研究
表明基金的运营费率负向影响基金业绩。韩燕等(2015)提出了一个基于信息
不对称的分离均衡模型,指出达到均衡时,基金费率会失去价格的传导作用,
原因在于基金投资者无法准确识别出能力较强的基金,能力强的基金也无法
收取更高的费用。

(二)国外相关研究

有国外学者通过构建模型来解释基金绩效与基金费用之间的关系。Nanda
等(2000)提出了一个基于申购赎回费的分离均衡模型,发现基金公司设置赎
回费用来筛选流动性不同的投资者,达到均衡时,业绩优秀基金的赎回费用较
高,净收益率也较高;业绩较差的基金则相反。Christoffersen(2001)提出了投
资者敏感性模型,原理为业绩差的基金通过减免基金费率,吸引对业绩不敏感
的投资者;而业绩较好的基金则相反。

此外,更多的学者试图通过实证研究探讨两者之间的关系,并提出了相对

应的解释逻辑。Machael 等(2002)认为对管理水平较高的基金而言,基金费率与基金绩效显著正相关,而在管理水平较低的基金中则呈反比关系。Elton 等(2003)提出具有激励费用的基金会比不具有激励费用的基金承担更多的风险,并且在经历了一段时间的业绩低迷后,前者会增加投资风险。Prather 等(2004)在研究中发现,费用、佣金与基金绩效呈负相关,这表明投资者获取的费用未能有效用在基金管理上,管理费用过高。Barber 等(2008)对基金销售费用进行了研究,发现投资者更容易投资营销力度较大的基金。在加强营销的过程中,基金公司取得了规模上的成功,但减少了投资者应得到的收益。最后,高额的销售费用还造成基金销售机构不负责任地向投资者兜售基金。

近年来,投资者敏感性被国外学者用来解释基金绩效与基金费用之间的负相关关系。Gil-Bazo 等(2009)发现费用前业绩与基金费用之间存在负相关关系,并认为这是在基金面对不同程度的业绩敏感度投资者的情况下,设定战略费用的结果:低绩效基金向思考较为简单且对业绩不太敏感的投资者收取较高的费用。这个假设与 Christoffersen(2001)提出的理论相反,且为之后的研究提供了一个方向。Hu(2016)结合美国 1962 年 1 月到 2011 年 12 月的数据,用 BW 情绪指标替代资金流入,重新定义了业绩敏感度指标,通过实证研究证实了上述观点。Parida 等(2018)发现投资在更具竞争性领域的基金会被收取更高费用,原因在于在竞争力较弱的细分市场中,基金业绩更好、更持久,会吸引更多的对业绩敏感的投资者。在竞争更激烈的市场中,对业绩敏感的投资者相对较少。因此,在竞争更激烈的市场中运营的基金面临相对缺乏弹性的需求曲线,并通过增加费用(这降低了投资者的净收益)来利用它。

三、基金绩效的衡量方式

对于如何衡量基金绩效,国内外学者已经研究出了许多经典方法。Fama 和 French 在市场因素之外还考虑了规模与账面市值比,建立了 Fama-French (F-F)三因子模型(Fama et al., 1992)。Carhart(1997)在三因子模型的基础上,加入动量因子对部分系统性风险进行调整,形成了在实证研究中被广泛应用的 Carhart 四因子模型。

国内文献过去常用特雷诺指数、夏普比率等来衡量基金业绩,特雷诺指数用来衡量基金的单位系统性风险可获得的超额收益补偿,夏普比率用来衡量单位风险的收益补偿。近几年,对基金绩效的衡量方式发生了一些改变。屠新曙等(2010)运用F-F三因子模型评估基金绩效,并发现样本基金能够取得超额收益率。薛圣召等(2011)用四因子模型对我国的开放式基金绩效进行了实证研究,结果表明规模因子、账面市值比因子及动量因子对基金收益给予了较为客观的解释。欧阳志刚等(2016)研究认为四因子模型比F-F三因子模型更适用于中国市场,而赵胜民等(2016)研究认为F-F五因子模型解释能力比F-F三因子模型低,夏普比率、詹森指数等经典因子评估能力较弱。

综上,目前的研究还有以下几方面有待补充。

第一,国内目前与基金费用相关的研究较少。一方面,投资者享有基金机构的专业投资服务,并为此支付基金费用,因而在一定程度上,基金费用应该能够直接以正相关的关系反映专业投资服务的好坏,即基金绩效的高低。另一方面,由于基金收益率来源于投资收益减去费用,基金费用越高,基金收益就越低。因此,两者之间的关系值得探究,而且两者之间的关系一方面反映了基金费用设置的合理性,另一方面也为投资者的投资决策提供参考依据。

第二,在目前国内的研究中,基金绩效的评价方法未能较合适地反映基金的绩效。国内的研究大多考虑基金净值增长率、詹森指数、夏普比率等指标来评价基金绩效,而这些工具不能反映系统性风险。

第三,与基金费用相关的研究主要集中在2010年以前,而2011年以后经过迅猛的发展,国内基金市场发生了较大的变化,并且经历了牛市和熊市的交替,中国股市日渐成熟,由此呈现的结果更能反映基金市场现状。

第四,基金绩效与费用间的关系是否受到基金其他特征的影响,例如基金公司的规模效应、业绩持续性、运营的经验优势等因素,国内学者至今还未对该问题进行详细的探讨。

因此,本章采用自国内首只开放式基金建立以来的数据,即以2001—2017年17年间开放式股票型基金为样本,以净收益率的数据应用Carhart四因子模型得到基金绩效的评价指标,来研究基金费用与基金绩效之间的关系。

本章试图回答以下问题：

(1)基金总费率与基金绩效有何关系？

(2)基金持有成本、基金运营费率与基金绩效有何关系？

(3)基金特征对基金总费率与基金绩效之间的关系有何影响？

第二节 理论分析与研究假设

考虑国外学者对基金费用的研究和国内基金披露的费用信息，本章主要对基金的总费率进行研究。另外，本章创新性地将基金总费率分为基金持有成本和基金运营费率。其中基金持有成本为基金管理费率、托管费率、申购费率之和(假设基金持有年限为3年，基金赎回费率基本为0)；基金运营费率为交易费率、其他费用之和。总费率为基金当年产生的总费率。由于基金销售费率、财务费率等费率披露信息几乎为零，本章不纳入考虑。另外，本章针对的是基金的费用后收益，下文出现的基金绩效均指根据基金费用后收益计算得到的绩效。

本章的第一个问题：基金总费率与基金绩效有何关系？投资者需要为基金机构的专业投资服务支付基金费用。一方面，用于计算超额收益率的基金净收益率来源于投资收益减去费用，若费率较高，基金投资收益没有得到相应的增长，基金绩效也会较差。另一方面，基金费用应该能够直接以正相关的关系反映专业投资服务的好坏，即使考虑到成本，高收费的基金也应该表现出更好的费用后绩效。Machael等(2002)提出，在管理水平较低的基金中，公司获取的费用往往不被用于提高基金绩效，而是进行一些不相关的活动，甚至对基金绩效产生负向影响。考虑韩燕(2015)通过模型分析提出由于信息不对称性，基金费用与绩效存在背离现象，本章提出假设H2-1：

假设H2-1：基金绩效与基金总费率呈负相关。

本章的第二个问题：基金持有成本、基金运营费率与基金绩效有何关系？基金持有成本是指投资者在拥有该基金时所付出的成本或潜在成本。基金持有成本在一定程度上反映了基金服务质量。一般而言，投资者付出费用，应得到与费用相当或者大于费用的收益,即正向的边际效应。但国内基金管理公司的平均水平不高,可能无法在总体上实现这种正向的边际效应。基金日常运营所产生的费用也会直接从基金总资产中扣除,间接减少投资者收入。运营费用主要为交易费用,在一定程度上能够体现基金的投资策略和操作情况,是基金调仓强度的体现。本章认为,考虑国内基金市场的经营效率和股市的高流动性,基金日常运营产生的投资收益可能小于其运营费用。在此基础上,本章提出假设 H2-2:

假设 H2-2: 基金绩效与基金持有成本呈负相关,基金绩效与基金运营费率呈负相关。

第三节 数据与方法

一、数据来源

本章主要讨论基金费用与基金绩效之间的关系,以2001—2017年开放式股票型基金为样本,基金净收益率样本频率为1个月,费用样本频率为1年。根据所选择的基金绩效评价方法,本章剔除了成立期小于3年的基金、QDII基金和费用信息披露不全的基金,最后形成了一个17年期359只开放式股票型基金的非平衡面板数据,共1522个样本观测值。本章所采用的所有基金数据均来源于国泰安 CSMAR 数据库。

二、变量定义

(一)基金绩效:超额回报

本章所选取的基金绩效衡量指标为基金超额回报率,参照 Carhart(1997)四因子模型来评估风险调整后的绩效

$$R_{i,t} = \alpha_{i,t} + \beta_1 RMRF + \beta_2 SMB + \beta_3 HML + \beta_4 PRIYR + \delta_{i,t} \tag{2-1}$$

式中,$R_{i,t}$ 是基金 i 在 t 时期的月净值回报率与月化无风险收益率之差,月化无风险收益率是由银行一年定期存款利息按照复利方式计算得到的月化收益

率。RMRF为市场风险溢价因子;SMB为模拟公司规模效应的虚拟组合月回报率的市值因子;HML为模拟公司成长性效应的账面市值比因子。组合划分均基于FAMA 2×3组合划分方法,组合投资收益率的计算均采用流通市值加权。PR1YR为模拟公司业绩动量效应的动量因子。计算方式:形成期为11个月,累计收益最高的前30%的投资组合收益率减去累计收益最低的30%的投资组合收益率,收益率计算采用流通市值加权。

与Carhart (1997)一样,本章遵循两阶段估算过程,以获得每月每个基金风险调整后的绩效评估。第一阶段,针对2001—2017年每只基金,使用该基金第t个月之前三年内的月度数据估计方程(2-1),得到各个风险因子载荷beta;第二阶段,计算每只基金第t个月的风险调整后收益以衡量该基金绩效,与风险对等的收益等于每只基金的各个beta与第t个月的各个风险因子的乘积之和,风险调整后的收益为该基金在第t个月的收益减去与风险对等的收益。

滚动回归总共产生21369个月的风险调整后收益率,鉴于费率信息的披露频率为1年,本章以每只基金年平均月风险调整后收益率作为该基金当年的绩效衡量指标。

(二)基金总费率(TF$_{i,t}$)

基金费用用基金总费率来表示,是指基金当年年报披露的总费用除以基金总资产。

(三)基金持有成本(Price$_{i,t}$)

基金持有成本又称基金价格,是指投资人在拥有该基金时所付出的成本或潜在成本,为基金管理费率、托管费率、申购费率之和。由于大多数基金研究假设基金持有期为3年,本章申购费率取申购时最高一档费率除以3。

(四)基金运营费率(OperateF$_{i,t}$)

基金运营费用是指基金管理者在进行日常运营管理时产生的费用,基金运营费率为基金交易费率和其他费率之和。

三、实证模型

为了探究基金总费用与基金绩效之间的关系,本章采用以下模型:

$$\text{Alpha}_{i,t} = \alpha + \beta_1 \text{TF}_{i,t} + \varepsilon_{i,t} \tag{2-2}$$

$$\text{Alpha}_{i,t} = \alpha + \beta_1 \text{Price}_{i,t} + \beta_2 \text{OperateF}_{i,t} + \varepsilon_{i,t} \tag{2-3}$$

由于用于实证的数据是非平衡面板数据,为了探究费用与绩效之间的关系,本章采用个体、时间双向固定效应模型进行回归;为了避免残差中存在横截面相关性,参考 Petersen(2009)提出的方法,本章分别采取了稳健标准误和个体与时间双重聚类标准误进行回归,以保证实证结果的稳健。

第四节　实证分析

本章对连续时间层面的解释变量、控制变量和因变量都分别进行了1%水平的缩尾处理。同时,进一步考虑变量之间的相关性,对全样本的变量进行了共线性检验(篇幅所限未报告),变量之间的相关系数较小,故后续的模型中不存在多重共线性。

一、描述性统计

从表2-1中可以看出,就样本而言,在控制了各种风险因子的情况下,样本基金的平均月超额收益率为-0.022%,中位数为-0.000%,均接近于0,说明我国开放式股票型基金整体上来说不能为投资者带来超额收益率;基金总费率平均水平为2.352%,样本之间差距明显,最大的达到8.115%,最小的仅为0.110%。

表2-1　变量描述性统计结果

变量	均值	中位数	最大值	最小值	标准差
Alpha	-0.022%	-0.000%	0.042%	-0.097%	0.018
TF	2.352%	2.149%	8.115%	0.110%	1.541
Price	1.780%	1.845%	4.087%	0.417%	0.811
OperateF	0.966%	0.652%	5.854%	0.198%	1.044

二、实证结果

表2-2展现了模型(2-2)、模型(2-3)的回归结果,其中列(1)和列(3)为稳健标准误回归,列(2)和列(4)为双重聚类标准误回归。总体上讲,本章发现基金费率与基金绩效之间存在负相关关系。这一负相关关系不仅仅体现在基金总费率上,将总费率分解成基金持有成本和基金运营费率时依然显著。根据列(4),Price前的系数为−0.0028,且每增加一个标准差,代表基金绩效的Alpha就会减少0.1261;OperateF前的系数为−0.0017,且每增加一个标准差,代表基金绩效的Alpha就会减少0.0986。结果表明,基金持有成本的负向关系比基金运营费率的负向关系更强。比较两种标准误回归的结果,总体上讲,t值不存在较大的差别,说明异方差的影响不明显。

表2-2 基金绩效与基金费用回归结果

变量	(1)	(2)	(3)	(4)
TF	−0.0014**	−0.0014**		
	(−2.16)	(−2.34)		
Price			−0.0028*	−0.0028***
			(−1.89)	(−3.73)
OperateF			−0.0017**	−0.0017***
			(−2.25)	(−3.51)
Constant	−0.0059	−0.0059***	−0.0089**	−0.0089***
	(−0.72)	(−3.99)	(−2.01)	(−6.21)
标准误类型	White	Cluster by Year	White	Cluster by Year
是否控制个体效应	是	是	是	是
是否控制时间效应	是	是	是	是
观测数	1522	1522	1522	1522
基金数	359	359	359	359
R^2	0.1895	0.1895	0.1895	0.1895

注:*、**、*** 分别表示在10%、5%、1%的水平上显著。

三、稳健性检验

本章主要采用两种方法进行稳健性检验。一是将市场区分为牛市和熊市分别进行回归,区分的依据参考周率等(2018)的研究和以往的股市数据;二是将计算基金绩效的四因子模型滚动回归窗口设置为24个月,这样在一定程度上增加了参与回归的样本数量。

表2-3、表2-4分别报告了两种稳健性检验方法的结果,可以看到与表2-1在显著性上没有太大的区别,说明本章的结果是稳健的。

表2-3 稳健性检验(区分牛市和熊市)

变量	牛市		熊市	
	(1)	(2)	(3)	(4)
TF	−0.0027**		−0.3460***	
	(−4.05)		(−5.94)	
Price		−0.0016		−0.0066*
		(−0.53)		(−2.33)
OperateF		−0.0034**		−0.0020
		(−3.64)		(−0.183)
Constant	−0.0.0062	−0.0073	−0.0120	−0.0034
	(−1.83)	(−1.22)	(−2.12)	(−0.57)
标准误类型	Cluster by Year	Cluster by Year	Cluster by Year	Cluster by Year
是否控制个体效应	是	是	是	是
是否控制时间效应	是	是	是	是
观测数	502	502	380	380
基金数	283	283	137	137
R^2	0.1092	0.1109	0.2930	0.2976

注:*、**、*** 分别表示在10%、5%、1%的水平上显著。

表2-4 稳健性检验(四因子滚动模型)

变量	滚动窗口=24个月	
	(1)	(2)
TF	−0.0016***	
	(−3.08)	
Price		−0.0017*
		(−1.87)

续表

变量	滚动窗口=24个月	
	（1）	（2）
OperateF		−0.0015** （−2.92）
Constant	0.0067 （2.90）	0.0074 （3.41）
标准误类型	Cluster by Year	Cluster by Year
是否控制个体效应	是	是
是否控制时间效应	是	是
观测数	2078	2078
基金数	579	579
R^2	0.1265	0.1267

注：*、**、*** 分别表示在10%、5%、1%的水平上显著。

四、进一步实证研究

有学者认为基金的特征也是影响基金绩效的重要因素；本章认为，基金特征会对基金总费率与基金绩效之间关系产生一定的影响。例如，基金市场可能存在规模效应，大型基金管理公司的基金运营成本相对较低；如果基金的规模反映其过去的表现，并且表现持续，则更好的表现会提高基金的规模效应，进一步降低费用；同样，运营时间较长的基金可能会从经验中受益，从而以较低的费用获得更高的收益；此外，资金净流入为正的基金可能会存在短视现象，趁机收取更多的基金费用。因此，本章提出假设H2-3：

假设H2-3：基金特征能在一定程度上解释基金绩效与基金总费率之间的关系。

（一）变量定义

为了探究这一问题，本章主要考虑了基金规模、基金年龄、基金净流入、基金管理公司管理的该类基金总规模和基金管理公司管理的该类基金数量共五个基金特征。

1. 基金规模(Size$_{i,t}$)

参照之前的文献对基金规模的定义,本章采用基金净资产的自然对数对基金规模进行衡量,具体公式为

$$\text{Size}_{i,t} = \ln(\text{TA}_{i,t}) \tag{2-4}$$

式中,TA$_{i,t}$为基金i在t年度的净资产。由于基金的净资产随时间不断变化,本章以一年内每个季度末的基金净资产平均值作为该年度的基金净资产。Brennan等(1991)的研究表明,基金规模的增大可以产生正的规模效应,使得交易成本降低、基金业绩上升;但基金规模过大容易受到市场流动性的限制,增加交易成本,对基金业绩产生负面影响(Prather et al.,2004)。

2. 基金年龄(Age$_{i,t}$)

本章利用基金的成立时间来计算基金年龄。基金的年龄对基金收益存在显著影响,成立时间较长的基金,其管理者往往拥有丰富的投资经验,投资者对其也较为熟悉,而新的基金由于初期成本的存在与管理者投资经验不够丰富,业绩往往较差(Gregory et al.,1997)。

3. 资金净流入(Flow$_{i,t}$)

本章用式(2-5)来计算基金i在t年度的资金净流入

$$\text{Flow}_{i,t} = \frac{\text{TA}_{i,t} - \text{TA}_{i,t-1}(1 + \text{ROY}_{i,t})}{\text{TA}_{i,t-1}} \tag{2-5}$$

式中,TA$_{i,t}$为基金i在t年末的净资产,ROY$_{i,t}$为基金年净值增长率。Zheng(1999)发现,资金净流入为正的基金收益显著高于资金净流入为负的基金。但是,资金净流入为正的基金可能会存在短视现象,趁机收取更多的基金费用。

4. 基金管理公司管理的该类基金总规模(CompanyTA$_{i,t}$)

本章认为,基金管理公司旗下管理的开放式股票型基金总规模越大,意味

着公司的管理能力越强,产生的规模效应可以降低公司运营成本。同样地,该指标采用总规模的对数结果进行衡量。

5. 基金管理公司管理的该类基金数量($NUM_{i,t}$)

本章认为,基金管理公司旗下管理基金数量(用基金对应基金管理公司旗下管理开放式股票型基金的数目来衡量$NUM_{i,t}$)越多,意味着公司的管理能力越强;同时,产生的规模效应可以降低公司运营成本,提高基金绩效。但是,基金数量的增多可能会导致公司对每个基金的管理不力,对基金绩效产生负向影响。

(二)实证结果

从表2-5中可以看到,所属基金公司旗下该类基金数量均值为11.045,说明近年来市场上的各个基金管理公司日渐成熟;基金资产规模最大值与最小值相差较大,且标准差为1.760,说明不同开放式股票型基金市场份额存在着较大的差异;样本内基金平均成立时间为6.655年;基金资金净流入平均为0.277%,说明该类基金市场日渐壮大。

表2-5 基金特征变量描述性统计结果

变量	均值	中位数	最大值	最小值	标准差
Size	20.597	20.715	23.981	16.977	1.760
Age	6.655	6	14	4	2.683
Flow%	0.277	−0.161	15.962	−0.784	2.128
CompanyTA	22.472	22.522	24.789	17.982	1.475
NUM	11.045	9	42	1	9.153

为了验证假设H2-3,本章参考Gil-Bazo等(2009)的做法,以总费用为被解释变量,以绩效为解释变量,加入滞后一期的基金特征作为解释变量,并加入基金特征与绩效的交互项。由于本章探究的是费用与绩效之间的相关性,解释变量与被解释变量互换不影响结果。同样,回归方法采用了个体、时间双向固定效应和时间聚类调整,回归方程如下:

$$TF_{i,t} = \alpha + \beta_1 Alpha_{i,t} + \beta_2 Size_{i,t-1} + \beta_3 Age_{i,t-1} + \beta_4 Flow_{i,t-1} + \beta_5 \ln CompanyTA_{i,t-1}$$
$$+ \beta_6 NUM_{i,t-1} + \beta_7 Alpha_{i,t}*Size_{i,t-1} + \beta_8 Alpha_{i,t}*Age_{i,t-1} + \beta_9 Alpha_{i,t}$$
$$*Flow_{i,t-1} + \beta_{10} Alpha_{i,t}*\beta_2 \ln CompanyTA_{i,t-1} + \beta_{11} Alpha_{i,t}*NUM_{i,t-1} + \varepsilon_{i,t-1}$$

$$(2-6)$$

从表2-6列(1)和列(2)可以看到,在加入了基金特征变量之后,Alpha的系数绝对值变小,但仍然显著为负,说明基金绩效与基金费用之间的负相关关系在一定程度上受到基金特征的影响,但影响程度不大。观察列(2)基金特征变量的回归结果,可以发现,基金本身不存在降低收费的规模效应,相反,基金规模越大,基金产生的费用越高;基金年龄与基金费用无相关性;基金存在基于净流入的短视现象,即趁基金规模增大收取更高的费用;此外,基金存在基于基金公司的规模效应,即若基金公司管理的基金规模越大,旗下管理的该类基金数量越多,基金所产生的费用也会显著地减少。列(3)加入了基金绩效与基金特征的交互项,结果表明在基金绩效相同的情况下,基金规模越小、成立时间越久、年净流入越大、所属基金公司旗下管理的该类基金数量越少,基金所产生的费用就会越多。

表2-6 基金特征对基金绩效与费用关系的影响

变量	(1)	(2)	(3)
Alpha	−12.0643***	−11.5475***	−117.0125*
	(−4.32)	(−4.98)	(−2.04)
Size		0.4991***	0.5248***
		(3.76)	(3.81)
Age		−0.1932	−0.0489
		(−0.15)	(−0.38)
Flow		−.0381*	−0.0626**
		(−1.98)	(−2.48)
CompanyTA		−0.1171**	−0.1179**
		(−2.39)	(−2.57)
NUM		−0.01456*	−0.0159**
		(−1.87)	(−2.52)
Alpha*Size			8.7972***
			(5.44)

续表

变量	（1）	（2）	（3）
Alpha*Age			−3.0361***
			（−4.29）
Alpha*Flow			−4.1313*
			（−2.09）
Alpha*CompanyTA			−2.6005
			（−1.27）
Alpha*NUM			0.2952*
			（2.02）
Constant	1.0693***	−6.6265**	−7.3361**
	（5.71）	（−2.30）	（−2.46）
标准误类型	Cluster by Year	Cluster by Year	Cluster by Year
是否控制个体效应	是	是	是
是否控制时间效应	是	是	是
观测数	1166	1166	1166
基金数	285	285	285
R^2	0.2824	0.3303	0.0923

注：*、**、*** 分别表示在10%、5%、1%的水平上显著。

第五节　本章小结

我国基金市场经过十多年的发展，日渐走向成熟，基金费用不仅直接反映投资人的成本，也直接影响基金绩效。研究两者之间的关系有助于各方面更加深入地了解国内基金市场。

本章对国内开放式股票型基金的基金绩效和基金费用之间的关系进行了深入的研究：首先，梳理了过去关于基金绩效评估方式、基金绩效影响因素和基金费用的相关文献；其次，直观地设计回归模型，得到了基金绩效与费用之间的关系；最后，加入基金特征进行了进一步的回归分析。本章的结果表明基金费率与基金绩效有负相关关系。具体而言，费用基金总费率对基金绩效有显著的负向影响；当总费用被分为基金价格和基金运营费用后，两者皆对基金绩效有显著的负向影响，且基金价格的负向效应更大。在进一步的分析过程中,本章发现基金特征与基金费用也存在着相关性,并且基金特征也会在一定程度上影响基金绩效与基金费用之间的关系。

　　本章的局限性在于,由于数据披露原因,只得到了费用与费用后绩效的直接关系,未能更加深入地探究费用与费用前绩效的关系。此外,本章未对国外热门的基金策略性收费展开讨论。

第三章　基金特征、公司特征与
基金利益输送

　　早期研究表明,基金投资者的资金流向存在不对称性,即资金流动对业绩突出和业绩落后的基金敏感性不一致,由此引发了明星基金的"溢出效应",业绩突出的基金不仅可以为自身吸引更多资金流入,还可以增加同公司其他基金的资金净流入,而尾部基金却不会出现显著的资金流出,进而可以提升基金公司整体的市场份额,同时收取更多管理费用。这种现象进一步引发了基金管理公司内部的利益输送问题,即通过公司内部资源和利益的不协调分配提升公司整体效益。这一现象首次被 Gaspar 等(2006)证实:在对基金进行特征匹配后,发现同公司的两只基金的业绩差异显著高于非同公司的两只基金。

第一节　理论分析与研究假设

一、利益输送问题的提出

(一)利益输送问题的文献基础

　　Chevalier 等(1997)最早提出基金资金流向存在不对称性,基金投资者的资金流向对业绩好和业绩差的基金的敏感性是不一致的。针对这种不对称性,Khorana 等(2000)做了进一步研究,结果表明,业绩表现突出的基金对基金公司的市场份额有显著的正向影响。Jain 等(2000)研究发现,基金公司为某只基金投放广告不能证明该只基金业绩突出,但是由于广告投放降低了投资者的搜索成本,因此可以为基金公司吸引更多资金。Nanda等(2004)首次引入了明星基金的概念,并通过两种方式定义了明星基金:一种方式是根据Fama等(1993)的F-F三因子模型计算得到的过去12个月中排名前5%的基金;另一种方式为MS五星级基金。他们证实了明星基金可以引起公众注意,对基金公司产生"溢出效应",即不仅可以为自身吸引更多资金流入,还可以使同公司中其他基金的资金净流入增加。而尾部基金却不会使基金公司出现显著的资金流出。综上所述,资金流向的不对称性为基金公司提供了进行利益输送的动机,即通过公司内部资源和利益的不协调分配提升公司整体利益。

Guedj 等(2003)发现,基金公司在为基金分配资源时,更倾向于为业绩好的基金分配优秀的基金管理人和优质的IPO资源,间接证明了利益输送现象的存在。他们进一步证明,基金公司资源分配的不公平程度与旗下基金数量有关,旗下基金数量越多,基金公司越有可能进行利益输送。Gaspar等(2006)首次通过业绩差异的角度证实了基金公司内部存在利益输送现象,并发现低费率基金会向高费率基金进行利益输送、年初至今业绩差的基金会向年初至今业绩好的基金进行利益输送。利益输送的水平与公司特征有关,旗下基金数量多和旗下基金规模异质性高的基金公司更容易发生利益输送。此外,他们还证明了利益输送可以通过优先分配新股和反向交易的方式进行。肖继辉等(2012)利用四因素模型计算的超额收益对全样本及大公司样本的基金利益输送行为进行了研究。结果表明,依据公司内超额收益排名口径定义高低价值基金在半年期内基金公司存在显著持续的业绩差异,且这种业绩差异在大基金公司中更加明显。Haque(2014)根据业绩差异对澳大利亚基金市场中的基金进行了实证分析,发现公司内部确实存在利益输送。

(二)我国股票型基金市场的特性

我国基金市场相对于美国基金市场存在着较大的差异,具体体现在投资结构、行业集中度、投资周期等方面。

从投资结构来看,我国股票型基金市场的发达程度远远低于美国市场。

根据美国基金业年鉴数据,2017年美国共同基金市场整体规模约为22万亿美元,以权益类为主,其中国内股票占比43%,全球股票占比16%。我国基金市场从2012年开始迅速发展,至2017年整体规模已达约18万亿元,其中货币基金占比最高,达60%;股票型基金的数量占比为18%左右,规模占比仅为6%左右。

在行业集中度方面,我国公募基金市场的行业集中度较低。根据美国基金业年鉴数据,美国前五大公司已占据超50%的管理规模,且前五大、前十大公司的市场份额均呈逐年上升趋势。美国指数基金与债券基金的规模变化是造成基金公司规模集中度上升的主要原因。近年来,上述两类基金深受投资者青睐,规模不断增加,但绝大部分指数基金和债券基金由前十大基金公司管理。而主动管理的股票型基金则连续10年出现资金净流出,中型基金公司是其主要的提供者。而在我国130余家公募基金管理公司中,前五大基金公司管理的资产规模仅为30%左右,前10—20名的公司规模占比则为23%,头部集中度显著低于美国共同基金业。在余额宝的加成下,天弘基金货币基金规模达1万亿元,资产管理规模始终排名第一。而单从权益角度来看,排名第一的嘉实基金的基金规模仅为1200亿元。

我国基金市场的投资者及基金管理人均存在短视化倾向。从基金投资者的角度来看,根据中国基金业协会公布的数据,40%以上的基民持基时间少于1年,70%以上的基民平均持基时间少于3年。而根据美国共同基金业披露的数据,美国基金的月度赎回比例(被赎回基金资产占共同基金总资产的比例)稳定在2%—4%,即平均2—4年实现完整赎回。从基金管理人的角度来看,存在高换手率及投资短期化现象。根据Wind数据库和华宝基金的数据分析,2018年我国主动权益公募基金的换手率平均值约为305%,中位数达到233%。而根据晨星和华宝基金的数据分析,2018年美国主动权益公募基金的换手率绝大多数集中在100%以下,平均值约为66%,中位数仅为46%,大幅低于中国市场。一方面,在于我国A股市场特性。市场方面,A股市场熊长牛短,波动偏大,为主动型基金提供了更多的通过中短期的调仓换股获取超额收益的可能;投资工具方面,相比发达市场,我国活跃的价格发现和套期保值工具较少,投资范围有所限制,较多集中在股市,且一致性偏强;投资者结构方面,中小投资者占比较高也催生了部分不理性交易。另一方面,在于业绩考核的短期化。短期收益率的绝对收益率及公司内相对排名仍是对公募基金管理人的重要考核标准,对基金管理人的行为构成隐性的激励,产生委托—代理问题。

综上所述,不完善的股票型基金投资市场以及短视化现象的市场特征,加之基金投资者资金流向的不对称性,为我国基金市场中的利益输送行为提供了空间。2008年发布的《证券投资基金管理公司公平交易制度指导意见》中指出,应在投资管理活动中公平对待不同投资组合,严禁直接或者通过与第三方的交易安排在不同投资组合之间进行利益输送。利益输送现象在我国是否存在至今尚无定论。综上所述,本章依据已有文献及我国股票型市场特性提出假设H3-1:

假设H3-1:我国股票型基金市场存在基金公司内部的利益输送问题。

(三)基金管理人能力对基金业绩的影响

Chevalier等(1999)研究了基金管理人的各项指标与基金业绩表现的关系,研究表明基金管理人的SAT分数对基金业绩有显著的正向影响,这可能与其自身更好的选股能力、更高的教育水平,以及更有价值的社交网络等因素有关。Gottesman等(2006)进一步对基金管理人的教育水平与基金业绩表现的关系进行了研究,结果表明基金管理人就读MBA项目的排名对基金业绩表现有显著的正向影响,而MBA以外的学历对基金业绩表现无影响。

以基金管理人的任职时间衡量基金管理人能力,探究其对基金收益的影响,学术界对此存在不同观点。Elton(1996)、Gruber(1996)和 Carhar(1997)等对基金管理人经验与基金风险调整后的长期收益的关系给出了不同的结论。Porter等(1998)通过对个别基金管理人业绩的研究,发现基金管理人任职时间长短不能显著影响基金业绩。而Filbeck等(2004)利用1999—2001年的基金市场数据进行实证,发现任职时间长的基金管理人所管理的基金业绩优于其他基金。而Berk等(2004a)、Berk等(2004b)以基金管理人获得的资金流入衡量其能力,研究发现基金管理人能力对基金业绩影响显著,获得更多投资者资金流入的基金管理人具有更高的管理能力,同时能带给基金投资者更高的投资收益。除此之外,Kempf等(2008)发现中期排名落后的大基金公司的基金管理人和中期排名领先的小基金公司的基金管理人在接下来的半年里更容易采取冒险行为,证明了大基金公司与小基金公司的基金管理人行为存在差异。

综上所述,基金管理人的能力会显著影响基金的业绩,而在现有关于利益输送的探究中未控制基金管理人能力的差异,可能会产生有偏的结论。综合上述文献,本章提出假设H3-2:

假设H3-2:在控制基金管理人能力这一影响因素后,我国股票型基金市场仍存在基金公司内部的利益输送问题。

二、利益输送问题的影响因素

(一)基金特征

对于基金投资的市值属性,Cremers等(2009)研究表明,大多数基金管理人在对基金进行主动管理时,多遵循特定的风格,比如购买小盘股。同时,Gaspar等(2006)证明了利益输送可以通过优先分配新股和反向交易的方式进行。因此,利益输送可能更易发生于相同的市值属性之间。对于基金管理风格的主动性,Carhart(1997)质疑了基金管理主动性对基金业绩的影响,即基金管理越主动,其净收益越低。而更加主动的管理也为利益输送提供了更多空间,同时结合我国基金市场短视化倾向的特征,本章提出假设H3-3和假设H3-4:

假设H3-3:利益输送可能更易发生于相同的市值属性之间。

假设H3-4:基金管理风格越主动,利益输送现象越显著。

(二)公司特征

从基金公司的层面来看,Gaspard等(2006)研究发现,利益输送的水平与公司特征有关,旗下基金数量多、旗下基金规模异质性高、成立时间长的基金公司更容易发生利益输送。Kempf等(2007)证实,大基金公司中基金在公司内的排名对资金流入的影响大于小基金公司。Benson等(2008)引出了基金的资金流入与基金公司特征的关系,证实规模较大的基金公司能够为旗下基金吸引更多的申购量。杨文虎(2009)通过对中国基金市场的研究发现,基金公司的规模特征同样是影响基金业绩的重要因素。Nanda等(2004)研究表明,投资管理能力弱的基金公司有动机采取明星策略,通过人为打造明星基金而成为明星公司。进一步地,他们对人为打造明星基金的基金公司特征进行了研究,结果表明旗下基金规模越大、基金业绩差距越大的基金公司拥有更强的打造明星基金的动机。此外,他们还发现,人为打造的明星基金并不能给投资者带来更高的回报。林树等(2008)对人为打造明星基金的基金公司特征进行了进一步研究,发现前期没有明星基金的基金公司拥有更强的打造明星基金的动机。

综上,现有文献已充分证明,公司的规模特征、年龄特征对利益输送有显著影响。受Nanda等(2004)等关于明星基金的研究启示,本章提出假设H3-5:

假设H3-5:优质基金公司不存在利益输送行为,而劣质基金公司存在利益输送行为。

综上所述,基金资金流向的不对称性以及明星基金的"溢出效应",引发了基金内部的利益输送问题。基金公司内部的利益输送问题已在国外基金市场得到证实。受利益分配空间的影响,利益输送现象在不同的公司特征下表现不同,国内外文献已发现了部分影响利益输送的因素,包括基金公司规模、旗下基金规模异质性以及前期表现等。因此,基金自身的特征同样将会对利益输送产生影响。与此同时,由于基金业绩本身受到基金管理人能力影响,而现有文献在对利益输送问题进行研究时尚未考虑这一因素,本章将进一步控制基金管理人能力的影响,对基于我国开放式股票型市场的利益输送问题进行探究。同时,本章将对其他影响利益输送的公司特征进行研究,并提出影响利益输送的基金自身特征,对已有研究进行补充。

第二节 研究设计

本章的实证研究参考了 Gaspar 等(2006)基于基金业绩差异的回归模型，并进一步控制了基金管理人能力对基金业绩的影响。该实证模型旨在探究中国开放式股票型基金市场是否存在基金公司内部的利益输送问题，以及利益输送问题在不同的基金属性以及公司特征下的表现有何不同。

本章实证模型以式(3-1)为基础，将高低价值的业绩之差作为被解释变量，将高低价值基金是否属于同一基金公司的虚拟变量作为解释变量，若该解释变量影响显著，则证明属于同一基金公司会显著增加两只基金的业绩差异，即中国开放式股票型基金市场基金公司内部的利益输送问题存在。本章进一步考虑到基金管理人能力差异对基金业绩产生的影响，引入基金管理人能力的代理变量——基金管理人管理基金总规模对数之差作为控制变量，即式(3-2)。

$$\text{Ret}_{i,t}^{\text{H}} - \text{Ret}_{i,t}^{\text{L}} = a + \beta(\text{Same\_Family}) + \text{controls} + \varepsilon_{i,f,t} \qquad (3-1)$$

$$\text{Ret}_{i,t}^{\text{H}} - \text{Ret}_{i,t}^{\text{L}} = a + \beta(\text{Same\_Family}) + \gamma(\text{lnmgTNA\_Dif}) + \text{othercontrols} + \varepsilon_{i,f,t}$$

$$(3-2)$$

式中，$\text{Ret}_{i,t}^{\text{H}}$ 为高价值基金年初至本月累计收益，$\text{Ret}_{i,t}^{\text{L}}$ 为低价值基金年初至本月累计收益，因变量两者之差在回归结果中简记为 Ret_Dif。Same_Family 为是否属于同一基金公司的虚拟变量，当参与回归的低价值基金与高价值基金属于同一基金公司时，样本属于处理组，虚拟变量取 1；为每只低价值基金匹配一只与其"特征近似"但不属于同一基金公司的"匹配基金"，当参与回归的低价值基金为"匹配基金"，即与高价值基金不属于同一基金公司时，样本属于对照组，虚拟变量取 0。lnmgTNA_Dif 为高低价值基金的基金管理人管理基金总规模的对数之差。式(3-1)中的 controls 以及式(3-2)中的 othercontrols 包括控制变量 Age_Dif（高低价值基金成立年限之差）、lnTNA_Dif（高低价值基金资产净值对数之差）、Age_fmlH（高价值基金所在基金公司的成立年限）以及 lnTNA_fmlH（高价值基金所在基金公司的基金资产净值对数总和）。

第三节　数据与方法

一、数据来源

本章选取的样本为2017—2019年中国开放式股票型基金的月度数据。剔除分级基金仅保留资产净值最高的等级,并剔除截至2019年12月31日成立年限小于3个月的基金,共得到开放式股票型基金337只。基金数据来自Wind数据库。

二、变量说明

各变量的定义详见表3-1。

表3-1　主要变量符号及其定义

变量	变量定义
Ret_Dif	高低价值基金年初至本月累计收益之差
Same_Family	高低价值基金是否处于同一基金公司,处理组取1,对照组取0
lnmgTNA_Dif	基金管理人管理基金总规模的对数之差
Age_Dif	基金成立年限之差
lnTNA_Dif	基金资产净值对数之差
Age_fmlH	高价值基金所在公司的成立年限
lnTNA_fmlH	高价值基金所在公司的基金资产净值

（一）高低价值基金的构造

1. 年初至本月累计收益

采用本年1月1日至本月末的复权单位净值增长率作为年初至本月的累计收益。具体计算方式为:(本月末复权单位净值−本年1月1日复权单位净值)/本年1月1日复权单位净值×100%,如果当日是非交易日,则选取上一个交易日的复权单位净值进行计算。

2. 高低价值基金的定义

将年初至本月累计收益率处于所在公司相同投资风格前25%的基金定义为高价值基金、处于所在公司相同投资风格后25%的基金定义为低价值基金。如果基金公司开放式股票型基金数量少于4只,则剔除属于该基金公司的样本。

(二)处理组与对照组的构造

对于每个基金公司,将公司的每只高价值基金与该公司所有投资风格相同的低价值基金一一组合作为处理组,将高低价值基金年初至本月累计收益之差作为被解释变量,此时,解释变量高低价值基金处于同一基金公司,虚拟变量取1。例如,公司A有2只高价值基金、2只低价值基金,则可形成4个处理组样本,对于这4个样本,虚拟变量均取1。

对于每个处理组样本中的低价值基金,为其匹配一个"特征近似"的"匹配基金","匹配基金"与该低价值基金投资风格相同,基金成立年限、年初至本月收益处于全部样本的同一十分位,但不属于同一基金公司。若有多只基金符合匹配要求,则从中随机选取一只。将上述处理组样本中的低价值基金替换为"匹配基金",则形成对照组,虚拟变量取0。对于上述例子,若公司A的2只低价值基金都成功匹配,则可形成4个对照组样本,对于这4个样本,虚拟变量均取0。

通过构造"匹配基金"形成对照组的方式使得处理组与对照组具有高度的可比性,虚拟变量的显著性可以反映在相同条件下两只同公司基金的业绩差异是否会显著高于两只非同公司基金,即利益输送问题是否存在。

(三)控制变量的构造

1. 基金管理人管理基金总规模的对数之差

将基金管理人所管理的所有基金的资产净值相加可得到基金管理人管理

基金总规模。鉴于Berk等(2004a)、Berk等(2004b)的结论,基金管理人能力越强,管理的基金总规模往往越大,因此本章将基金管理人管理基金总规模作为基金管理人能力的代理变量。对于处理组及对照组,将高低价值基金的基金管理人管理基金总规模分别取对数后相减,得到基金管理人管理基金总规模的对数之差,作为实证模型的控制变量之一,这一控制变量可以排除因基金管理人本身能力的差异造成的业绩差异对回归结果的影响。

2. 基金成立年限之差、基金资产净值对数之差

将当月月末日期减去基金成立日期得到基金成立年限。对于处理组及对照组,将高低价值基金的基金成立年限相减得到基金成立年限之差。

对于处理组及对照组,将高低价值基金的当月月末的基金资产净值分别取对数并作差得到基金资产净值对数之差。由于基金资产净值仅在基金季度报告中公布,故选取前后报告期的加权平均值近似看作各月末的基金资产净值。

3. 高价值基金所在公司的成立年限

将当月月末日期减去高价值基金所在基金公司的成立日期,得到高价值基金所在公司的成立年限。

4. 高价值基金所在公司的基金资产净值

将高价值基金公司当月月末的基金资产净值取对数得到高价值基金所在公司的基金资产净值。由于所属基金公司资产净值仅在基金季度报告中公布,故选取前后报告期的加权平均值近似看作各月末的基金公司资产净值。

(四)描述性统计

为排除极端值对结果的影响,本章在对基金层面年初至本月累计收益的变量进行缩尾处理后进行了描述性统计(见表3-2)。主要解释变量为是否属于同一基金公司的虚拟变量;控制变量基金管理人管理基金总规模,均值为

40.59亿元,标准差为54.79亿元,最小值为0.10亿元,中位数为20.97亿元,最大值为299.14亿元。

表3-2 描述性统计

变量		平均值	标准差	最小值	中位数	最大值
基金	Ret	0.09	0.21	-0.48	0.05	1.07
	TotalFee	0.03	0.00	0.02	0.03	0.04
	TNA	8.72	12.72	0.00	3.75	126.89
	Age	2.75	1.81	0.00	2.53	13.09
	mgTNA	40.59	54.79	0.10	20.97	299.14
基金公司	NUM	125.19	57.31	21.00	134.00	217.00
	TNA	2832.80	2031.04	129.46	2833.58	7033.24
	Age	15.02	4.37	2.57	14.89	21.84

进一步将样本按照上述划分高低价值基金的标准分别进行表述性统计(见表3-3)。对于高价值基金,控制变量基金管理人管理基金总规模的均值为44.15亿元,标准差为56.28亿元,最小值为0.10亿元,中位数为22.44亿元,最大值为299.14亿元;对于低价值基金,控制变量基金管理人管理基金总规模的均值为36.79亿元,标准差为54.29亿元,最小值为0.10亿元,中位数为18.84亿元,最大值为299.14亿元。

表3-3 高低价值基金描述性统计

统计项目	高价值基金					低价值基金				
	Ret	TotalFee	TNA	Age	mgTNA	Ret	TotalFee	TNA	Age	mgTNA
均值	0.16	0.03	8.23	3.17	44.15	0.03	0.03	9.06	2.94	36.79
标准差	0.23	0.00	12.09	1.95	56.28	0.20	0.00	12.94	1.81	54.29
最小值	-0.32	0.02	0.00	0.02	0.10	-0.48	0.02	0.00	0.01	0.10
中位数	0.11	0.03	4.29	2.89	22.44	0.01	0.03	3.54	2.74	18.84
最大值	1.07	0.03	126.89	13.09	299.14	0.66	0.03	91.70	12.09	299.14

第四节　实证与分析

本章的实证过程分为三个部分:第一部分,基于中国开放式股票型基金市场数据对基础模型进行回归,以探究中国开放式股票型基金市场是否存在公司内部的利益输送行为;第二部分,探究不同的基金自身特征下利益输送行为的差异;第三部分,探究利益输送行为在不同公司特征下的表现。

一、探究是否存在利益输送现象

根据表3-4,列(1)、列(2)和列(3)在控制基金成立年限之差、规模对数之差以及高价值基金所在公司的成立年限、规模对数等基础特征变量,并逐步控制时间固定效应和公司固定效应之后,高低价值基金是否属于同一基金公司这一主要解释变量仍对基金收益之差这一被解释变量有显著的正向影响:解释变量系数为正,说明同等条件下属于同一基金公司的两只基金比不属于同一基金公司的两只基金收益差异更大,即中国开放式股票型基金市场中存在基金公司内部的利益输送行为。从经济意义的角度来说,当控制所有控制变量以及时间固定效应和公司固定效应后,虚拟变量系数为0.606,收益之差的样本均值为13.366%,意味着同等条件下,属于同一基金公司会使得两只基金的年初至本月累计收益之差的平均值增加4.534%,假设H3-1得到证实。从控制变量的回归结果看,基金成立年限之差、高价值基金所属基金公司管理基金的规模对收益差均有显著的正向影响,即基金成立年限相差越大、基金公司管理基金规模越大,利益输送行为越显著。

此外,除基金本身的特征变量,本章进一步增加了基金管理人能力的代理变量作为控制变量参与回归,以排除由于客观上管理各只基金的基金管理人能力存在差异所带来的收益差异。表3-4列(4)中的结果显示,基金管理人管理基金总规模对数之差这一控制变量对基金收益之差有显著的正向影响,即基金管理人能力差异越大,基金收益差异越大。在控制基金管理人能力差异后,解释变量系数为0.618,意味着同等条件下,属于同一基金公司会使得两只基金的年初至本月累计收益之差平均增加4.624%,即利益输送会额外带来4.624%的收益差异。表3-4列(5)进一步增加了两者的交叉项,交叉项系数不显著,而高低价值基金是否属于同一基金公司这一主要解释变量系数依然显著。综上,在控制了基金自身的基本特征及基金管理人能力的差异后,是否属于同一基金公司的虚拟变量依然显著,表明中国开放式股票型基金市场基金公司内部的利益输送问题显著存在,假设H3-2得到证实。

表3-4　基础模型回归结果

变量	(1) Ret_Dif	(2) Ret_Dif	(3) Ret_Dif	(4) Ret_Dif	(5) Ret_Dif
Same_Family	1.217*** (0.000)	0.655*** (0.006)	0.606*** (0.007)	0.618*** (0.006)	0.615*** (0.007)
lnmgTNA_Dif				0.147** (0.019)	0.138 (0.150)
Same_Family*lnmgTNA_Dif					0.014 (0.900)
Age_Dif	0.235*** (0.001)	0.101* (0.082)	0.143** (0.011)	0.140** (0.013)	0.140** (0.013)
lnTNA_Dif	0.043 (0.521)	0.116** (0.038)	0.083 (0.130)	0.026 (0.667)	0.026 (0.662)
lnTNA_fmlH	0.871*** (0.000)	0.892*** (0.000)	1.525** (0.028)	1.575** (0.024)	1.575** (0.023)
Age_fmlH	0.123*** (0.001)	−0.022 (0.492)	−0.159 (0.375)	−0.167 (0.352)	−0.168 (0.351)
Constant	3.954*** (0.000)	−3.975*** (0.000)	−4.696 (0.241)	−5.078 (0.205)	−5.074 (0.206)
Observations	5699	5699	5699	5699	5699
R^2	0.018	0.329	0.407	0.407	0.407
Time FE	No	Yes	Yes	Yes	Yes
Family FE	No	No	Yes	Yes	Yes

注:括号内为p值,*、**、*** 分别表示在10%、5%、1%的水平上显著。

二、基金特征与利益输送行为

本章按照投资风格将基金划分为价值型基金、平衡型基金、成长型基金,

并按照基金投资的股票市值属性将其划分为大盘型基金、中盘型基金、小盘型
基金,探究利益输送现象是否在风格更为主动的基金之间以及相同市值属性
之间更为显著。

(一)投资风格

本章按照Wind数据库的基金风格分类标准,根据半年度基金风格系数将
基金按照风格类型划分为价值型、平衡型、成长型,投资风格依次由偏重价值
型股票向偏重成长型股票过渡,同时基金管理的主动性逐渐增强。表3-5中
显示了不同投资风格的基金利益输送行为的差异。列(1)显示了全样本回归
结果,并以其作为参照。列(2)、列(3)和列(4)分别为对价值型基金、平衡型基
金和成长型基金样本的回归结果。结果表明,对于价值型基金,是否属于同一
基金公司不会对其收益差异造成显著影响,即不存在基金公司内部的利益输
送现象。随着基金风格由偏重价值转为偏重成长,基金管理主动性逐渐增强,
基金公司内部的利益输送问题显著性逐步增强,对于平衡型基金和成长型基
金,利益输送行为带来的收益之差分别平均增加4.758%和12.352%,假设H3-3
得到证实。

这一结果与现有文献得到的基金可能通过反向交易的方式进行利益输送
的结论相符,并对现有关于利益输送行为的文献研究进行了补充,且可以为基
金投资者投资提供指导意义。对于投资价值型基金的投资者,应该更加关注
基金管理人的能力和基金成立时间,基金管理人管理基金规模越大、成立时间
越长,越可能为投资者带来高收益。而对于投资风格较为主动的基金,尤其是
成长型基金的投资者来说,应该更加警惕基金公司内部的利益输送行为。

表3-6　利益输送行为在不同投资风格下的表现

变量	(1)	(2)	(3)	(4)
	全样本	价值型	平衡型	成长型
Same_Family	0.618***	−0.765	0.636**	1.651***
	(0.006)	(0.201)	(0.014)	(0.001)

续表

变量	（1）全样本	（2）价值型	（3）平衡型	（4）成长型
lnmgTNA_Dif	0.147** （0.019）	0.557*** （0.000）	−0.052 （0.469）	0.208 （0.218）
Age_Dif	0.140** （0.013）	0.371*** （0.003）	0.098 （0.127）	0.709*** （0.000）
lnTNA_Dif	0.026 （0.667）	−0.013 （0.915）	0.181** （0.010）	0.089 （0.634）
lnTNA_fmlH	1.575** （0.024）	−1.355 （0.359）	2.393*** （0.008）	8.338*** （0.000）
Age_fmlH	−0.167 （0.352）	0.799* （0.068）	−0.376 （0.111）	−0.838** （0.031）
Constant	−5.078 （0.205）	0.821 （0.932）	−9.049* （0.076）	−46.733*** （0.000）
Observations	5699	718	3731	1250
R^2	0.407	0.495	0.492	0.458
Time FE	Yes	Yes	Yes	Yes
Family FE	Yes	Yes	Yes	Yes

注：括号内为 p 值，*、**、*** 分别表示在10%、5%、1%的水平上显著。

（二）市值属性

本章按照Wind数据库基金市值属性分类标准，将基金划分为大、中、小盘型基金，投资市值属性依次由偏重高市值股票向偏重低市值股票过渡。表3-6显示了在相同市值属性和不同市值属性之间利益输送现象的差异。列（1）显示了全样本回归结果，并以其作为参照。列（2）和列（3）分别为高低价值基金市值属性相同和高低价值基金市值属性不同的分样本回归结果。结果表明，利益输送行为显著出现在相同市值属性之间，这与现有文献关于利益输送方式的研究结论相符，即利益输送行为通过新股优先分配和反向交易的方式进行，因此通常发生在相同市值属性的基金之间，证实了假设H3-4。从控制变量的回归结果来看，基金管理人管理资产规模对数之差对收益之差的影响在相同市值属性之间更为显著，且显著性高于全样本结果。此外，相同市值属性的基金之间,基金管理人管理资产规模越大、基金成立时间越长,越有可能带来高收益。

表3-6　利益输送行为在不同市值属性下的表现

变量	(1) 全样本	(2) 市值属性相同	(3) 市值属性不同
Same_Family	0.618*** (0.006)	0.572** (0.015)	0.981 (0.220)
lnmgTNA_Dif	0.147** (0.019)	0.186*** (0.004)	0.024 (0.918)
Age_Dif	0.140** (0.013)	0.185*** (0.001)	−0.586** (0.029)
lnTNA_Dif	0.026 (0.667)	0.010 (0.875)	0.781*** (0.000)
lnTNA_fmlH	1.575** (0.024)	0.979 (0.190)	−1.550 (0.545)
Age_fmlH	−0.167 (0.352)	−0.040 (0.827)	−24,991.825* (0.065)
Constant	−5.078 (0.205)	−2.245 (0.595)	318,198.425* (0.065)
Observations	5699	5101	598
R^2	0.407	0.410	0.571
Time FE	Yes	Yes	Yes
Family FE	Yes	Yes	Yes

注:括号内为 p 值,*、**、*** 分别表示在10%、5%、1%的水平上显著。

三、公司特征与利益输送行为

本部分探究了基金公司管理基金规模和成立时间两项公司特征对利益输送现象的影响,并引入 Wind 数据库的五星级基金评价标准,计算各月基金公司五星级基金占全部基金的比例,以衡量基金公司的优劣,并研究基金公司的优劣对利益输送行为的影响。

(一)基金公司规模和成立时间

本部分分别以基金公司管理基金规模和成立年限的均值为界线,将基金公司划分为大规模、小规模基金公司以及成立时间长、成立时间短基金公司。表3-7列(1)显示了全样本回归结果,并以其作为参照。从公司规模的角度看,列(2)和列(3)表明,利益输送行为仅显著存在于管理基金规模大的公司,这一结论与Gaspar等(2006)的结论相符,因为管理基金规模大的公司存在更多进行利益分配的空间。对于属于管理规模大的基金公司的基金,利益输送会带来平均6.711%的收益差距。而对于管理规模小的基金公司,由于利益分配空间有限,利益输送现象不显著。列(4)和列(5)显示,利益输送行为无论在成立时间长还是成立时间短的基金公司中均是显著的。

表3-7 利益输送行为在不同公司规模和成立年限下的表现

变量	(1)	(2)	(3)	(4)	(5)
	全样本	规模大	规模小	时间长	时间短
Same_Family	0.618***	0.897***	−0.195	0.880**	0.622**
	(0.006)	(0.001)	(0.650)	(0.012)	(0.031)
lnmgTNA_Dif	0.147**	0.199***	0.034	0.134	0.171**
	(0.019)	(0.009)	(0.768)	(0.201)	(0.028)
Age_Dif	0.140**	−0.035	0.165**	0.175**	0.144*
	(0.013)	(0.679)	(0.039)	(0.038)	(0.058)
lnTNA_Dif	0.026	−0.009	0.131	0.175*	−0.066
	(0.667)	(0.912)	(0.169)	(0.069)	(0.381)
lnTNA_fmlH	1.575**	0.956	0.087	−0.113	2.311**
	(0.024)	(0.365)	(0.936)	(0.947)	(0.010)
Age_fmlH	−0.167	3.084***	−0.053	1.222***	−1,028.397
	(0.352)	(0.003)	(0.894)	(0.004)	(0.839)
Constant	−5.078	−59.220***	4.871	−17.348**	13,082.111
	(0.205)	(0.004)	(0.532)	(0.042)	(0.839)
Observations	5699	3795	1904	2586	3113
R^2	0.407	0.418	0.420	0.429	0.435
Time FE	Yes	Yes	Yes	Yes	Yes
Family FE	Yes	Yes	Yes	Yes	Yes

注:括号内为p值,*、**、*** 分别表示在10%、5%、1%的水平上显著。

（二）基金公司优劣

为探究基金公司优劣对利益输送行为的影响，需要事先确定衡量基金公司优劣的标准。首先，根据 Wind 数据库的五星级基金评价标准，计算出各月各基金公司五星级基金占全部基金的比例，并求出五星级基金占比均值。将五星级基金占比高于均值的基金公司定义为优质基金公司，低于均值的定义为劣质基金公司。表3-8列（1）显示了全样本回归结果，并以其作为参照。列（2）和列（3）分别显示了优、劣质基金公司的分样本回归结果。列（2）表明，对于优质基金公司，是否属于同一基金公司的解释变量的作用不显著，即不存在利益输送行为。对于劣质基金公司，利益输送现象相比于全样本更为显著，利益输送行为会带来平均6.427%的收益差，相比于全样本高1.803%，假设H3-5得到证实。

上述结果对投资者投资具有一定指导意义，选择五星级基金占比高的优质基金公司可以更有效地避免利益输送问题，同时选择五星级基金占比高的优质基金公司中管理资产规模大的基金管理人可以获得更高的投资收益。

表3-8 基金公司优劣对利益输送行为的影响

变量	（1）	（2）	（3）
	全部	五星占比高	五星占比低
Same_Family	0.618***	0.401	0.859***
	(0.006)	(0.192)	(0.005)
lnmgTNA_Dif	0.147**	0.428***	-0.165*
	(0.019)	(0.000)	(0.055)
Age_Dif	0.140**	0.059	0.241***
	(0.013)	(0.423)	(0.003)
lnTNA_Dif	0.026	-0.107	0.212**
	(0.667)	(0.159)	(0.020)
lnTNA_fmlH	1.575**	0.936	0.877
	(0.024)	(0.375)	(0.465)
Age_fmlH	-0.167	-0.396	1.032***
	(0.352)	(0.114)	(0.003)
Constant	-5.078	1.842	-19.067***
	(0.205)	(0.766)	(0.008)

变量	（1）	（2）	（3）
	全部	五星占比高	五星占比低
Observations	5,699	2,464	3,235
R^2	0.407	0.526	0.390
Time FE	Yes	Yes	Yes
Family FE	Yes	Yes	Yes

注：括号内为 p 值，*、**、*** 分别表示在10%、5%、1%的水平上显著。

四、稳健性和敏感度分析

（一）更换变量

将度量基金管理人能力的指标由基金管理人管理资产规模更换为基金管理人从业年限后，结果仍然显著。是否属于同一基金公司的虚拟变量系数为0.611，p 值为0.007；基金管理人从业年限这一替换后的控制变量系数为0.333，p 值为0.000，得到的检验结果与基准回归相符。

（二）增加控制变量

增加控制变量高低价值基金的风格系数之差，是否属于同一基金公司的虚拟变量系数为0.617，p 值为0.006，得到的检验结果与基准回归相符。

（三）扩展样本区间

将样本区间由2017—2019年扩展至2015—2019年，得到的经验结果与基准回归相符。

第五节　本章小结

本章基于我国开放式股票型基金市场，采用"匹配基金"的方式构造对照组，进一步控制基金管理人能力差异的影响，通过业绩差异对我国基金公司内部的利益输送问题进行了研究。结果表明,在全样本回归中,控制了基金管理人能力差异以及其他基金自身特征差异后,我国基金公司内部利益输送问题依然存在。在分组回归中,从基金自身特征来看,利益输送现象的显著性随基金投资风格活跃度增加而增加,且更容易发生在相同市值属性的基金之间。从基金公司特征来看,大规模的基金公司利益输送现象明显,且无论公司成立时间长短,利益输送现象均显著存在。此外,利益输送现象在五星级基金占比较高的优质基金公司中不存在,在五星级基金占比较低的劣质基金公司中显著存在。

基于上述结论,为我国基金投资者的投资选择提供如下指导意见:

第一,从基金风格角度来看,选择价值型基金可以有效避免利益输送问题,同时选择成立时间长、基金管理人管理规模大的基金可以获得更高的收益。

第二,从基金公司角度来看,选择五星级基金占比较高的优质基金公司可以避免利益输送行为的影响,同时选择其中基金管理人管理规模大的基金可以获得更高的收益。

第四章 排名压力、内部结构与
公募基金风格漂移

第一节 研究概述

一、研究背景

21世纪初,在国民经济和居民财富快速增长、理财需求日益多样化的背景下,公募基金在我国应运而生。经过20多年的快速发展,公募基金行业从无到有,在基金产品体系、资产管理规模、资管制度建设、人员服务水平等方面都实现了质的飞跃,成为推动我国资本市场发展的中坚力量。

由表4-1可以看出,公募基金行业兴起至今,无论是数量还是规模都实现了指数级增长。1999—2014年,公募基金行业还处于前期摸索阶段,产品类型和资金规模都在稳步增长。受股市赚钱效应驱动并伴随第三方代销机构的迅速发展,2015年起公募基金疯狂发行,迎来"巨无霸"阶段,规模增长最高达85.1%。截至2019年末,我国公募基金行业资产合计14.81万亿元,较2018年(13.43万亿元)增长了10.28%。

表4-1 公募基金行业发展梳理

基金发展阶段	阶段特征
第一阶段:早期探索 (1992—1997年)	《证券投资基金管理暂行条例》出台,奠定了行业的监管架构 第一支相对规范的基金——淄博基金挂牌上市

续表

基金发展阶段	阶段特征
第二阶段:封闭式基金发展 (1998—2001年)	封闭式基金"开元""金泰"首发 截至2001年9月达到689亿份,封闭式基金规模迅速扩张
第三阶段:开放式基金发展 (2001年9月至今)	2000年,发布《开放式证券投资十点办法》 2001年,开放式基金"华安创新"首发

截至2019年底,我国共有基金管理公司127家,公募基金产品数量达到6544只,相较2018年增长了17.4%。其中包含45家中外合资基金管理公司,持有的标的资产涵盖了股票、债券、大宗商品、货币等多种类型(如图4-1所示)。

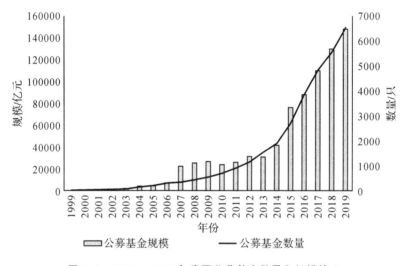

图4-1　1999—2019年我国公募基金数量和规模情况

由于具有市场透明度高、选择性强、流动性好等一系列优点,相较于封闭式基金,开放式基金更受资本市场欢迎。同时,互联网使得交易更加便捷,进一步催生了开放式基金产品体系的快速增长。开放式基金一直保持着超85%的高市场占有率(如图4-2所示)。

公募基金行业爆发式的发展拓宽了投资者的投资渠道,但也加剧了投资者的选择难度。Sharpe(1992)提出基金的投资收益与其投资风格显著相关。为了方便投资者选择投资工具,基金在成立时会在募集说明书里公布基金的

投资理念

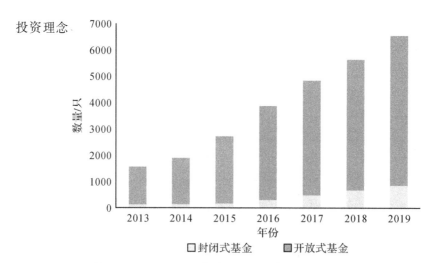

图4-2　2013—2019年我国封闭式基金和开放式基金的数量

在市场持续"一九行情"的背景下,国内基金实际投资风格漂移已经成为普遍现象。一方面,在极端的市场行情下,基金公司的绩效要求使得部分机构投资者"赶时髦"。另一方面,投资者关注短期业绩,使得基金管理人成为市场的附庸。在唯业绩论的主导下,基金是否存在风格漂移,但是,基金投资风格漂移实质上是一种违约行为。那么基金管理人利用信息不对称,改变基金的投资风格究竟是侵害了投资者的权益,还是一种获取超额收益的策略呢? 在"大资管"向"强监管"过渡阶段,基金的投资风格普遍发生漂移是规范资产管理行业发展必须重点关注的现象。本章试图梳理基金投资风格漂移影响基金绩效的机制,并对基金风格漂移现象给出政策建议。

二、研究意义

(一)理论意义

随着基金市场的不断完善和发展,学术界对基金的相关研究从外生因素(收益、风险等)拓展到了基于基金特征的内在因素(如申购费用、投资风格、基金管理公司结构等)。基金品种的丰富使得基金产品风格的差异性受到进一步关注,并衍生出基金投资风格漂移。

国内关于基金投资风格漂移的研究开始于21世纪初期,当时公募基金行业正处于发展阶段,基金产品丰富度较低。因此,早期学者主要依托于小样本,普遍选取十几只基金进行比较分析,缺乏大样本下的市场整体分析。同时,早年我国公募基金市场与美国共同基金市场在市场成熟度、产品种类、产品规模等各方面都存在较大差异。美国学者的风格识别方法在中国市场的适配性不高,使得学者的结论也不尽相同。本章针对上述两个问题进行了改进,选取了2012年前成立的305只开放式基金作为研究对象,进行了一个大样本的研究分析,从市场整体的角度为国内基金投资风格漂移研究提供了理论补充。

另外,前人的研究主要关注如何识别基金风格漂移现象以及不同市场环境下的漂移方向等问题,而对基金实际投资风格漂移如何影响基金的绩效尚未有具体的机制说明。从国内外的研究文献可以看出,世界各国普遍存在基金投资风格漂移现象。如何辩证地看待这种现象以及它会对基金本身以及基金投资者、基金管理者产生什么样的影响等都值得我们深入研究。因此,本章提出从基金的业绩排名和基金管理机构的内部变动两个角度分析基金风格漂移的传导机制,拓展了基金风格漂移理论的应用。

(二)现实意义

1.个人投资者的资产配置需求

改革开放40多年来,我国经济发展实现了质的飞跃,居民收入大幅提高。如图4-3所示,我国城镇居民人均可支配收入从1999年的5854元上涨到2019年的42395元。

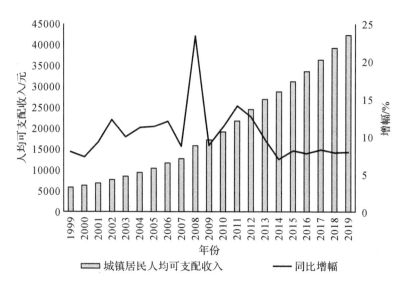

图4-3　1999—2019年我国城镇居民人均可支配收入及同比增幅

随着我国居民财富的增长和投资理财观念的普及,个人投资者越来越注重个人资产的配置。尤其是在后房产时代,房地产行业进入稳增长、长调控阶段,房地产的资产配置地位开始下降,个人投资者开始更多地转向配置金融行业。

基金作为重要的投资工具,一直以分散风险、专业性理财的优势吸引着公众。自2014年开始,我国公募基金持有人数量每年都在以亿的规模增量上涨。截至2018年末,我国公募基金持有人数量已经超过11.57亿户(如图4-4所示)。

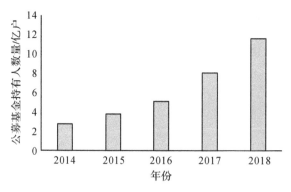

图4-4　2014—2018年我国公募基金持有人数量

从基金持有人的结构来看,个人投资者曾经一直是基金市场投资的主力军。2007年,个人投资者占比一度达到89.5%,主宰整个基金市场。但是,从2010年起,机构投资者的占比开始逐步增加,2015年超过了个人投资者。

近年来,随着货币基金的快速发展,个人投资者参与基金市场的积极性进一步增强,呈现不断上升趋势,市场占比再次超过了机构投资者(如图4-5所示)。虽然个人投资者的开发潜力巨大,但个人用户的投资专业度较低。同时,基金数量迅速扩容,难免会使基金市场出现鱼龙混杂、良莠不齐的现象,增大了个人投资者挑选到优秀基金的难度。因此,提供更深度的服务引导个人用户走向理性和成熟,完善基金行业的规章制度保障个人投资者的权益至关重要。

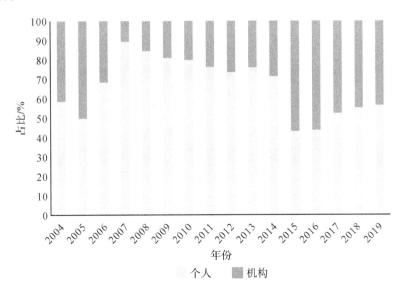

图4-5　2004—2019年公募基金投资参与者结构

在公募基金市场蓬勃发展、投资者资产配置需求快速增加的背景下,信息不对称导致的基金投资风格漂移给基金业的健康有序发展埋下了隐患。因此,探究基金实际投资风格漂移现象,致力于减少投资人和基金管理人之间的信息不对称,对完善基金行业的制度具有现实意义。

2.投资风格有望成为FOF配置基金的重要衡量指标

近年来,FOF(Fund of Funds)成为基金行业的新起之秀。2019年,国内市场上已经有超过70只FOF基金,总规模超300亿元。FOF基金作为新兴的基金模式,具有实现大类资产配置、精选优质基金、降低投资门槛,双重分散风险等优势。FOF基金将资产分配到不同投资类别中,可以有效地降低资产组合的波动率,并通过投资于不同风格、策略和基金管理人的基金,可以达到二次分散风险、增强稳定收益的效果。未来,尤其是在保险、养老资金入市方面,政策红利将进一步助长FOF基金的发展势头。

随着中国版401K计划成型,后续目标型FOF将迎来发展契机。2018年,证监会发布了《养老目标证券投资基金指引(试行)》,规定养老目标型基金将采用FOF形式,追求基金的长期稳定增值。

由于我国公募市场新型资产配置基金稀缺,因此FOF基金在构建的时候,仍然选择股票型基金、混合型基金以及债券型基金(见表4-2)。其中,基金管理人在选择基金的时候尤其关注基金的投资风格,并常常以此作为配置基金的依据。因此,如何准确识别并衡量基金的真实投资风格将在FOF基金未来发展的道路上起到至关重要的作用。

表4-2　FOF基金配置标准

基金类型	通用选基标准	基金属性	具体属性
股票型基金	流动性较好, 申购费率、管理费率低	基金选股风格 基金市值风格	成长型、价值型、平衡型 大盘、中盘、小盘
债券型基金	基金规模较大, 基金风格较为稳定	持仓债券期限 持仓债券类型	短期、中长期 国债、企业债

三、研究方法和研究思路

(一)研究方法简述

本章采用实证研究法对基金实际投资风格进行识别,并探究了风格漂移现象对绩效的影响机制。本章涉及的研究方法包括Carhart四因子模型和面板随机效应模型。

首先,本章采用Carhart四因子模型对我国开放式股票型和混合偏股型基金的实际投资风格进行识别。Carhart四因子模型是基于收益率的基金实际投资风格识别模型,通过市场因子、规模因子、价值因子和动量因子对每只基金进行回归分析,并通过因子的系数和显著性判定样本基金的市值−风格属性。本章利用R语言技术,分阶段对样本中的305只基金分别进行基于Carhart四因子模型的投资风格识别,并手动整理每只基金不同阶段的实际投资风格,判断其是否发生漂移,具体方法参考第四章第一节。

其次,本章利用面板随机效应模型对基金实际风格漂移现象对基金绩效的影响机制进行实证分析。面板数据既包括横截面上的维度数据,又包括时间上的维度数据,可以有效解决相关变量遗漏的问题,更多地提供个体动态行为信息,提高估计的准确性。本章通过Husaman检验选择了随机效应模型作为面板数据的回归模型,假定个体之间的差异是随机的,通过随机干扰项的差异来表示。

为了检验研究结果的实用性,本章采用F−F三因子模型进行稳健性检验,并加入上期业绩增设对照组,降低业绩之间惯性效应的影响。

(二)研究思路

在公募基金行业发展日渐成熟的今天,基金投资风格逐渐成为投资者关注的焦点。但是在我国"一九"行情下,基金投资风格漂移成为常态。为了探究基金投资风格漂移是否会对基金绩效产生影响以及产生什么样的影响,本章首先从基金投资风格漂移现象入手,系统地梳理了基金风格漂移的相关文献。经过多方比较分析,本章最终采用Carhart提出的四因子模型来识别基金的实际投资风格。下面以2013—2018年作为样本区间,选择我国开放式基金市场中的305只基金作为研究对象进行风格识别和影响分析。

为了更好地探究基金风格漂移现象对基金绩效的影响机制,首先,本章通过面板随机效应模型分外在压力和基金管理人变动两条机制对基金投资风格漂移和基金业绩的关系进行检验(如图4-6所示)。其次,为了检验研究结论的通用性,本章利用F−F三因子模型进行了稳健性检验,并加入上期业绩作为对照组,进行稳健性分析。最后,本章从基金管理人、投资者、监管机构三个角度提出政策建议。

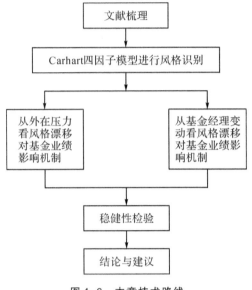

图4-6　本章技术路线

四、创新点

(一)大样本下的风格识别研究

无论是从产品数量还是从市场规模来看,我国公募基金市场在近十年均经历了迅猛的发展。但是,基金风格漂移现象的研究相对于基金市场的发展存在滞后性。早期学者的研究受限于市场的成熟度以及产品种类,主要以几只或几十只基金作为样本,进行小样本的投资风格识别及分析。随着公募基金行业的发展,基金的数量和规模呈指数级增长,早期研究具有较大的滞后性和局限性。

基于公募基金的发展现状和早期研究的局限性,本章从市场整体的角度出发,做了大样本的风格漂移现象研究,更有普适意义。本章选取了开放式基金下的股票型基金和偏股型基金共计305只,依托R语言技术,通过Carhart四因子模型,进行大样本下的基金投资风格识别,并分析了不同市场环境下基金投资风格走向和投资风格漂移对基金业绩的影响,对基金风格漂移的研究做了一定的补充。

(二)完善了基金风格漂移的具体作用机制

已有的基金投资风格漂移研究主要关注如何识别基金风格漂移现象以及不同市场环境下的漂移方向等问题,对基金风格漂移如何影响基金绩效尚未有具体的机制说明。从国内外的研究文献可以看出,基金投资风格漂移现象在世界各国都普遍存在。为了更好地研究基金风格漂移现象的产生及影响,本章试图从业绩压力和基金内部治理结构两方面入手,提出了基金风格漂移影响基金业绩的两条路径。

第一,基金风格漂移会加强业绩排名压力对业绩的影响。上一期排名靠前的基金,未来更容易取得好的业绩,形成强者恒强的局面。同时,排名靠前的基金普遍为大型知名基金公司旗下的基金,具有更强的综合实力,能够更好地根据市场变化调整基金的基层资产配置。因此,基金风格漂移会加强基金业绩排名对基金业绩的影响。

第二,基金风格漂移会削弱基金管理人变动对基金业绩的影响。研究结果发现,由于现任与前任基金管理人在投资风格和投资理念上存在不连贯性,基金管理人变动的不确定性给基金业绩带来的负面影响超过正面影响。所以,相比坚持前任的投资策略、改变投资风格,选择自己的投资理念和投资风格在一定程度上能够减少基金管理人变动的负面影响。

(三)未区分不同机制之间的影响效果

本章仅从压力排名和基金管理人变动两种机制分析了基金风格漂移对基金绩效的影响。从压力排名角度来看,基金风格漂移会强化压力排名对基金绩效的影响;从基金管理人变动角度来看,基金风格漂移会弱化经理人变动对基金绩效的影响。但是,本章未深入研究是何种机制起到主导作用,也未对这两种机制的效果进行比较分析,未来可以完善这方面的研究。

第二节　文献综述

文献综述主要分为两个部分。本章首先对如何进行基金投资风格漂移识别的文献进行了总结归纳,然后梳理了基金风格漂移现象与基金绩效之间关系的相关文献。

一、基金实际投资风格漂移识别

基金管理人通常会在基金的招募书或者上市公告中说明本基金的投资目标及风格。但是由于信息存在不对称性,在实际投资过程中,基金管理人可能会偏离既定的投资风格,因此对基金的实际投资过程进行追踪并识别就显得至关重要。

(一)国外文献综述

目前,国内外对基金投资风格的识别已有相对成熟的体系化研究,主要分为基于收益率的风格识别和基于基金投资组合的风格识别两类。

第一类是基于收益率的基金投资风格识别方法,其中有代表性的主要包括 Sharpe 模型、Gruber 模型、F-F 三因子模型、Carhart 四因子模型等,其主要原理是通过研究基金收益率和主要标的资产之间的关系,来识别基金的实际投资风格。

Sharpe(1992)将资产定价的理念进行延伸,通过考察基金收益率与各风险资产系数之间的关系来判断基金的实际投资风格。他发现在满足互斥性、可选性、不相关性等条件时,风格资产可以很好地解释基金的投资风格与收益率之间的关系。他通过线性回归得到各风格资产的系数,其中系数最大的资产风格即代表了组合所属的投资风格。但 Sharpe 的识别方法严重依赖于基准资产组合的选择,在现实生活中很难找到同时满足上述三个条件的基准风格资产。

投资组合理论的发展进一步促进了基金风格识别体系的完善。基于美国证券市场上存在的规模效益、市场效应等风格异象,Fama 和 French 在 CAPM 模型的基础上,增加了规模因子和价值因子,提高了因子定价模型对收益率的解释度(Fama et al., 1993)。F-F 模型将资产定价的理念运用于基金收益率的分析,通过规模因子和价值因子的系数显著性以及符号来定义每只基金组合的实际投资风格。

Gruber(1996)考虑到大部分基金出于流动性考虑会在底部资产中增加配置部分债券,因此为了加强因子模型对基金收益率的解释力度,Gruber 在 F-F 三因子模型的基础上,加入债券指数因子,建立了 Gruber 四因子模型来识别投资风格,提高了模型的精准性。Carhart(1997)考虑到 Gruber 四因子模型中可能存在多重共线性问题,选择用代表资产持续趋势的动量因子取代债券因子,建立了"市场—规模—价值—动量"四因子模型,并通过因子系数来识别投资风格。考虑到市场环境对基金实际投资风格的影响,Volkman(1997)构建了一个五因子模型,加入了市场因子的二次项来表示基金管理人的择时能力。

除了资产定价的角度,不少学者从基金收益率序列本身出发提出基金实际投资风格的识别方法。Brown 等(1997)从基金收益率序列聚类分析的角度,提出了广义风格分类(GSC)技术,通过 K 均值进行分层识别投资风格。

第二类是基于证券投资组合的基金投资风格识别方法。这类方法主要是识别某个时点目标基金的组成成分特征并选定基准进行比较分析,常见的成分包括市场资本化率、账面市值比、营业收入增长率、盈余增长率等。基于投资组合的风格识别方法准确性高,但也伴随着数据获取难度大、信息更新滞后等特征。

晨星投资风格箱(Morningstar style box)通过基础股票市值的中位数来反映基金持股的规模,通过收益价格比和净资产价格比建立价值—成长坐标,以九宫格的形式来追踪描述基金的投资风格。Kim(2000)提出基于持仓风格的识别方法,通过获取基金组合中股票的市盈率、市值规模等十几种主要指标进行排序分组,测定基金的实际持仓风格。Idzorek(2004)则注重测量基金投资组合在某一阶段内投资组合变化的波动率,通过构架 SDS 指标来评判基金风格漂移程度。

(二)国内文献综述

我国基金行业起步较晚,基金行业规范性较差,未形成自主的基金投资风格识别及分类体系。早期学者对基金的分类研究主要基于事前分类法,薛继锐(2001)根据基金募集的说明将我国基金初步划分为成长型、价值型、平衡型和优化指数型四大类进行研究。冉华(2001)参照国外的事前分类方法,从成长、价值、平衡、专门基金四个角度对我国基金提出一个分类建议。曾晓节等(2004)通过募集说明书对我国现有基金进行了事前分析,并采用收益率的二次规划法对基金的实际风格进行了事后识别,结果发现我国基金在事前事后都存在风格趋同。

后期学者主要借鉴国外学者的模型进行基金投资风格的识别,主要贡献在于对国外实际投资风格模型适用性的检验和改进上。张津等(2006)对Sharpe模型在我国证券市场的适用性进行了检验,结果发现Sharpe模型可以有效识别我国基金的实际投资风格,为投资人提供参考意见。王敬(2007)借鉴Chan等(2002)基于组合的识别方法,选取了三个主要指标(过去收益率、账面价值比、市值)来刻画基金的投资风格,并用三分法和回归法进行风格的持续性考察。董铁牛等(2008)提出了Gap-Statistic聚类分析与Sharpe模型相结合的分类方法,并且以我国基金为研究样本进行了分类研究,发现债券型基金的投资风格具有持续性,股票型及混合型基金存在明显的投资风格漂移现象,大盘成长型为市场主流投资风格。周率(2018)运用F-F三因子模型和詹森指数进行风格测量,发现在不同市场行情下,大多数基金都出现了趋同性的漂移现象。邹朋飞(2018)则从业绩比较基准的角度构建了一个四因子模型,发现偏离基准的风格漂移是普遍现象。

也有学者从其他角度切入,进行创新性的基金风格识别。赵宏宇(2005)主要以封闭式基金作为研究样本,利用晨星风格箱的方法,进行打分匹配,结果发现股票型基金选股倾向于配置大盘股,且存在风格漂移现象。赵玉彪等(2012)通过二阶随机占优DEA方法对基金的实际投资风格进行模拟,并利用模型风格逼近基金投资风格,从而区分投资风格。张文远(2015)引入分形市场理论,打破了传统线性分析的局限,从空间的角度进行分形锥维度集中回归识别基金的实际投资风格。苏亚木等(2018)等人利用高斯相似矩阵改进了Sharpe的基础模型,通过多尺度谱映射提高了基金收益率和风格资产的适配性。

二、风格漂移影响基金绩效

从法律的角度来说,基金的实际投资风格漂移现象实质上属于一种"违约行为"。但事实上,从国内外的研究来看,大部分基金都存在基金投资风格不连续的情况。那么基金投资风格的改变会对基金绩效产生什么样的影响呢?

(一)国外文献综述

Indro(1998)研究发现风格的持续性和基金业绩之间存在显著关系,保持投资风格不变的基金在样本期内绩效表现最好,同时改变规模和价值/成长两个维度的基金业绩表现最差。Keith(2005)通过多元变量模型研究发现基金的投资风格和未来业绩显著相关,在上涨行情下,投资风格一致的基金业绩表现更好。但也有学者提出相反的意见,Lockwood(1997)通过晨星风格箱识别基金投资风格,发现多样化的风格能够有效改变基金的业绩,Ahmed(2002)检验发现在波动的市场下保持单一风格的基金表现较差。

(二)国内文献综述

国内研究还处于基金实际投资风格是否发生漂移阶段,探究风格漂移现象如何影响基金绩效的文献相对较少。李学峰等(2007)将样本观察期划分为熊市和牛市两个区间,并采用Sharpe模型进行投资风格识别,发现绝大部分基金存在明显的风格漂移,且风格漂移能够在一定程度上提高基金的业绩。张健等(2008)尝试从资金流量的角度去解释基金风格漂移对基金绩效的影响,结果发现风格漂移与基金业绩呈正相关关系,与资金流波动不相关。宋威(2009)以开放式基金为研究对象,将市场环境分为熊市和牛市,研究发现,仅在牛市环境下,基金风格漂移能够提高基金绩效。顾海峰(2016)利用2006—

2016年的数据进行研究,发现基金投资风格的趋同漂移会加剧股市的震荡。程勇(2018)运用F-F三因子模型和詹森指数对不同市场环境下的20只股票型基金进行识别分析,发现大部分基金都发生了趋同漂移现象,且熊市中基金倾向于向价值型漂移,牛市中基金倾向于向成长型漂移。邹鹏飞(2018)基于业绩比较基准发现偏离比较基准的风格漂移能够带来超额资金净流入,但不能提高风险调整后的回报率。

三、文献评述

第一,由于受到基金披露信息的时效性影响,基于证券投资组合成分的风格识别法无法及时跟踪基金阶段性的风格变化。因此,无论是在国内还是国外,基于证券投资组合成分的基金风格识别的研究均较少,基于收益率的基金风格识别方法的相关研究应用较广,具有相对成熟的研究体系。

第二,基金投资风格相关研究早期主要集中在基金风格的识别及投资风格连续性的检验上(国外研究集中在1992—1997年,国内研究集中在2004—2012年),以Sharpe模型、聚类分析以及F-F三因子模型为主要的风格识别方法。研究结果显示各国基金都存在着宣称的投资风格和实际投资风格相背离的现象。

第三,后期学者主要对基金风格漂移方向的研究做了拓展,通过切割市场环境,发现在不同的市场环境中,基金的投资风格会表现出不同的趋势,即牛市趋向成长型,熊市趋向混合型和价值型。

第四,美国共同基金行业发展时间较长,具有较多发展成熟的基金。但我国基金行业发展仅20余年,时间较短。从研究对象可以看出,随着我国基金业的发展,基金的研究对象逐渐从封闭式基金转向开放式基金。但是,前人研究的基金样本量较少,通常是十几只或几十只基金,不具有代表性。

因此,本章选择基于收益率的基金实际投资风格识别方法,利用Carhart四因子模型对我国公募基金市场的305只开放式基金进行大样本下的研究。本章选取的样本涵盖了开放式基金市场中的股票型基金和偏股型基金,选取的样本更全面,更具有代表性。另外,本章尝试从基金业绩排名和基金内部管理两个角度出发,分析基金风格漂移现象影响基金业绩的传导机制,补充了基金风格漂移相关理论的研究。

第三节　理论分析与研究假设

一、基金及其投资风格的定义和分类

(一)基金定义及分类

广义的基金是指基于特定目的而设立的具有特定用途的资金,如公积金、投资基金、保险基金、退休基金等。而狭义的基金主要是指证券投资基金,本章所指基金是狭义上的基金。

基金的分类方式多种多样,根据不同标准,如投资对象、组织形态、风险收益等等,可以将基金分为股票型、债券型;公司型、契约型;成长型、收入型等等。

表4-3　基金的分类

标准	类型
能否赎回	开放式基金和封闭式基金
投资对象	股票型基金、混合型基金、债券型基金和货币市场基金
组织形态	公司型基金和契约型基金
投资风险和收益	成长型基金、收入型基金和平衡型基金
产品创新角度	分级基金、保本基金、QDII、ETF和LOF

(二)基金投资风格定义

学术界对基金投资风格的定义,至今尚未形成统一标准。Sharpe(1992)将投资方法、投资目标等统称为投资风格。叶莉(2006)从风险控制入手将基金的投资风格分为积极型和消极型两类。郭文伟(2010)以基金选股和择时能力作为衡量标准来定义基金的风格。晨星风格箱以基金投资股票的规模和股票价值—成长特性为横纵轴,直观地将基金的投资风格分为九大类。

本章采取市场上应用最广的晨星风格箱的分类方法,从基金所持资产的规模和价值—成长特性两个角度,将基金的投资风格分为九种类型(如图4-7所示)。

图4-7 晨星风格箱分类法

一般来说,每只基金成立之初,基金管理人都会在招募说明书里描述自身的投资风格,我们将之称为名义投资风格。但由于投资者和基金管理人之间存在委托—代理关系,在信息不对称的情况下,基金管理人出于市场变化、个人发展、外界压力等多方面因素,均可能改变实际投资风格。因此,我们将基金实际投资风格与基金名义投资风格的偏离,以及基金在存续期内不同期间内实际投资风格的变动称为基金的投资风格漂移。

二、基金投资风格漂移的本质及动因

(一)基金投资风格漂移的本质

基金投资风格漂移本质上可以被认为是基于委托—代理关系的违约行为。委托—代理理论是基金投资风格研究中的主要理论之一。20世纪30年代,随着社会分工和知识专业化的发展,美国出现了"经理革命"现象。美国学者Means提出公司的经营权需要从资本所有权中剥离出来,由职业经理人进行管理经营,资本所有者拥有剩余索取权。职业经理人和资本所有者通过签订合同建立的关系就被称为"委托—代理关系"。

公募基金行业中普遍存在着委托—代理关系。投资人将资金交给专业的基金管理人打理以获得投资收益,基金管理人管理运作基金并收取资产管理费用。公募基金行业通过委托—代理机制强化了社会角色分工,让专业的基金管理人帮助投资者管理财富,提高了投资效率,但同时也留下了道德风险。

基金管理人和投资人之间存在效用目标的差异性。投资人追求的是财富的最大化,基金管理人更注重个人的发展。在市场行情变动的背景下,基金管理人可能违背基金合同对风险和收益的约定,选择更有利于自己的投资行为。或者有些基金公司通过名义投资风格的营销宣传手段吸引投资者,实际上并没有履行基金招募说明书中的约定,形成了"挂羊头卖狗肉"的现象。因此,基金实际投资风格漂移本质上是基于委托—代理关系的一种违约行为。

(二)基金投资风格漂移的原因

基金投资风格漂移是基金当期实际投资风格违背名义投资风格或与上期投资风格不一致的现象。本章从外部因素和内部因素两个层面出发,将产生基金投资风格漂移的原因概括为市场环境、外在压力、基金自身治理结构变动、基金管理人特质等四个方面(见表4-4)。

表4-4　基金投资风格漂移原因总结

影响因素		影响结果
外部因素	市场环境	熊市行情下,偏向价值型漂移 牛市行情下,偏向成长型漂移
	外在压力	输赢家都有羊群行为,加剧风格漂移
内部因素	基金自身治理结构变动	基金管理人变动会加剧基金风格漂移
	基金管理人特质	基金管理人任职时间越短,越容易发生漂移 基金管理人学历越高,越容易发生漂移

1.市场环境

开放式权益类基金以 A 股作为主要投资标的,Jan(2007)研究发现基金投资风格受到宏观经济环境变化以及股票价格波动的影响。由于我国 A 股市场风格轮动明显,基金管理人会主动改变基金的投资风格去追逐市场红利。在熊市行情中,价值型是基金的主流投资风格;在牛市行情下,基金偏向于转向成长型投资风格。

2.外在压力

Sirri等(1998)研究发现,基金的相对业绩排名会影响到基金管理人的投资行为。在激烈的竞争环境下,短期业绩评价导致基金管理人容易产生短视化行为(彭文平等,2013)。目前,在我国权益类基金产品的投资者结构中个人投资者仍是主要参与者。由于个人投资者缺乏长期投资理念,更注重短期业绩,从而驱使基金公司及基金管理人更注重短期业绩的保持和提升。同时由于相对业绩压力主要来自同行比较,因此基金管理人存在羊群行为,从而导致风格缺乏持续性。

3.基金自身治理结构变动

不同基金管理人在投资理念和投资风格方面均会产生差异。Gallo(1999)追踪了美国共同基金1983—1991年的基金管理人变动情况和基金投资风格之间的关系发现,基金管理人变动是导致基金风格漂移的主要原因。郭文伟等(2010)研究发现基金投资风格漂移现象与基金管理人从业时间负相关。由于我国基金管理人流动性较大,基金管理人的平均任职时间通常远少于基金的运行管理时间,因此基金管理人变动将导致现任基金管理人不能很好地贯彻实施前任基金管理人的投资风格,从而导致基金风格漂移现象的发生。

4.基金管理人特质

刘知博(2012)发现基金管理人的年龄、性别、从业时间以及是否有海外留学背景等等均会影响基金管理人的选股择时决策。基金管理人任职时间越长,其在团队中拥有的话语权往往越大,越容易引发"过度自信"或"自我归因偏差",导致基金风格发生漂移。

三、基金投资风格漂移影响基金业绩的机制分析

基金投资风格漂移现象对基金业绩的影响在学术界至今尚未形成统一的结论。Indro(1998)、Wermers(2002)、Keith(2005)认为基金维持一致的投资风格有助于提高基金的未来业绩。Gallo(1997)、Nanda(2002)研究发现多风格转换的基金投资策略能比单一风格的基金取得更好的业绩。张宗益(2010)对我国开放式基金的投资风格进行测量,发现我国普遍存在风格漂移现象,且发生

风格漂移的基金业绩总体上优于市场基准。李学峰(2010)则指出基金投资风格变动对基金业绩的影响取决于市场行情。市场行情上升时,适合采用持续性的投资风格;市场行情低迷时,变换基金投资风格更能取得超额收益。

本章认为,基金的投资风格漂移现象主要受市场环境、业绩压力、基金自身治理结构变动、基金管理人特质等内外部多种因素的影响,不能简单地描述基金风格漂移现象对基金绩效的影响。本章尝试从外在压力和基金自身治理结构变动两个角度梳理基金投资风格漂移对基金业绩的影响机制。

(一)从外在压力看基金风格漂移影响基金业绩的机制

HendericMs(1993)、Goetzmann(1995)和Wermers(1996)研究发现基金业绩在1—3年内存在"热手现象",短期业绩具有持续性。同时,个人投资者缺乏长期投资的理念,更关注短期业绩表现。因此,追求短期业绩形成的外在压力使得基金管理人容易改变基金的投资风格。

基于锦标赛理论,基金市场可以看作一个竞赛市场。不同类型的基金分布在不同赛道上,只有同质化的基金之间才存在竞争关系。因此,相比于绝对业绩,在同类基金中的排名是投资者选择基金的重要指标之一。Capon(1996)认为在竞赛环境中,每个基金管理人都有模仿相对绩优者投资组合的动机。肖继辉(2013)认为,基金面临竞赛压力时会调整投资风格,输赢家投资风格变动趋同。

本章认为,业绩极好和业绩极差的基金都有改变基金投资风格的强烈动机。排名靠前的基金在风格漂移方面有更积极的表现。龙振海(2012)探究了在业绩排名压力下的基金投资行为变动情况,发现前后10%的基金在业绩压力下都表现出不同的漂移程度,排名靠前的基金在风格漂移上表现得更积极(如图4-8所示)。此外,排名靠前的基金具有更强的资产组合调配能力,更能适应市场的变动。因此,当基金管理人出于外在压力而改变风格策略时,排名靠前的基金更能享受风格漂移带来的市场机会,形成"强者恒强"现象。

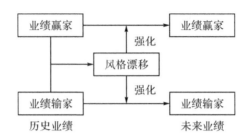

图 4-8　风格漂移、基金排名影响基金业绩的机制

(二)从基金管理人变动看基金风格漂移影响基金业绩的机制

基金管理人变动带来的不确定性会导致基金业绩产生波动。Khorana (2001)研究发现,更换基金管理人能够有效改善历史业绩差的样本基金业绩,但也会恶化历史业绩好的样本基金业绩。赵清光(2005)使用事件研究法对我国基金进行研究,得出了相反的结论,认为基金管理人变动不能改善样本基金业绩。

本章认为,基金管理人的变动会向市场传递一种坏的信号。在基金表现较差的时候,市场认为该基金的投资策略不佳,从而引发赎回风险;在基金表现良好时,由于基金管理人之间存在信息异质性,市场会认为现任基金管理人很难在前任基金管理人的投资理念下继续保持较好的业绩。因此,基金管理人频繁变动会给基金业绩带来负向的影响(如图4-9所示)。但是,现任基金管理人通过改变基金初始投资风格,结合自己的投资理念,一定程度上能够减少基金管理人变动带来的负面影响。

因此,从基金管理人变动的角度来看,本章认为风格漂移现象可以减弱基金管理人变动带来的负面影响。

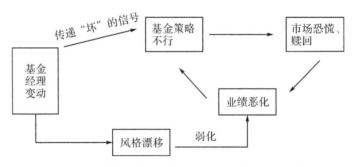

图 4-9　风格漂移、基金管理人变动影响基金业绩的机制

四、研究假设

自 20 世纪 90 年代起,基金实际投资风格的识别及其风格连续性的检验一直都是学术界研究的热点。由于基金管理人任职时间短、市场风格轮换、短期业绩成为主要考核标准,基金很难保持单一的投资风格,因此,本章提出假设 H4-1。

假设 H4-1:我国开放式基金市场存在基金风格漂移现象。

基金投资风格漂移现象的发生受宏观环境变化、外在压力、基金管理人变动等各方面因素影响。Brown(1997)指出在业绩压力下,基金管理人偏向于变换基金的投资风格以寻求超额收益。龙振海(2012)探究了业绩排名压力导致的基金投资行为变动,发现前后 10% 的基金均在业绩压力下表现出了不同的漂移程度,而且排名靠前的基金在风格漂移上表现得更积极。本章认为,排名相对靠前的基金在资产组合方面具有更强的调节配置能力,因此提出假设 H4-2。

假设 H4-2:相对排名越靠前的基金越容易发生风格漂移。

不同基金管理人存在投资方法和投资理念的不同,因此基金管理人的变动是近年来基金投资风格频繁变动的原因之一。本章认为,观察期内基金管理人的变动将促进基金投资风格漂移的发生,因此提出假设 H4-3。

假设 H4-3:管理期内基金管理人发生变动的基金容易发生风格漂移。

李雪峰(2007)提出基金在牛市中倾向于投资成长型标的,在熊市中倾向于投资价值型标的。随着市场变动,轮换基金的投资风格能够显著提高基金业绩。本章认为,我国 A 股市场整体发展不成熟,市场存在较多的不理性情绪,市场风格变换频繁,单一的投资风格容易被市场错杀。因此,本章提出假设 H4-4。

假设 H4-4:基金风格漂移能够促进基金业绩的提升。

历史业绩排名是基金综合能力的体现,历史业绩表现较好的基金未来获得较高业绩的可能性也较大。基金管理人在市场变动的情况下改变基金投资风格,会强化业绩排名对基金业绩的影响。因此,本章提出假设 H4-5。

假设 H4-5:基金投资风格漂移现象会强化排名压力对基金业绩的正向影响。

基金自身管理的变动会给基金管理带来很多的不确定性。新的基金管理人不能很好地贯彻基金原先的投资风格和投资理念,对基金未来业绩会产生负面影响。新的基金管理人通过基金投资风格漂移,以自己一贯的投资风格和投资理念进行资产配置,在一定程度上能够削弱基金管理人变动带来的负向影响。因此,本章提出假设 H4-6。

假设 H4-6:基金投资风格漂移现象会弱化基金管理人变动对基金业绩的负向影响。

第四节　数据与方法

一、基于 Carhart 四因子的基金投资风格

基于样本基金投资组合特征的分类方法具有信息获取难度较大、信息更新不及时等缺点,因此本章选择了学术界应用较多的基于基金收益率的投资风格识别方法。

Sharpe 模型通过风格资产与净值收益率的回归系数比较来识别基金的实际投资风格。因子模型则通过各因子的显著性和符号识别投资风格。由于 Sharpe 模型的三个条件较为严苛,现实中很难找到完全满足假设要求的风格资产,因此本章选择因子模型进行风格识别。Carhart 四因子模型改进了 F-F 三因子模型,加入了动量因子调节投资回报的风险,对基金收益率的解释力度更强。尽管国际上已经提出了 F-F 五因子,但其在中国市场的适用性仍未得到充分论证。闫红蕾(2016)等通过对 A 股市场的实证研究发现,RMW 和 CMA 因子对股票组合的解释力度较弱。因此,本章最终采用 Carhart 的四因子模型进行滚动回归,识别每个阶段每只基金的投资风格。

（一）基于Carhart四因子的基金投资风格识别模型

Carhart(1997)在CAPM模型中加入了规模因子、价值因子和动量因子,提高了模型的适用性。后续研究将Carhart四因子模型拓展到基金风格识别的应用中,通过因子系数显著性和符号来识别基金风格,如公式(4-1)为

$$R_{i,t} - R_{f,t} = a_{i0} + \beta_{i1}\mathrm{MKT}_i + \beta_{i2}\mathrm{SMB}_t + \beta_{i3}\mathrm{HML}_t + \beta_{i4}\mathrm{UMD}_t + \varepsilon_{i,t} \qquad (4-1)$$

式中,MKT指市场因子;SMB指规模因子;HML指价值因子;UMD指动量因子。如果β_{i2}在5%的水平上不显著,则表明基金的实际投资规模是中盘。如果β_{i2}在5%的水平上显著,则通过β_{i2}的符号进行进一步判断:$\beta_{i2} > 0$,表示该基金的规模风格为小盘型;$\beta_{i2} < 0$,表示该基金的规模风格为大盘型。如果β_{i3}在5%的水平上不显著,则认为该基金的市值风格为平衡性。如果β_{i3}在5%的水平上显著,则系数为正代表该基金为成长型,系数为负代表该基金为价值型。

1.市场因子(MKT)

MKT表示市场风险溢价水平,通过总市值加权下的A股市场的月平均回报率减去月度化的无风险利率计算得到。

2.规模因子(SMB)

通过2×3的组合方法分割总市值和账面价值比计算得到。首先,将每年年末的总市值规模进行升序排列,并通过二分法分为Small和Big两个组,分别记为S和B。其次,按照市净率的倒数进行升序排列,按30%、40%、30%的比例分为Low、Medium、High三个组。最后,按照2×3的组合方法,将其交叉组合形成六个大组SL、SM、SH、BL、BM、BH。计算小盘股、中盘股和大盘股组合的月收益率之差。

$$\mathrm{SMB} = \frac{(\mathrm{SL} - \mathrm{BL}) + (\mathrm{SM} - \mathrm{BM}) + (\mathrm{SH} - \mathrm{BH})}{3} \qquad (4-2)$$

3.价值因子(HML)

同样按2×3的方式分为六组,通过高账面市值比的组合减去低账面市值比的组合的月收益率得到价值因子。

$$\mathrm{HML} = \frac{(\mathrm{SL} - \mathrm{SL}) + (\mathrm{BH} - \mathrm{BL})}{2} \qquad (4-3)$$

4.动量因子(UMD)

Carhart四因子模型中的动量因子是用等权重的方式得到的。为使各因子之间保持一致,本章对Carhart提出的动量因子计算做了一点改进,使用总市值加权而非等权重的方式进行计算。将$t-11$到$t-1$这11个月的期间收益率进行排序,将前30%的股票记为A组,后30%的股票记为B组,通过总市值加权的方法计算两组的月平均收益率,做差求得第t个月的动量因子UMD。

5.基金收益率(R)

基金的收益率是用来衡量基金表现的最直接的指标。由于我国监管机构规定基金至少每日公布披露单位净值,因此净值类的指标成为衡量基金收益率的重要参考依据。通常来说,我们可以选择基金净值增长率、基金累计净值增长率、基金分红收益率等指标来衡量基金的绩效。

基金净值增长率代表基金在一个时间段的收益增长情况,可以有效地反映基金阶段性的投资效益。但是由于我国基金市场存在分红机制,分红后的基金净值失去了阶段性比较的意义,因此对于成立时间不同的基金来说,净值增长率不具有代表性。

基金分红收益率主要从投资者的角度出发,计算基金分红除以期初基金净值的比率来衡量基金带给投资者回报的高低。但是,基金分红受到固定日期的限制,不适用于大样本的动态研究。

综上,本章选择基金累计净值增长率作为衡量基金业绩的指标。一方面,累计净值增长率克服了分红带来的阶段不可比性;另一方面,累计净值增长率不受固定日期限制,可以在不同时间范围内比较基金收益。

$$R_{i,t} = \frac{\text{ANAV}_{i,t} - \text{ANAV}_{i,t-1}}{\text{ANAV}_{i,t-1}} \tag{4-4}$$

本章基于Carhart四因子构建的基金投资风格识别模型的变量说明详见表4-5。

表4-5 变量说明(1)

变量	变量名称	变量解释
$R_{i,t}$	基金收益率	第i只基金第t期的累计净值增长率
$R_{f,t}$	市场无风险收益率	第t期央行公布三个月定存基准利率

续表

变量	变量名称	变量解释
MKT_t	总市值加权下的市场风险溢价因子	考虑现金红利再投资的月市场回报率减去月度化无风险利率
SMB_t	总市值加权下的规模因子	对 A 股市场股票每年年末的市值进行排序,分为 Small 和 Big 两组,由小盘股的月平均收益率减去大盘股的月平均收益率得到
HML_t	总市值加权下的价值因子	对 A 股市场股票账面价值进行排序,分为 Low、Medium、High 三组,加权计算得到高账面市值比与低账面市值比的月平均收益率之差
UMD_t	总市值加权下的动量因子	前 11 个月累积收益最高的 30% 的股票组合收益率−前 11 个月累积收益最低的 30% 的股票组合收益率

(二)单样本基金实际投资风格识别——以华夏大盘为例

本章以 2012 年 1 月 1 日到 2018 年 12 月 31 日为样本期间,以 12 个月作为窗口期对每一只基金分别进行阶段性的四因子回归分析,并通过规模因子 SMB 和价值因子 HML 的显著性和系数来判断该基金的实际投资风格。

本章以 000011.OF 华夏大盘精选证券投资基金(以下简称"华夏大盘")为例,首先使用 Carhart 四因子模型进行基金的实际投资风格识别。

本章以一年为周期,识别样本期间内基金的实际投资风格。由于样本数据是时间序列数据,为了防止伪回归,本章首先对数据是否平稳进行检验,检验结果显示因变量和四个因子均平稳。

然后,对 2013—2018 年华夏大盘的持仓风格进行回归识别分析。本章利用每一年的月度数据进行回归分析,Carhart 四因子模型的回归结果详见表 4-6。

表 4-6　阶段回归分析

变量	2013 年 $R_{i,t} - R_{f,t}$	2014 年 $R_{i,t} - R_{f,t}$	2015 年 $R_{i,t} - R_{f,t}$	2016 年 $R_{i,t} - R_{f,t}$	2017 年 $R_{i,t} - R_{f,t}$	2018 年 $R_{i,t} - R_{f,t}$
MKT	0.576*** (10.10)	0.636*** (7.50)	0.689*** (14.27)	0.574*** (9.73)	0.649*** (7.04)	0.750*** (10.02)
SMB	−0.064 (−0.44)	−0.476*** (−3.10)	−0.335** (−2.84)	−0.146 (−0.90)	−0.396*** (−3.28)	−0.555*** (−3.73)

续表

变量	2013年 $R_{i,t} - R_{f,t}$	2014年 $R_{i,t} - R_{f,t}$	2015年 $R_{i,t} - R_{f,t}$	2016年 $R_{i,t} - R_{f,t}$	2017年 $R_{i,t} - R_{f,t}$	2018年 $R_{i,t} - R_{f,t}$
HML	-0.522^{**} (-2.77)	-0.619^{***} (-3.22)	-0.556^{***} (-5.1206)	-0.414^{**} (-2.61)	-0.147 (-1.01)	-0.329^{***} (-3.52)
UMD	-0.025 (-0.22)	-0.029 (-0.35)	0.007 (0.09)	0.120 (0.80)	0.102 (0.42)	0.083 (0.53)
Constant	0.003 (0.67)	0.005 (0.95)	-0.002 (-0.67)	0.002 (0.37)	0.006 (1.01)	0.005 (1.00)
F	30.331	28.324	77.020	76.414	17.608	36.670
R^2	0.866	0.800	0.944	0.930	0.865	0.841
Adj-R^2	0.838	0.758	0.932	0.915	0.837	0.808

注:括号内为p值,**、***分别表示在5%、1%的水平上显著。

我们可以从表4-6中看出,每个阶段模型的拟合度都很好,R^2和调整后的R^2几乎都达到了0.8及以上。四因子模型对收益率和投资风格的解释力度相对不错。

接下来进行风格的判别。从规模因子和价值因子的回归系数上,我们可以看到,每个阶段规模因子的系数均为负,说明基金的投资风格偏向于配置大盘类资产;价值因子的回归系数均为负,说明基金的投资风格偏向于配置价值型资产。

根据Carhart四因子模型的风格识别结果,华夏大盘各阶段的实际投资风格见表4-7。该基金宣称的投资风格与实际投资风格偏差较小,但是不同阶段实际投资风格仍存在偏移波动。

表4-7　2013—2018年华夏大盘实际投资风格

	2013年	2014年	2015年	2016年	2017年	2018年
实际投资风格	中盘价值型	大盘价值型	大盘价值型	中盘价值型	大盘平衡型	大盘价值型

（三）全样本下基金实际投资风格识别统计

接下来进行全样本的风格识别。本章对每一只基金分别进行阶段性的回归分析，并通过系数的符号和显著性判断基金的投资风格。从回归结果的 R^2 来看，四因子模型的拟合度较好。

2013 年，305 只基金回归模型中，有 237 个模型的 R^2 在 0.8 以上，占比达 78.5%。在各个阶段的回归模型中，超过 80% 的模型的 R^2 超过了 0.8。全样本下 2013—2018 年基金实际投资风格回归模型的 R^2 统计如图 4-10—图 4-15 所示。

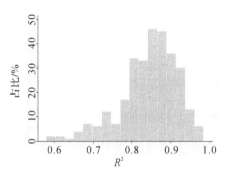

图 4-10 2013 年拟合优度统计

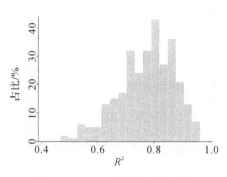

图 4-11 2014 年拟合优度统计

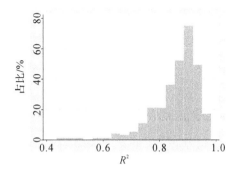

图 4-12 2015 年拟合优度统计

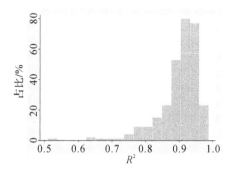

图 4-13 2016 年拟合优度统计

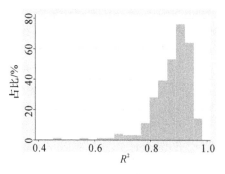

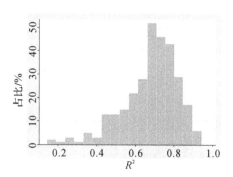

图4-14　2017年拟合优度统计　　　图4-15　2018年拟合优度统计

　　本章汇总了样本基金在2013—2018年的实际投资风格,详见表4-8。从表中我们可以看出,每个阶段的基金都有主流的投资风格。前期基金的投资风格主要集中于中盘价值型风格和中盘平衡型风格,后期大盘平衡型和中盘成长型有所增加。在不同阶段,各类风格的基金占比变化较大,同一只基金不同阶段风格表现发生变动,我国开放式基金实际投资风格漂移现象存在。

表4-8　2013—2018年基金实际投资风格统计

(单位:只)

投资风格	2013年	2014年	2015年	2016年	2017年	2018年
中盘价值型	182	114	185	174	72	56
大盘平衡型	14	24	5		47	33
中盘平衡型	84	87	65	91	138	184
大盘价值型	10	49	25	3	23	18
小盘平衡型	6	16	5	11	10	1
大盘成长型	2	2	1			3
中盘成长型	1	1	6	11	7	1
小盘价值型	2	8	8	11	4	4

　　从规模维度来看,中盘股一直以来都是深受市场欢迎的规模风格。从2013年开始,我国A股市场整体景气度不高,小盘股受股市震荡影响严重。在市场的影响下,绝对特征的小盘股占比较少。2014—2015年,A股市场迎来一波牛市,市场行情好转。因此,市场规模风格开始分化,各个基金实际投资风格呈现差异化。2015年下半年,A股市场泡沫破裂,市场呈现"前高后低"走势,小盘股占比也随之下降。2016年开始,市场整体处于中位震荡调整,基金

实际投资风格回归至以中盘为主。

从价值—成长维度来看,价值型投资在基金实际投资风格中占主导地位。相比于追涨杀跌的股票投资,价值投资一直是基金行业的主流指导思想。但2014年起市场出现了一波牛市行情,市场投资风格开始从价值型向平衡型及成长型转变。2015年股灾发生后,市场实际投资风格重新向价值型偏移。2016年起,我国A股市场开始震荡上行,平衡型渐渐成为主流投资风格。

二、投资风格漂移与基金绩效

(一)模型与变量定义

本章认为基金风格发生漂移后会通过外部压力和基金内部特征两条路径作用于基金绩效。本章基于前文假设,建立了基金风格漂移影响基金绩效的模型,分别研究不同路径下基金风格漂移的影响,如方程(4-5)到方程(4-8)所示。

$$\mathrm{Fret}_{i,t} = a_{i0} + \beta_{i1}\mathrm{DF}_{i,t} + \beta_{i2}\mathrm{Lsize}_{i,t} + \beta_{i3}\mathrm{Age}_{i,t} + \beta_{i4}\mathrm{Ins}_{i,t} + \beta_{i1} \tag{4-5}$$

$$\mathrm{Fret}_{i,t} = a_{i0} + \beta_{i1}\mathrm{Rank}_{i,t-1} + \beta_{i2}\mathrm{FMC}_{i,t} + \beta_{i3}\mathrm{Lsize}_{i,t} + \beta_{i4}\mathrm{Age}_{i,t} + \beta_{i5}\mathrm{Ins}_{i,t} + \varepsilon_{i,t} \tag{4-6}$$

$$\mathrm{Fret}_{i,t} = a_{i0} + \beta_{i1}\mathrm{DF}_{i,t} + \beta_{i2}\mathrm{Rank}_{i,t-1} + \beta_{i3}\mathrm{RDF}_{i,t} + \beta_{i4}\mathrm{FMC}_{i,t} + \beta_{i5}\mathrm{Lsize}_{i,t} + \beta_{i6}\mathrm{Age}_{i,t} \tag{4-7}$$

$$\mathrm{Fret}_{i,t} = a_{i0} + \beta_{i1}\mathrm{DF}_{i,t} + \beta_{i2}\mathrm{Rank}_{i,t-1} + \beta_{i3}\mathrm{FDF}_{i,t} + \beta_{i4}\mathrm{FMC}_{i,t} + \beta_{i5}\mathrm{Lsize}_{i,t} + \beta_{i6}\mathrm{Age}_{i,t} + \beta_{i7}\mathrm{Ins}_{i,t} + \varepsilon_{i,t} \tag{4-8}$$

1.基金风格漂移(DF)

通过 Carhart 四因子模型进行基金的实际投资风格识别后,本章将基金每个阶段的投资风格与上个阶段的投资风格对比得到基金风格漂移变量。若本阶段的投资风格与上个阶段不一致,则视为发生了风格漂移现象,记为1;若两阶段的风格一致,则视为未发生风格漂移现象,记为0。

2.基金业绩排名(Rank)

同类基金的排名占比是该基金综合能力的体现。一般来说,排名靠前的基金在资产配置、基金管理人等方面具备强大的优势。在市场行情发生变动的时候,该基金更有能力根据市场风向的变动及时调整底层资产的仓位配置,获取较好的收益。

3.基金管理人变动(FMC)

基金管理人的投资风格和投资理念决定了基金的投资风格。基金管理人经常发生变动的基金在投资风格上难以保持一贯性,因此通常认为基金管理人变动与基金投资风格漂移正相关。

4.GDP增长率(GDP)

GDP增长率表示宏观经济环境,通常认为GDP增长率上升代表经济回暖,基金管理人倾向于在上升的市场中转变投资策略博取超额收益。因此,GDP增长率与基金投资风格漂移正相关。

5.基金规模(Lsize)

基金的净资产代表了基金的管理规模。一般来说,基金的管理规模越大,基金管理人能够进行选择和配置的底层资产越多。因此,基金净资产与基金绩效正相关。

具体的变量说明详见表4-9。

表4-9 变量说明(2)

变量	变量名称	变量解释
$DF_{i,t}$	风格漂移	用来描述基金投资风格是否发生变动,与上一期的投资风格对比,若发生变动则记为1,反之则记为0
$Fret_{i,t}$	复权累计净值增长率	第i只基金第t期复权累计净值增长率
$RANK_{i,t-1}$	基金业绩排名	基金在同类基金中的排名占比,取值范围0—100。排名占比值越小,则表明基金的排名越靠前
$FMC_{i,t}$	基金管理人变动	描述基金自身治理结构的变动情况。若在观察期间内,样本基金发生基金管理人更换则记为1,否则记为0
$GDP_{i,t}$	GDP增长率	第t年GDP增长率
$Lsize_{i,t}$	基金规模	第i只基金在t时期的平均净资产,做对数处理
$Age_{i,t}$	基金年龄	基金成立年限减去当前年份的绝对值
$Ins_{i,t}$	机构投资者持股	机构投资者持有基金净资产占基金净资产的比例

续表

变量	变量名称	变量解释
$RDF_{i,t}$	风格漂移与业绩排名的调节变量	描述风格漂移对业绩排名影响基金绩效的调节效果,用 $DF_{i,t} \times FMC_{i,t}$ 表示
$FDF_{i,t}$	风格漂移与基金管理人变动的调节变量	描述风格漂移对基金管理人人变动影响基金绩效的调节效果,用 $DF_{i,t} \times FMC_{i,t}$ 表示
$Pre_{i,t}$	上一期业绩	用复权累计净值增长率的滞后一阶表示

(二)样本选择与数据来源

本章选取2013年1月1日到2018年12月31日作为样本期间,利用股票型基金和混合偏股型基金的月度数据进行实证分析。为了更好地研究基金投资风格漂移现象影响基金业绩的作用机制,本章做了以下筛选:

第一,由于基金从成立建仓到正常运作需要至少一年的时间,因此本章选取了2012年1月1日前成立的基金,排除新成立基金带来的误差。

第二,本章剔除了观察期内数据缺失严重以及异常的基金。

第三,剔除股票型基金中的被动指数型基金和增强指数型基金。由于指数型基金属于被动管理型基金,基金管理人只需拟合指数模拟建仓,无须进行特别的选股操作和择时操作,故不在本章的研究范围内。

综上所述,最后样本筛选后得到股票型基金和混合偏股型基金共计305只。

本章先对所选的305只样本基金进行了名义投资风格的统计,根据国泰安CSMAR数据库对基金投资风格的定义,所选样本基金的名义投资风格可以分为稳健成长型、增值型、成长型等8个类型,其中稳健成长型基金占比最多(详见表4-10)。

表4-10　全样本基金名义投资风格统计

名义投资风格类型	样本数量/只	样本占比/%
稳健成长型	133	43.61
增值型	45	14.75
成长型	39	12.79

续表

名义投资风格类型	样本数量/只	样本占比/%
平衡型	13	4.26
价值型	28	9.18
积极成长型	31	10.16
收益型	11	3.61
稳健增值型	5	1.64
合计	305	100.00

所选基金主要来自嘉实基金、南方基金、广发基金等老牌公募基金公司，有丰富的基金管理经验，市场认可度较高。

为了更好地识别基金的实际投资风格，以及判断基金在管理过程中是否发生了投资风格的漂移，本章通过 Carhart 四因子模型对基金实际投资风格漂移进行识别，其中因子分析的数据及基金的净值增长率来自 CSMAR 国泰安数据库，无风险利率的数据来自 RESSET 数据库。基金业绩在同类基金中的排名占比情况、复权累计净值增长率、基金规模、机构投资者持股情况等数据来自 Wind 数据库。观察期内任职基金管理人变动情况由笔者手动整理。

（三）描述性统计

描述性统计情况如表 4-11 所示，从中我们可以看出：

第一，基金风格漂移是一个普遍存在的现象。漂移变量的均值为 0.498，说明从 2013—2018 年有近一半的基金发生过风格漂移。

第二，样本基金覆盖面全。从基金排名指标可以看出，排名最靠前基金在同类基金中的排名占比为 0.0875%，排名最靠后的基金在同类基金中的排名占比为 99.97%，样本基金的排名均值为 51.10%，表明所选样本基金分布较为均匀，较全面地覆盖了市场上的基金，具有代表性。

第三，公募基金行业基金管理人变动十分频繁。基金管理人变动变量的均值为 0.423，说明所选样本基金中有 42.30% 的基金在研究期间内发生了基金管理人变动，基金管理人管理不稳定。

第四，机构投资者存在差异性偏好。从机构投资者持股可以看出，机构投资者对不同基金的偏好较大。机构投资者持有最大的基金占比,达到99.84%;机构投资者持有最小的基金占比,仅为0.01%。机构投资者基金持股的均值为18.41%,说明在权益类基金产品中机构投资者占比较小。

表4-11　变量描述性统计

变量	N	Mean	Min	Max	Sd
DF	1525	0.50	0.00	1.00	0.500
Rank	1525	51.10	0.088	99.97	33.08
FMC	1525	0.42	0.00	1.00	0.49
Lsize	1525	20.41	16.12	23.43	1.42
Ins	1525	18.41	0.010	99.84	23.72
Age	1525	8.00	3.00	17.00	2.80
GDP	1525	8.08	6.46	10.52	1.36

(四)相关性检验及方差膨胀因子检验

本章通过Stata13对主要变量进行相关性分析检验,结果如表4-12所示,自变量和控制变量均在1%的水平上显著。同时,通过方差膨胀因子检验发现(见表4-13),各变量之间不存在显著多重共线性。

表4-12　相关系数检验结果

变量	Fret	DF	Rank	FMC	Lsize	Ins	Age	GDP
Fret	1							
DF	0.121***	1						
Rank	−0.889***	−0.134***	1					
FMC	−0.226***	0.055**	0.132***	1				
Lsize	0.165***	−0.037	−0.142***	−0.136***	1			
Ins	0.131***	0.046*	−0.167***	−0.007	0.016	1		
Age	−0.346***	−0.033	0.224***	0.217***	0.320***	−0.270***	1	
GDP	−0.218***	0.093***	0.009	0.224***	−0.032	−0.011	0.288***	1

注:括号内为p值,**、***分别表示在5%、1%的水平上显著。

表 4-13　方差膨胀因子检验

变量	VIF	1/VIF
Age	1.520	0.658
Lsize	1.240	0.805
GDP	1.160	0.860
Rank	1.150	0.872
Fmc	1.140	0.880
Ins	1.110	0.897
DF	1.030	0.969
MeanVIF	1.190	

第五节　实证分析

一、基金投资风格漂移影响因素

本章先通过 Carhart 四因子模型对 305 只基金各阶段的实际投资风格进行识别,再手动整理每一只基金本期与上期的投资风格是否发生变化,得到基金风格漂移变量。接下来,本章分外在压力和基金内部结构变动两条路径,深入研究风格漂移如何影响基金业绩。

前文已通过 Carhart 四因子模型对样本基金的实际投资风格进行识别,并通过与上一阶段的实际投资风格进行比较判断该基金的投资风格是否发生漂移。

由上文的影响机制分析可以得出基金的业绩排名和管理期间基金管理人变动会影响到基金的风格漂移。本章对基金风格漂移与基金业绩和管理期间基金管理人的变动情况做面板 LOGIT 回归。[1]

业绩排名在 1% 的水平下负相关,说明业绩排名越靠前的基金越容易发生基金投资风格漂移。相对业绩排名对基金实际风格的影响较小,仅为 1%。本章认为在同质化竞争环境下,极端业绩排名的基金都有强烈的风格漂移动机。

---

[1] 由于该部分回归检验非本章核心研究内容,故正文未放置模型和回归,仅做简要分析。

但从综合能力来看,一般来说业绩排名靠前的基金资产配置能力更强,操作空间更大,因此具有更积极的风格漂移倾向。管理期间基金管理人的变动情况与基金的投资风格在10%的水平上呈正向显著相关,表明更换基金管理人会加剧基金的风格漂移。从回归系数上来看,更换基金管理人对基金风格漂移的影响大于业绩排名。

二、基金风格漂移影响基金绩效的机制检验

接下来分机制研究基金风格漂移对基金绩效的影响。先采用 Husman 检验选择回归方法,从检验结果来看,不能拒绝原假设,因此本章采用随机效应模型进行回归,同时说明,基金不可观测的个体异质性与解释变量相关性较弱,由此造成的内生性问题并不严重。

本章依次对模型(4-5)到模型(4-8)进行面板随机效应回归,结果详见表4-14。

首先,仅用基金的投资风格漂移变量与基金业绩变量进行回归。从回归结果可以看出,回归模型的 R^2 为0.390,说明模型有一定的解释力度。从回归系数来看,基金的投资风格漂移变量与基金的业绩变量在1%的水平上呈正向显著关系,表明综合来看我国基金投资风格漂移现象能够促进基金业绩的提升。由于研究区间是从2013—2018年,其间经历了A股泡沫以及长达两三年的股市慢熊。在市场行情轮换的背景下,基金实际投资风格漂移比选择单一的投资风格更能获取超额收益。

表4-14 基金风格漂移影响基金绩效的回归模型

变量	(4-5)	(4-6)	(4-7)	(4-8)
DF	6.722*** (4.87)		-2.333** (-1.96)	1.740** (2.06)
Lsize	6.434*** (12.00)	2.162*** (8.29)	2.191*** (8.42)	2.162*** (8.29)
Age	-4.607*** (-17.07)	-2.051*** (-15.21)	-2.049*** (-15.23)	-2.040*** (-15.12)
Ins	0.005 (0.17)	-0.078*** (-5.46)	-0.079*** (-5.56)	-0.078*** (-5.43)

变量	(4-5)	(4-6)	(4-7)	(4-8)
Rank		-0.749^{***} (-72.90)	-0.778^{***} (-54.02)	-0.748^{***} (-72.18)
FMC		-3.856^{***} (-5.62)	-3.878^{***} (-5.65)	-2.627^{***} (-2.78)
Rdf(DF*Rank)			0.059^{***} (3.02)	
Fdf(DF*FMC)				-2.560^{*} (-1.96)
Constant	-88.891^{***} (-8.45)	22.613^{***} (4.37)	23.307^{***} (4.48)	21.646^{***} (4.16)
N	1471	1471	1471	1471
R^2	0.390	0.861	0.862	0.861
Adj-R^2	0.211	0.829	0.830	0.830

注:括号内为 p 值,*、**、***分别表示在10%、5%、1%的水平上显著。

接下来,分别从外在压力和基金内部结构变动两条路径探究基金风格漂移对基金业绩的影响。本章设置模型(4-6)作为对照组,探究在不考虑基金风格漂移现象时,外在压力和基金内部结构变动对基金业绩的影响。从回归结果可以看出,基金业绩排名和基金管理人变动情况对基金的业绩均具有显著的影响。基金的业绩排名与基金下期业绩在1%的水平上负向相关,即前期相对排名靠前的基金未来更容易取得好业绩,短期业绩具有持续性。基金管理人变动情况与基金业绩在1%的水平上负向相关,说明基金管理人的变动将对基金未来业绩产生不利影响。

在模型(4-7)中加入了基金风格漂移变量与基金业绩排名的交叉项,交叉项系数显著为正,而基金风格漂移前的系数变为负。结果表明,对于业绩排名较好的基金,风格漂移不利于未来基金绩效的提升;对于业绩排名较差的基金,风格漂移更可能提升未来绩效。我们在模型(4-8)中加入了基金风格漂移变量与基金管理人变动的交叉项,交叉项系数显著为负。结果表明,在基金管理人变动不频繁的基金中,风格漂移有利于提升基金绩效;在基金管理人变动较为频繁的基金中,风格漂移对于未来绩效的正向影响显著下降。

在所有模型中,控制变量基金的净资产规模均在1%的水平上正向显著。基金的净资产规模越大,其可进行配置的标的选择空间就越大,能够更好地分散风险,取得较为不错的收益。由于我国公募基金行业近几年迅猛发展,规模快速扩张,早期成立的基金在投资风格和投资理念等方面与现在的市场环境存在较大差异,因此成立年限变量在1%的水平上负向显著。从机构投资者持股的角度看,持股比例越低,基金的业绩表现越好。本章认为机构投资者对资金的应用、投资范围的限制较大,在一定程度上抑制了基金管理人投资理念、投资策略的应用。

三、稳健性检验

本章利用F-F三因子模型进行稳健性检验。Fama和French提出可从市场、规模和价值三个因子角度就基金实际投资风格进行识别,模型如下所示(Fama et al., 1993)

$$R_{i,t} - R_{f,t} = a_i + \beta_{i1}\mathrm{MKT}_t + \beta_{i2}\mathrm{SMB}_t + \beta_{i3}\mathrm{HML}_t + \varepsilon_{i,t} \qquad (4-9)$$

本章先用F-F三因子模型对所选的305只基金进行了风格识别,模型的拟合度较好,每个阶段模型的拟合优度都在0.5以上,超过60%的模型拟合优度在0.8以上,拟合优度统计结果如图4-16—图4-21所示。

接下来,利用F-F三因子模型的结果对基金风格漂移影响基金业绩的机制进行稳健性检验。

本章用F-F三因子模型计算基金风格漂移变量,并用模型(4-7)到模型(4-8)进行机制检验。从表4-16可以看出,基金风格漂移与基金业绩在1%的水平上正向显著,与Carhart四因子模型的结果一致(如图4-16—图4-21所示)。基金风格漂移侧面体现了基金管理人的选股和择时能力,在一定程度上可以促进基金业绩的提升。

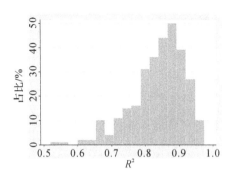

图 4-16　2013年三因子回归拟合优度

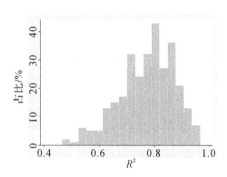

图 4-17　2014年三因子回归拟合优度

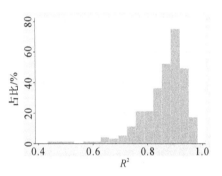

图 4-18　2015年三因子回归拟合优度

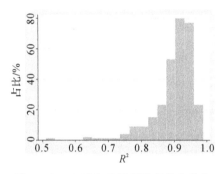

图 4-19　2016年三因子回归拟合优度

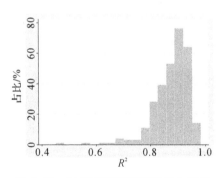

图 4-20　2017年三因子回归拟合优度

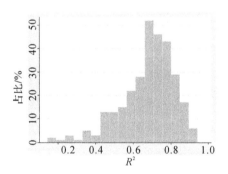

图 4-21　2018年三因子回归拟合优度

从交叉效应来看,基金风格漂移变量与基金业绩排名的交叉项系数的显著性与表4-14一致,结果稳健。基金风格漂移变量与基金管理人变动的交叉项系数虽然不显著,但符号依然为负。

表4-15　不同路径稳健性检验结果

变量	(4-5`)	(4-6`)	(4-7`)	(4-8`)
DF	7.035***		−3.175***	0.942
	(5.08)		(−2.67)	(1.11)
Lsize	6.428***	2.162***	2.185***	2.165***
	(12.00)	(8.29)	(8.40)	(8.30)
Age	−4.736***	−2.051***	−2.059***	−2.056***
	(−17.49)	(−15.21)	(−15.24)	(−15.16)
Ins	0.003	−0.0m78***	−0.080***	−0.078***
	(0.08)	(−5.46)	(−5.59)	(−5.45)
Rank		−0.749***	−0.782***	−0.749***
		(−72.90)	(−54.86)	(−72.00)
FMC		−3.856***	−3.828***	−2.991***
		(−5.62)	(−5.58)	(−3.13)
RDF (DF*Rank)			0.067***	
			(3.42)	
FDF(DF*Fmc)				−1.740
				(−1.33)
Constant	−87.838***	22.613***	23.928***	22.141***
	(−8.37)	(4.37)	(4.61)	(4.26)
N	1471	1471	1471	1471
R^2	0.397	0.861	0.862	0.861
Adj-R^2	0.212	0.829	0.830	0.829

注:括号内为 p 值,***表示在1%的水平上显著。

基金风格漂移现象在一定程度上受到基金业绩的影响,基金管理人迫于业绩压力会改变投资策略从而产生基金风格漂移。因此,风格漂移对基金绩效的影响路径中可能存在业绩之间的惯性效应,导致模型回归结果不准确。出于此番考虑,本章在模型(4-5)到模型(4-8)中加入上一期业绩作为对照组进行回归,结果如表4-16所示。

从表中我们可以看到,加入了上期业绩后,模型(4-5)到模型(4-8)的回归结果均未发生变化,由此可见结果稳健。

综上所述,本章首先通过F-F三因子模型复刻了Carhart四因子模型的研究过程,后加入上期业绩作为对照组进行回归,均得到了一致的结论,故认为本章研究结果稳健。

表4-16 加入上期业绩的回归结果

变量	(4-5)	(4-5")	(4-6)	(4-6")	(4-7)	(4-7")	(4-8)	(4-8")
DF	6.722*** (4.87)	4.784*** (3.51)			−2.333** (−1.96)	−2.273* (−1.91)	1.740** (2.06)	1.871** (2.20)
Lsize	6.434*** (12.00)	6.487*** (12.41)	2.162*** (8.29)	2.138*** (8.19)	2.191*** (8.42)	2.164*** (8.31)	2.162*** (8.29)	2.137*** (8.19)
Age	−4.607*** (−17.07)	−4.862*** (−18.37)	−2.051*** (−15.21)	−2.020*** (−14.80)	−2.049*** (−15.23)	−2.012*** (−14.78)	−2.040*** (−15.12)	−2.006*** (−14.69)
Ins	0.005 (0.17)	−0.001 (−0.03)	−0.078*** (−5.46)	−0.078*** (−5.47)	−0.079*** (−5.56)	−0.080*** (−5.59)	−0.078*** (−5.43)	−0.078*** (−5.45)
Rank			−0.749*** (−72.90)	−0.754*** (−69.96)	−0.778*** (−54.02)	−0.785*** (−52.89)	−0.748*** (−72.18)	−0.753*** (−69.64)
Fmc			−3.856*** (−5.62)	−3.768*** (−5.47)	−3.878*** (−5.65)	−3.781*** (−5.50)	−2.627*** (−2.78)	−2.538*** (−2.68)
Pre		−0.244*** (−8.88)		0.020 (1.48)		0.024* (1.77)		0.022 (1.62)
RDF (DF*Rank)					0.059*** (3.02)	0.061*** (3.11)		
FDF (DF*Fmc)							−2.560* (−1.96)	−2.561** (−1.96)
Constant	−88.891*** (−8.45)	−82.655*** (−8.04)	22.613*** (4.37)	22.717*** (4.39)	23.307*** (4.48)	23.346*** (4.49)	21.646*** (4.16)	21.650*** (4.16)
N	1471	1471	1471	1471	1471	1471	1471	1471
R^2	0.390	0.452	0.861	0.861	0.862	0.862	0.861	0.861
Adj-R^2	0.211	0.251	0.829	0.829	0.830	0.830	0.830	0.830

注:括号内为 p 值,*、**、***分别表示在10%、5%、1%的水平上显著。

第六节 本章小结

一、研究结论

本章选取了2012年前成立的开放式基金,通过Carhart四因子模型识别其在2013—2018年的实际投资风格及风格漂移现象。研究结果发现,基金实际投资风格漂移在我国基金市场上普遍存在,且不同阶段市场中存在一到两种主流投资风格。在市场行情上涨的情况下,基金管理人倾向于采取不同的投资风格,捕捉市场中的各种机会;在市场行情震荡的情况下,基金管理人倾向于选择偏价值型的投资风格。

接下来本章研究了基金风格漂移对基金业绩的影响。研究结果发现,在市场行情轮换的背景下,基金投资风格漂移比单一的投资风格更能获取超额收益。我国 A 股市场正处于发展阶段,尚未具备完善的制度规范和合理的投资者结构。坚持单一的投资风格在变幻的市场行情下,容易被市场波动错杀。

本章紧接着从基金的排名压力和基金自身治理结构两个方面出发,研究了基金风格漂移影响基金业绩的传导机制。研究结果发现,首先,基金风格漂移会加强业绩排名压力对基金业绩的影响。上一期排名靠前的基金,未来更容易取得好的业绩,形成强者恒强的局面。同时,排名靠前的基金普遍为大型知名基金公司旗下的基金,具有更强的综合实力,能够更好地根据市场变化调整基金的底层资产配置。因此,基金风格漂移会加强基金业绩排名对基金业绩的影响。其次,基金风格漂移会削弱基金管理人变动对基金业绩的影响。由于现任与前任基金管理人在投资风格和投资理念上存在不连贯性,基金管理人变动的不确定性给基金业绩带来的负面影响超过正面影响。所以,相比坚持前任的投资策略,改变投资风格,选择自己的投资理念和投资风格在一定程度上能够削弱基金管理人变动的负面影响。

二、政策建议

通过以上结论,可知基金风格漂移在我国基金市场上是一个普遍存在的现象。基金风格漂移本质上被认为是基金管理者的违约行为。但是,在我国权益市场发展不完善的背景下,相比保持单一的投资风格,基金投资风格漂移在一定程度上可以提高投资者的收益。因此,本章认为不能将基金投资风格漂移认定为绝对意义上的"好"或"坏",而应从更为中立的角度去看待基金风格漂移现象,宣导理性的投资理念,缓解极端市场情绪对市场的不利影响,力求在保护投资者利益的前提下寻求适合我国基金市场发展的道路。本章将从基金管理人、投资者和监管机构三个角度提出政策建议。

（一）基于基金管理人角度的建议

基于本章的结论,观察期内基金管理人的变动给基金业绩带来的负面影响大于正面影响。现任基金管理人根据自己的经验和投资理念适当地调整基金投资风格有助于削弱基金管理人变动带来的负面影响。但基金管理人不仅需要追求超额收益,还要注重风险的预防和监控。

第一,建设科学规范的内控机制。从基金运行整体风险防控的角度来看,基金管理人需要完善公司内部控制体系,实现基金从决策到执行再到监督的有效运行,将各类风险控制在合理的水平内。内控体系需要建立五道防线,保障业务的稳健运行:第一道防线,从员工角度出发,做好员工自律、自控和互控措施,以投资者利益优先为原则,规范基金管理人和研究员等人的投资行为;第二道防线,从部门出发,部门内控和部门间互相监督协作,齐头并进;第三道防线,由风险管理部门、合规及审计部门等进行分控线条不定期的稽核检查;第四道防线,由公司分线控制委员会进行监督管理;第五道防线,由公司董事会及其下设的审计风险管委会进行合规和风控的监察。五道防线环环相扣,从前中后三个层面做好基金管理的风险控制。

第二,健全基金投资风格监控预警指标。尽管在当前的市场环境下,根据市场行情的变化转换投资风格有利于获取超额收益,但是基金实际投资风格偏离招募说明书上宣称的名义风格本质上是一种违约行为。投资者有权利知悉自己购买的基金产品的实际投资风格。目前,基金公开的投资风格类指标仅包含一级投资风格如"股票型""指数型""配置型""现金型"等,能够提供给投资者的有效信息较少。因此,未来基金管理人可以建立并定期披露如市值—风格类投资风格指标,并在基金实际投资风格发生漂移时给投资者发送预警提示。

第三,加强基金管理人的管理,降低基金管理人流动性。目前,我国公募基金市场上有超过1600名基金管理人,但其平均任职年限仅为3.1年,任职期在3年以上的基金管理人仅占37.04%。基金管理人流动性大给基金的管理带来了较大风险。因此,基金管理人可以考虑增加对基金管理人的激励机制,减少基金管理人的流动性。或者加强基金管理人和其所管理的基金之间的责任机制,降低道德风险。

(二)基于投资者角度的建议

投资者在基金交易关系中通常处于弱势地位。一方面,我们需要完善法律制度保护基金投资者们的合法权益;另一方面,我们也要加强对投资者的素质教育,提高投资者的专业素养。

第一,优化投资者结构。与成熟市场相比,我国公募基金行业存在规模小型化、投资者散户化等特点。近十年来,我国公募市场上个人投资者占比几乎都在50%以上。其中,股票型和偏股型基金的个人投资者占比长期居于70%的高位。公募基金市场一直是主流理财渠道之一,但在我国A股市场长期震荡的背景下,引入更多中长期资金入市,稳定市场也至关重要。因此,现阶段我们要改善投资者结构,坚持公募基金和第三支柱融合发展,为实体经济提供更多的长期资金并优化老百姓的财富管理结构。

第二,树立个人投资者长期投资理念。当前,我国个人投资者存在专业素养较低、情绪波动较大、追求短期业绩等特点。开放式基金无论是申购还是赎回都较为灵活,部分投资者受市场情绪或短期业绩影响,容易引发巨额赎回,导致基金管理人难以坚持自身的投资理念。因此,基金公司和监管机构可以多开展投资者教育活动,例如通过组织策划主题活动、开展线上课程、编写基金投资及资产配置相关教材等,宣扬理性投资理念,帮助投资者建立正确的投资观。

(三)基于监管机构角度的建议

在不断变化的市场环境下,坚持初始投资风格的基金收益普遍低于风格漂移的基金。因此,在信息不对称及短期收益压力下,公募开放式基金市场出现了"劣币驱逐良币"现象,不利于公募基金市场长远稳健发展。因此,监管机构在推进资本市场发展的过程中,要适度规范公募基金的市场行为,构建完善的信息披露机制,共同保护多方的利益。

第一,加强信息披露机制建设,加速信息透明化。近几年来,市场上的基金数量和基金规模呈现爆发式增长。有些基金甚至已经异化成各类机构的投资套利渠道。尽管目前公募基金会在指定的网站上披露相关数据,但是披露的内容十分有限,仅包含产品份额、份额净值、资产收益等基本情况。同时,由于基金数量庞大,网站上披露的信息零散冗杂,对投资者(尤其是个人投资者)来说,信息获取的有效性较差。因此,未来监管机构可以建立整合的数据库免费向广大投资者开放,为投资者提供权威且可视化更强的数据信息。

第二,局部试点推进,改善基金市场乱象。针对基金实际投资风格漂移现象,监管机构不能一棍子打死,但也不能坐视不理。从金融市场的长远发展来看,基金投资风格漂移可能会造成公募基金市场秩序混乱,委托人和代理人之间地位进一步失衡。但是在我国资本市场制度不完善、投资者缺乏理性的背景下,贸然推动改革,对基金风格漂移现象进行"一刀切"容易抑制权益型基金的发展,不利于金融市场的稳定。因此,在大力发展科创板的背景下,监管机构可以尝试以科创板作为试点切入,倡导基金管理人坚持长期投资理念,落实"投资者适当性"原则,强化管理机构主体责任,推动基金市场规范化发展。

第五章 分级基金套利策略与投资行为

第一节 研究概述

一、研究背景

作为基金行业金融创新的典范,分级基金于2007年孕育而生,国内第一只分级基金产品是"国投瑞银瑞福分级"[①]。分级基金通过将风险、收益进行不对称分割,既可满足低风险偏好投资者的固定收益需求,又能满足高风险偏好投资者的杠杆需求,因此分级基金在市场上受到热捧。

2014年,一场牛市即将来临,高风险偏好者和敏锐的杠杆资金纷纷涌入分级基金市场,加剧了分级基金的繁荣。分级基金的发展推动了金融创新的进程,为投资者提供了更丰富的投资工具和多元化的投资机会。与此同时,带有杠杆属性的分级B份额在放大收益的同时,也孕育着风险。

2018年,中国人民银行会同五部委出台《关于规范金融机构资产管理业务的指导意见》(简称《资管新规》),旨在规范资产管理行业的发展,控制金融风险,防止出现多层嵌套、刚性兑付、资金空转等问题。《资管新规》第21条指出:

[①] 包含瑞福优先(分级A)和瑞福进取(分级B)两类份额,瑞福优先A持有人按约定享受6%的预期收益率;瑞福进取B持有人则获取2倍的杠杆与收益(其中一份杠杆资金来源为A)。

"公募产品和开放式私募产品不得进行份额分级",并要求存量分级基金应当在2020年底前取消分级运作,完成规范和整改。自此,分级基金发生翻天覆地的转变,逐步退出历史舞台。

《资管新规》针对的对象主要为广义的资管产品,为什么分级基金也会成为众矢之的呢? 一方面,《资管新规》旨在"打破刚兑",打破保本型理财产品,显然,拥有固定收益的分级A基金已经不符合法规要求,整改势在必行。另一方面,分级基金B份额的杠杆属性无疑也让其成为众矢之的,其风险较大且收益不稳定,不利于保护中小投资者的利益。

2020年,随着分级基金退出日逐渐临近,分级基金数量和规模都在大幅缩减。Wind数据显示,截至2020年12月16日,上市分级基金数量从《资管新规》发布时的134只降至67只,场内规模从561亿份降至252亿份,降幅明显。

未来,基金产品都将朝着净值化、打破刚兑、打破分级结构的模式转型,本章所述的部分套利策略(如不定期转换套利策略、配对转换套利策略)或不再适用,而部分套利策略(如股指期货对冲套利策略、组合套利策略)依旧适用,且策略背后的模型思想是永恒的。套利策略的关键在于发现数据的规律与关系,发现不同视角下金融资产定价的偏差,而这种偏差为未来设计多元化的套利策略提供了新的可能。

二、研究意义

分级基金是指通过结构化设计将普通母基金分割成风险不同的两类份额,并将其中一类份额或两类份额上市进行交易的结构化证券投资基金。作为一种新的金融工具,分级基金在一定程度上缓解了我国当时杠杆性投资工具缺乏和封闭式基金发行惨淡的现状。2007年,我国发行了第一只分级基金产品,它被分割成瑞福优先(分级A)和瑞福进取(分级B)两类份额,其中瑞福优先持有人享有6%的约定收益率,瑞福进取持有人则获得2倍的杠杆与收益,因其杠杆特性可以获得多倍的收益,这种结构化工具深受投资者的喜爱。然而在最初几年,分级基金发展并不迅速;2014年末,股市开始复苏,分级基金也随之繁荣起来,其创业板B、沪深300B等产品为投资者带来了数倍于大盘的回报。随着股市转跌,分级基金的规模也出现一定的回落,截至 2017 年 3 月,分级基金产品数量已高达 157 只,市场规模超过 1400 亿元。

分级基金受投资者青睐,主要源自其杠杆特性。通过购买分级 B 份额,可享有数倍于母基金的风险和收益,这种杠杆特性让投资者在 2015 年的牛市中获利。目前我国分级基金市场已较为成熟,然而其复杂结构设计背后蕴藏着的套利机会却鲜为人知。本章从分级基金结构与基本要素出发,通过分析其结构特征与基本要素,寻找潜在的套利机会,并对现有套利策略进行模型设计与实证分析,具有重大的理论意义与现实意义。

(一)理论意义

我国分级基金起源于 2007 年,是一种借鉴国外结构化产品的创新形式,发展至今已成为我国金融市场交易额较大的投资工具。但国内与分级基金套利策略相关的文献并不多,本章通过对分级基金套利策略进行研究,对分级基金套利体系建设有一定的理论指导意义。

(二)现实意义

分级基金因其结构化的设计,除了为投资者带来不同风险偏好下的投资选择外,还存在一定的套利机会。本章研究多种套利机制的理论基础,设计了四种主流套利策略模型,并结合现实状况与各套利策略优劣选取了不定期折算套利策略模型进行实证分析,通过回测证实了套利策略的可行性,这为现实的投资者赚取折算收益提供了可能,因此具有较大的现实意义。

三、文献综述

(一)国外研究综述

分级基金起源于国外的结构化产品,在国外有较长的发展历史。但分级基金在国外主要指分级基金信托和结构化产品,研究也主要集中在期权定价、基金折溢价与套利三个领域。

1.定价相关文献研究

国外学者对分级基金的研究起初主要集中在定价研究上,定价方法最早可追溯到 Black 等(1973)提出的 B-S 期权定价模型,他们认为期权价格与股票价格、期权期限、无风险利率等多因素有关,但 B-S 模型是建立在"无风险利率与投资回报波动率不变"假设下的,具有一定的局限性。为此,Wiggins(1987)对定价进行了修正,提出用连续随机过程来模拟看涨期权收益波动率。

随后的演进主要体现在定价方法的修正上。Engle 等(1992)用它对标准普尔 500 指数期权进行定价。Bakshi(1997)提出了随机波动率模型,将收益率、利率假设为波动变量,并对期权定价模型进行了修正。也有一些学者视期权价格为离散的时间序列,以此,Bates(2000)发现标准普尔 500 指数存在负偏现象,而带跳的扩散模型能更好地对期权进行定价。

2.折溢价相关文献研究

在国外,分级基金也被称为杠杆基金,国外对分级基金折溢价的研究并不多,更多的是对封闭式基金的分析,美国封闭式基金折价幅度较高,大多为10%—20%,新兴市场的折价幅度更大。

国外前期的研究主要集中在封闭式基金折价的角度。有学者在分析折价原因时聚焦于基金公司的管理费用、基金管理人与投资者间的代理成本等。如 Boudreaux(1973)认为基金公司管理费用的提升也会导致封闭式基金折价,但此观点被 Mlkiel(1977)证伪,他认为公司管理成本增加与业绩增加均不是封闭式基金折价的原因。Jensen 等(1976)则提出代理成本的概念,认为基金折价表明封闭式基金管理成本大于基金业绩增长现值,且基金费用率越高,折价幅度越大。

也有学者专注于市场和投资者角度,从投资者情绪、噪声交易风险、信息不对称等方面解释基金折溢价问题。如 Pratt(1966)是较早研究封闭式基金折价的学者之一,他首次提出市场分割理论,认为它是封闭式基金折价的主要原因;De Long(1990)认为折溢价率也受到投资者情绪的影响,并提出噪声交易理念,指出投资者在交易中受有限信息和其他投资者情绪的影响,会表现出非理性行为,促使证券价格偏离其价值;LST(1991)则认为封闭式基金在发行初大多为溢价发行,因为投资者要承担噪声交易风险从而产生风险溢价;Barber(1992)通过实证证实了噪声是产生分级基金折溢价的原因;Chordia(2001)则认为市场普遍存在信息不对称,它增加了投资者风险并导致折价交易。

随着封闭式基金和金融创新的发展,分级信托产品于20世纪80年代在美国诞生,它是分级基金的前身。学者们对其展开研究,但相关文献并不多,Huckins(1995)发现部分开放式信托、封闭式信托均存在明显溢价现象,推断信托分级可以创造价值。

3.套利相关研究

国外与分级基金套利直接相关的文献极少,更多地集中在统计套利策略的研究上,且主要对象是股票。

国外套利策略研究起源于无风险套利理论。Bodie(1980)是较早提出无风险套利策略的学者之一,他通过实证分析证实了金融市场存在风险收益与无风险收益,并在其著作《投资学》中深化了该理论。随后,学者们结合无风险套利策略,利用相关模型或变量分析资产的内在价值并利用价格与价值的偏差从中获利,Jegadeesh 等(1993)通过 CAPM 模型制定套利策略并获得超 10% 的超额收益。Shleifer 等(1994)对股票 EPS、股利、销售增长率等因素进行分析,从中挑选出价值被低估的股票并买入套利。

随着数量经济学与统计学的发展,套利策略开始向统计套利转变,通过数量化工具结合历史数据分析来构建最优套利方案。Whistler(2004)采用相关系数十分接近的股票组成一对配对组,运用其历史价格数据进行统计分析,得出股价波动的标准差。在配对股票价格走势偏离2个标准差以上时,选择对冲套利交易;随后,Gatev 等(2006)对其方法进行改进,将各股票历史价格正态标准化后,选取价差平方和最小的股票作为配对股票组,并采用同样的2倍标准差进场标准进行套利配对,获得 10% 以上的年化收益率;Alexander 等(2005)则首次将协整理论运用于套利策略中,发现引入协整后的套利方法优于传统方法;Liu 等(2009)发展了协整套利方法并计算出最优交易策略方程式;Christian 等(2010)引入高频交易进行统计套利,并发现股票套利机会、收益率与股票价格的协整程度正相关。

(二)国内研究综述

分级基金于2007年首次传入我国,国内学者对其研究也是基于国外的结构化产品。与国外学者研究类似,国内学者的研究也主要集中在定价、折溢价和套利策略等方面。

1.定价相关研究

由于分级基金起步较晚,对其定价的研究并不多。国内学者主要认为分级基金本质上是一种期权,从而可用B-S期权定价法来对分级基金定价,B-S期权定价法的本质是将分级基金A份额、B份额和母基金分解为看涨期权、看跌期权与无风险债券。许文波(2007)是最早提出对分级基金定价的学者,他在《国投瑞银瑞福分级基金项目投资价值分析报告》中,首次引入期权模型对瑞福进取份额中的隐含期权进行定价。朱宏春(2011)利用汉森模型对期权定价方法进行了优化,允许分级基金实际波动率不是常数,但受模型准确性、市场非有效、封闭式基金折价等因素影响,定价与实际价格仍有一定差距。靳永攀(2014)以国投瑞银瑞福、沪深300和兴业合润为样本证实了利用B-S模型进行定价的准确性。甄君倩(2014)将分级基金分为定期折算与不定期折算两大类:对于不定期折算的分级基金,采用障碍期权进行定价;对于定期折算分级基金,依旧采用传统B-S模型进行定价。

在B-S期权定价法的基础上,国内学者还利用蒙特卡洛法进行模拟。马亦舟(2012)运用蒙特卡洛方法进行模拟定价后发现蒙特卡洛法对于分级B有更好的拟合效果。杨倩君(2014)对比了B-S期权定价法、蒙特卡洛法与二叉树定价法,以金鹰中证500、万家添利分级债券、富国天盈分级债券三个分级基金为样本,最后发现B-S期权定价模型和二叉树定价模型拟合效果较好的特点,推荐用B-S期权定价模型来对T+1日分级基金进行定价。

此外,学者们还认为流动性、波动率、配对转换机制对定价结果有着重要的影响。光华等(2009)利用偏微分方程与Heviside函数得出分级基金的定价模型,表明分级基金的定价主要受基金预期波动率的影响。孙宏钧(2013)则提出流动性因素也会影响定价。他通过"华商中证500A暴涨"实例分析发现,分级基金各份额的定价存在着制约关系,除了传统的定价模型外,当分级 B 份额流动性不足而出现大量卖单时,分级 A 的定价会受配对转换机制及套利行为的影响而提高。赵贵珺(2014)利用 Heston 模型修正了定价模型,并通过实证证实定价效率得到有效提高。

2.折溢价相关研究

国内学者的研究主要集中在分级 B 的溢价上,对分级 A 与母基金则关注较少,他们认为分级 B 普遍存在溢价情况,而溢价的影响因素主要有交易量、分级 A 的隐含收益率等。

有的学者认为分级 B 溢价主要受市场因素影响,如交易量、波动率、收益率等。黄瑜琴(2012)发现溢价主要来自分级 B 份额,并通过分析发现分级 B 溢价与时间、交易量等因素有关。王秋君(2014)在黄瑜琴(2012)的基础上做了细化,认为分级 B 溢价率与沪深 300 收益率及波动率负相关,与分级 B 成交量正相关。

也有学者认为溢价受产品本身的特征影响,如杠杆、产品隐含收益率、流动性、向下折算机制等。单开佳(2010)认为配对转换机制会滋生套利行为,从而缓解分级基金折溢价的情况。马刚(2014)则认为分级 B 的折溢价率更多地受分级 A 隐含收益率的影响。苟莹(2015)通过面板数据,发现大盘指数、向下到点折算距离、实际杠杆、产品流动性等产品因素都会对分级基金折溢价率产生重大影响。

3.套利相关研究

国内学者主要将分级基金套利分为四种:配对转换套利、股指期货对冲套利、构造组合套利、折算套利(在有些文献中也被称为事件套利);也有学者将数量统计的方法与其他三种套利策略进行结合,并称之为统计套利,但其套利原理的本质未变。配对转换套利主要基于母子基金存在折溢价的现状,通过合并与拆分进行套利;股指期货对冲套利则主要基于分级 B 存在均值回归的特点,从而构建分级 B 与股指期货组合对冲套利,其本质是期限统计套利;构造组合套利主要指利用变量均值回归的特性,根据组合间的价差进行套利;折算套利是利用分级基金的上折下折条款进行套利。此外,还有一些非常规的套利方法如蒙特卡洛模拟套利法等,但并未得到广泛应用。

最初的研究主要集中在配对转换套利研究上,配对转换套利是指利用子基金合并成母基金,或将母基金拆分成子基金,利用折溢价从中套利,分为合并套利和分拆套利两种。曹建海(2010)是较早进行这方面研究的学者,他首次以银华锐进分级基金为套利对象,在考虑交易费用及流动性风险后进行配对转换套利模拟并获得了不错的收益。张良财(2011)进行了合并套利与拆分套利的模拟。在拆分套利中,选取银华深证100、银华稳健、银华锐进进行模拟分析并取得1.25%的无风险收益;在合并套利中,选取瑞和300、瑞和小康、瑞和远见进行模拟套利获得3.92%的收益率,并给出于基金净值平稳期操作与投入大额资金套利的两大建议。李敬端(2012)认为在良好的市场环境下,分级B份额长期处于溢价状态,使得溢价套利成为可能,并以银华深证100、国联安双禧100为例论证配对转换套利的可行性,但仅获得1%—3%的收益,风险较高。

在配对转换套利中,套利时点的确定始终是一个难题。代景霞(2012)最早提出信号点的分析,但在信号点的确定上并未模型化,存在一定主观性。吴坤轩(2014)在前人的基础上进行优化,不仅通过回测与敏感性分析来确定套利信号点,给出了最优溢价套利区间为1.3%—1.5%、折价区间阈值为-1.2%—-1%的结论;还将套利过程中可能存在的冲击成本与等待成本进行系统分析,提出将投资时间平均分割化投资的策略;朱勉文(2015)也通过设置套利信号点对套利策略进行了优化,并发现影响单向配对套利成功的两个因素:折溢价率、母基金净值变动。后期研究的更新主要集中在套利信号点确定的模型化上,郭若冰(2016),使用非线性神经网络模式做套利预测,并结合两日收益率、过去5日波动率、分级B换手率、仓位、折溢价率等指标对套利策略进行优化。

股指期货对冲套利研究主要基于部分分级基金母基金在股指期货市场有对应标的,它们的价差有高度相关性与波动性,从中衍生出套利策略。目前关于股指期货对冲套利的研究主要有两种:一是构造分级B与期指期货的组合进行套利;二是在折溢价套利中结合估值期货组合进行套利。蒋文菁(2013)是国内最早进行股指期货与分级B套利研究的学者,他认为股指期货套利本质源于分级 B 的溢价具有均值回复特性,提出在分级 B 溢价率处于高点时,做空分级基金买入股指期货,待到溢价率回归时再还券平仓的投资策略,并通过实证验证了套利策略的可行性。美中不足的是,目前我国不存在分级 B 的做空机制,分级 B 溢价时的对冲套利策略缺乏一定的现实价值。股指期货套利策略后期的发展主要在与高频交易的结合上,祝锦波(2015)构建分级 B 与沪深 300 股指期货高相关性组合,通过 1 分钟高频交易数据进行统计套利分析并取得良好收益。吴坤轩(2014)则将股指期货对冲套利与折溢价套利结合在一起,利用股指期货锁定 T 日价格波动,并通过实证获得约 6% 的收益。

与折算套利(事件套利)相关的文献研究较少,更多的是基于发生折算过的案例进行分析,但学者们在案例中发现通过折算套利得到的收益普遍较高。马子舜(2015)提出折算套利的说法,认为投资者可通过预判分级基金向下(上)折算的时机,买入与母基金跟踪标的相同的指数套利,并比较折算套利与配对转换套利的收益,发现显著优于配对转换套利。但他只对折算套利中 $t-5$ 日买入、$t+5$ 日卖出策略的收益进行了简单分析,但并未对最优买入卖出点进行精确判断。杨俊帆(2016)也对折算套利中套利空间的存在进行了实例研究,但未将其模型化并进行实证分析。

构造组合套利主要是指在分级 A 之间、分级 B 之间和不同的分级母基金之间寻找相关性极高的组合,利用变量溢价均值回归的特性,根据组合间的价差进行套利。朱勉文(2015)构造了分级 B 组合轮动套利策略。杨俊帆(2016)通过构造分级 A 组合进行套利,利用相关性极高的分级 A 间价差的相关性,在价差偏离达一定程度时,通过卖出高价的分级 A,买入低价的分级 A 构建新组合并从中获利。

此外,还有一些非常规的套利策略方法,如模拟未来价格并根据价差判断买入时机从中套利:李琛(2016)采用蒙特卡洛模拟方法,对未来分级 A、B 的价格进行蒙特卡洛模拟预估,认为蒙特卡洛的模拟价格能为套利者买入卖出决策提供信号,给出当交易价格低于蒙特卡洛模拟价格一定幅度时买入建仓,并在交易价格高于模拟价格时卖出平仓的策略。

三、研究内容、思路和方法

(一)研究内容

本部分的研究对象是分级基金套利策略,基于其目前主要的四种形式:配对转换套利、股指期货对冲套利、折算套利、组合套利,本章展开相应的模型设计,并对不定期折算套利策略进行实证分析。

(二)研究思路

首先,对分级基金进行概述,介绍其定义、发展历史、结构和基本要素;其次,就分级基金主要的四种套利策略做套利空间分析与模型策略设计,并选取其中一种,将157只分级基金对象代入进行实证检验,最后证实不定期折算套利策略的可行性。

(三)研究方法

第一,通过文献搜索、纸质资料查询、Wind金融终端的使用,分析和归纳分级基金套利的基本内容、结构与相应机制;通过模型构建的方法,搭建分级基金套利的相应模型。

第二,通过逐个查找的方法,从每只分级基金历史K线图、详细净值变动数据中寻找其上折下折点与前后多种数据。

第三,通过Excel建模方法对大量数据进行套利分析与收益测算,从中寻找最佳的套利策略,减少人工计算的难度。

第四,通过定量研究和定性研究法,结合t检验、J-B检验、回测等方法,对分级基金套利策略做综合性的评判。

四、创新点

本章的创新点主要在不定期折算套利策略模型的设计上。目前关于折溢价套利、股指期货对冲套利的文献研究相对较多,但对不定期折算套利策略的文献研究极少,本章基于分级基金结构特征,设计出不定期折算的上折套利模型和下折套利模型,并通过实证分析证实了收益的可行性,具有较大现实价值。

第二节　分级基金概述

一、分级基金发展历史

(一)分级基金国外发展历史

1.英国分级基金发展历程

1965年5月,英国发行了第一只分割式资本投资信托(即分级基金)Dualvest,它将资本构成分为900万份收入份额和200万份资本份额,Dualvest的募集拉开了分级基金发展的序幕;分级基金的结构化设计深受投资者喜爱,1966年英国陆续发行7只分级基金,而一些分级基金资本份额价格也从10便士升至30便士,溢价率极高。20世纪60年代末,英国分级基金占整个基金市场的份额逐步提升至10%。

然而事情的发展并非一帆风顺。1979年,英国进行税制改革,将收入税率调低至30%,这导致了资本份额(优先级)收益的相对缩窄,分级基金也进入了短暂萧条期。1987年,英国为规避监管推出"类分级基金",将优先级份额以类似零息债券的形式发行,因为稳健份额不再提供固定收益,从而成功起到了避税的效果。

1990年后,英国分级基金发展进入黄金时期,随着金融创新的发展,投资者将更多的金融产品纳入分级基金的份额中。90年代中期,分级基金开始大量将银行贷款纳入其分级份额中,其子份额也从二级扩大到三级甚至四级,以Cartmore三级分级基金为例,其子基金构成为:12.5%的零息稳健份额、40%的银行贷款、47.5%的普通份额。银行贷款的纳入使分级基金杠杆率和风险大幅增加。1999—2001年,英国进入分级基金发行高峰期,共发行续期及新型产品80多只。

2001年,英国科技股泡沫破裂,资本市场的巨幅动荡导致分级基金估值出现下跌,部分分级基金由于无法偿付银行贷款而被迫破产清算,随后稳健份额停止分红,价格不断下跌,普通份额也未能兑现预期收益。受金融体系"风险传染"机制的影响,英国分级基金市场经营惨淡,许多产品被迫终止运营,规模也出现大幅缩减。据相关机构统计,截至2002年底,英国140只分割投资信托中,有39只产品终止交易或规模跌至30%以下,整个分级基金市场规模缩减至20亿英镑,缩小了80%。随后,英国金融服务局加大了对分级产品的监管,提出了更多的控制条件并要求对相应投资者做出赔偿,英国分级基金也由自由发展转入长期的从严监管状态。

2.分级基金在美国的发展

20世纪80年代,美国引入分级基金,ASSC信托公司发行5年期分级基金产品——股利收益证券和股价上涨收益证券。随后,这种分级基金产品受到了美国大公司的喜爱,1985—1986年,多家美国大型公司如默克公司、美国家庭用品公司等委托ASSC信托公司发行分级信托基金产品。

与英国相似,美国也在分级基金发行不久后进入寒冬期。1986年,美国税务局出台新的财政法规,明确指出信托基金应以纳税法人身份双重纳税,受税收政策影响,分级信托基金市场开始走向萧条。截至1987年,美国一共发行27只此类别的分级信托基金。

20世纪90年代后,金融创新的不断出现打破了分级基金短暂萧条的局面,杠杆型封闭式基金开始在美国快速发展。杠杆型封闭式基金主要通过稳健份额获取杠杆,并将普通份额、稳健份额的资本合并,投资于高收益证券产品从中获利。起初美国采用独立代理人拍卖制度,以发行拍卖市场优先股(ARPS)的形式将其售出以获取杠杆,截至2007年,美国通过拍卖市场共发行优先股333亿美元,占封闭式基金总资产的68%;随后受金融危机等因素的影响,优先股流动性出现不足,美国封闭式基金又开始采用发行债券的形式来补充优先级份额并获取杠杆。多样化的稳健份额获取方式加快了杠杆型封闭式基金的发展,截至2011年4月,美国660只封闭式基金中仍有447只为杠杆基金,占比高达67.7%。

英式分级基金与美式分级基金的差异主要在于稳健份额的融资来源。英国主要采用契约制形式,通过签订信托契约进行结构化分级,并将损益在不同份额间匹配;美式分级基金则主要采用公司制形式,通过发行债券或募集优先股获得优先级份额融资,并将其结构化进行收益分配。

(二)分级基金国内发展历史

我国分级基金市场经历了"引入—发展—繁荣—稳定"的过程。2007年7月17日,我国第一只分级基金——国投瑞银瑞福分级基金诞生,它是半封闭式分级基金,其中分级B封闭上市交易,而分级A不上市,其首次募集份额就超过了60亿份,在创立之初深受市场和投资者的认可;2009年5月,国投瑞银基金公司推出了首只以指数为标的的开放式分级基金——瑞和沪深300分级基金;2010年9月,我国第一只债券型分级基金——富国汇利分级债券基金成立。但在创立之初的前几年,其整体市值并不大,成交量与总份额也较为低迷。

在经历了一段低迷平稳的态势后,我国分级基金于2011年后开始逐步繁荣起来。2011—2013年,我国分别有19只、32只、38只分级基金成立;2014年末,沪深股市转暖,分级基金也迎来新的爆发点,其A类份额从2014年末的约200亿份跃升至2015年中期的1600亿份,其市值也在短短的半年内攀升了近10倍。

2015年6月,受A股大跌影响,分级基金市场规模也经历了大跌,从年中的5152亿元跌至2015年末的2548亿元;随后A股陷入持续低迷,投资者对分级基金持较为谨慎的观望态度。截至2016年底,国内市场可套利分级基金总数达157只,其中A类总规模约700亿元,B类总规模约500亿元,合计市场份额约1200亿元(如图5-1所示)。

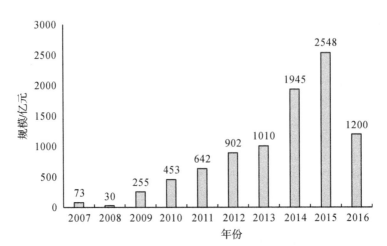

图5-1　2007—2016年我国分级基金市场规模

二、分级基金定义

分级基金又称结构型基金,是指通过对母基金收益的分解,形成不同风险的两类份额,并将其中一类份额或两类份额上市进行交易的结构化证券投资基金。

分级基金有多种分类方式,根据投资标的的不同,分级基金可分为股票型和债券型两大类。其中股票型分为股票被动型与股票主动型;债券型分为债券混合型和债券纯债型。截至2017年3月,我国分级基金市场上共有股票型基金130只,其中股票被动型128只、股票主动型2只;债券型基金27只,其中债券混合型12只、债券纯债型15只(见表5-1)。

表5-1　2017年我国分级基金按投资标的的分类情况

分级基金分类		数量/只	示例
股票型	股票被动型	128	南方中证互联网、招商沪深300地产等
	股票主动型	2	南方新兴消费增长、建信双利策略主题
债券型	债券混合型	12	鹏华丰信分级、天弘瑞利分级等
	债券纯债型	15	信诚新双盈、银华中证转债等

注:数据来自Wind金融终端。

根据运作方式的不同,分级基金也可分为封闭式、半封闭式、开放式三种(见表5-2)。封闭式分级基金在发行结束后会设立封闭期,在此期间不接受投资者的申购与赎回,封闭期结束后转为开放式基金或普通的LOF基金,封闭式基金的代表主要有长盛同庆等。开放式分级基金在运作期内,母基金可以接受投资者内外申购赎回,但不允许上市交易,而分级A与分级B则可以上市交易。由于开放式分级基金的母基金可申购赎回,且子基金份额可以通过配对转换机制合并成母基金,使得开放式分级基金份额与规模可以有所变化,目前市面上的分级基金主要采用这种形式,如银华深证100等。半封闭式分级基金多为债券型证券投资基金,其主要特点是分级B份额封闭上市交易;分级A份额则每隔3—6个月开放定期申赎,不上市交易。通过采取这种形式,分级A份额类似可与理财产品竞争,而分级B份额的杠杆系数及收益也因分级A份额的可变性存在不确定性。半封闭式分级基金数量相对较少,主要有天弘添利等。

表5-2 按运作方式分类的分级基金

分级基金分类	示例	主要特点
封闭式分级基金	长盛同庆	以主动管理型为主;封闭期间不可申购赎回,子份额二级市场买卖;封闭期结束后转LOF基金或转开放式基金
半封闭式分级基金	天弘添利	以债券型为主;分级A定期(3—6个月)申购赎回;分级B封闭上市交易
开放式分级基金	银华深证100	以股票被动型与债券混合型为主;母基金可申购赎回;子份额可上市交易

三、分级基金的基本要素

(一)结构特征

分级基金由母基金、分级A(稳健份额)、分级B(进取份额)等三部分组成。其中母基金由基金公司发行,可通过代销、直销等渠道申购赎回,并通过拆分成分级A、分级B后于二级市场进行买卖;分级基金A,又称稳健份额,享受稳健收益,其利率一般为同期银行存款利率加固定的百分比,适合低风险偏好投资者;分级基金B,又称进取份额,在抵补A份额收益后享有剩余收益,并拥有杠杆效应,适合风险偏好较高的投资者。

(二)净值机制

净值,又称"账面价值",分级基金净值分为三部分:母基金净值、分级A净值与分级B净值。

1.母基金净值

母基金净值主要由基金资产总净值与份数决定,公式为

$$母基金净值 = \frac{NAV}{N} \tag{5-1}$$

式中,NAV表示基金资产总净值,N表示基金总份数。

2.分级A净值

分级A享有稳健收益,其净值可以事先确定,公式为

$$分级A净值 = 1 + \frac{rt}{365} \tag{5-2}$$

式中,r为分级A条款中的约定收益率,t为分级A自发行至今所经历的天数。

3.分级B净值

分级B享有剩余收益,且由于配对转换机制的存在(配对转换机制将在后面介绍),其净值受母基金净值、分级A净值制约,分级B净值公式为

$$分级B净值 = \frac{(M+N)}{N} \times 母基金净值 - \left(\frac{M}{N}\right) \times 分级A净值 \tag{5-3}$$

式中,M、N表示每份母基金拆分成分级A、B时各自的数量值。

以鹏华资源分级基金为例,其M与N之比为1:1,其中分级A享有6%的约定收益率,分级B在扣除A收益后享有剩余收益,其净值机制如图5-2所示。

(三)价格机制

分级基金的价格机制主要由供求关系、内涵收益率、配对转换机制等多个因素共同决定。由于分级A份额本质是永续浮息债,故其定价类似于债券,是

由分级 A 的约定收益率(分子,类似债券定价中的息票率)与内涵收益率(分母,类似债券定价的贴现率)共同决定的,受配对转换机制的影响,当分级 A 价格确定后,分级 B 合理价格也可以确定。

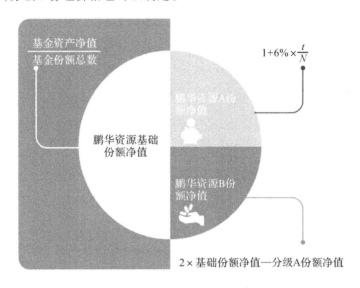

图 5-2　分级基金净值机制

具体而言,分级基金价格机制具有如下特征。

1.价格机制适用对象

由于仅分级基金子份额能在场内交易,母基金份额只能进行申购赎回或合并拆分,所以分级基金价格机制是相对于子份额而言的,母基金份额只拥有净值。

2.分级 A 价格机制

类似于债券定价,分级 A 的价格主要受市场内涵收益率与约定收益率的影响,内涵收益率是使分级 A 价格等于未来现金流现值的收益率。目前市场平均内涵收益率主要在5%至6%之间。

3.分级 B 价格机制

分级 B 的价格主要受分级 A 价格的影响,当分级 A 价格上升时,受配对转换机制的影响,投资者会买入母基金拆分套利,使得分级 B 价格下降。

分级 A、B 价格还受到供求关系的影响,当供给大于需求时,价格下降;供给小于需求时,价格上升。

(四)杠杆机制

分级基金杠杆机制主要指分级 B 持有人能以较少资金获得较大投资额,从而放大收益和风险的机制。杠杆机制主要源于其结构化设计,通过结构化设计条款,分级 B 持有人承诺给予分级 A 持有人约定收益率,从而"借用"分级 A 持有人的资金以获得大于自身资金的投资与回报,收益或损失放大的倍数即为杠杆系数。对分级基金而言,杠杆主要有初始杠杆和净值杠杆两种。

1.初始杠杆

初始杠杆是指首次募集时分级基金所对应的杠杆,其值计算公式为

$$\rho_{初期杠杆} = \frac{N_A + N_B}{N_B} \qquad (5-4)$$

式中,N_A 表示分级 A 配比数,N_B 表示分级 B 配比数。

以银华深证 100 为例,每 10 份母基金可自动拆分成 5 份银华稳进和 5 份银华锐进,则其初始杠杆为 10/5=2。对于市场上现存的股票型分级基金,其杠杆率通常为 2,这主要是受到《分级基金产品审核指引》规定"股票型分级基金初始杠杆倍数不超过 2 倍"的影响;大多数债券型分级基金市场的杠杆率为 3.33,仅有嘉实多利分级杠杆率为 5。

2.净值杠杆

净值杠杆是母基金总净值与分级 B 总净值的比例。

$$\begin{aligned} \rho_{净值杠杆} &= \frac{母基金份额 + 母基金净值}{分级B份额 + 分级B净值} \\ &= \rho_{初期杠杆} \times \frac{母基金净值}{分级B净值} \end{aligned} \qquad (2-5)$$

由于初始杠杆决定了分级基金合并拆分比例,使得净值杠杆可表示分级 B 净值涨跌幅。以净值杠杆倍数 2 为例,当母基金净值上涨 1% 时,分级 B 净值的上涨幅度是 2%。

（五）折算机制

分级基金的折算机制是指在一定条件下，将分级基金净值调整为初始值1的机制。分级基金折算机制有定期折算机制与不定期折算机制两种，折算机制的存在使分级基金杠杆保持平衡，避免出现过高或过低的情况。

1.定期折算机制

定期折算，是指在基金合同的每个约定日，对分级基金份额进行归1计算，超出1的部分以母基金份额形式返还给投资者。定期折算的意义在于保证"约定收益"的实现，由于稳健份额的收益可按等额原则转换成场内母基金份额，而投资者可以赎回母基金份额从而实现约定收益。目前市场上定期折算机制主要为三类份额归1的形式，即在合同约定日期，视情况对分级基金的基础份额、稳健份额和进取份额在保持总净资产规模不变时均调整成净值为1，多余或者缺少的同比例增加或缩减并入基础份额。

2.不定期折算机制

不定期折算，也称到点折算，分为向上折算和向下折算两种。不同于定期折算，不定期折算的意义在于防止杠杆率出现过高或过低的情况，以控制分级基金风险并保护投资者利益。

向上折算机制是指当母基金净值超过上折阈值时，母、子基金份额净值全部归1，多余的份额以母基金形式返还给投资者。它防止了分级B杠杆率出现过低的情况，从而保证了进取份额的投资吸引力。

向下折算机制是指当分级B份额净值下跌至阈值时，母、子基金份额净值全部归1，且折算前后分级A、B份额的比例保持初始比例不变。它防止了分级B杠杆率出现过高的情况，从而保证了分级A持有人的利益。

（六）配对转换机制

配对转换机制是针对开放式分级基金而言的，指的是将基础份额拆分成稳健份额与进取份额，或将稳健份额与进取份额合并成基础份额的机制。

具体而言，合并主要指场内份额持有人将其所持有的稳健份额和进取份额按照两类份额的份额配比合并成基础基金份额的行为。拆分则分为场内份额拆分与场外份额拆分:场内基础份额拆分主要是指场内份额持有人将其持有的基础基金份额按照两类份额的约定比例,拆分成稳健份额和进取份额的行为;场外基础份额拆分则需要先通过跨系统转托管的方式,将场外基础份额转为场内基础份额,然后再进行拆分操作(如图5-3所示)。

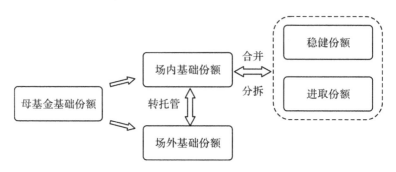

图 5-3 配对转换机制示意

合并操作需要花费2个工作日,其具体操作流程是:T日在二级市场上按比例买入一定数量的A、B份额;$T+1$日申请合并,并在当天交易所清算完毕后获得母基金;$T+2$日母基金份额到达投资者的账户。拆分操作则需要花费3个工作日,其具体操作流程是:T日,申购一定数量的母基金份额,当日母基金的净值为成交价;$T+1$日,母基金到账;$T+2$日,申请将到账的母基金份额以$M:N$的比例拆分成A、B份额;$T+3$日,拆分成功,拆分后的A、B份额到达投资者的账户。

第三节 分级基金套利策略模型设计

目前分级基金套利策略主要有不定期折算套利、配对转换套利、股指期货对冲套利、组合套利四种。其中不定期折算套利分为上折套利、下折套利两种;配对转换套利分为折价套利、溢价套利及同时持有母子基金的转换套利三种;股指期货对冲套利主要有股指期货与分级A套利、股指期货与分级B套利、股指期货与配对转换套利结合三种;组合套利主要有分级A组合、分级B

组合、不同的分级基金之间组合套利三种模式。在这四种主要的套利策略研究中,不定期折算套利策略模型未被提及,且现有研究仅集中在不定期折算机制上,而其他三种套利策略则相对成熟(如图5-4所示)。

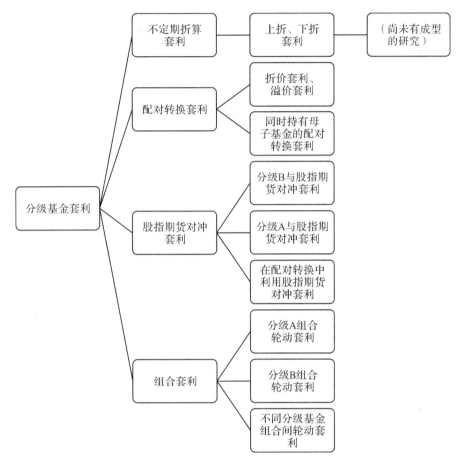

图5-4 分级基金套利策略

在这四种套利策略中,都可能存在套利空间,具体受以下几个因素的影响:一是供求关系。受供求关系的影响,分级基金的价格和基金净值会存在偏离,价差的存在是分级基金套利的前提。二是不定期折算机制。分级基金不定期折算条款的存在,使得分级基金向下折算时,分级A份额持有人的折价收益兑现存在可能;也使得当分级基金向上折算时,分级B份额持有人能实现相应的溢价收益。三是配对转换机制。分级基金存在配对转换机制,这为高折溢价率情况下套利收益的实现提供了可能。四是部分基础份额与股指期货具有高度相关性。部分基础份额追踪的指数(如银华中证500)在股指期货市场存在对应标的,而分级B溢价具有均值回复的特性,这为股指期货对冲套利提供了可能。五是价差收敛机制。在高相关性的分级基金组合中,由于其追踪的指数一致或极为相似,而价格波动会随着供需的变化而变化,在其价差偏离一定程度时,价差收敛机制为组合套利提供了可能。

一、不定期折算套利策略

(一)套利空间浅析

不定期折算套利,也称事件套利,分级基金的不定期折算套利分为上折套利和下折套利两种,上折套利与下折套利均存在套利空间,具体分析如下。

1.上折套利空间

上折套利存在套利空间:①在上折来临前,母基金净值逐步逼近上折阈值,投资者预计有利可图会加大对分级B的购买,使分级B价格出现上涨的趋势;②在上折发生后,各份额回归初始净值1,分级A价格往往会下跌回归至内在价值,而分级B价格往往会继续上涨;③投资者因在上折事件中提前以低价买入分级B,在上折事件发生后高价卖出配对转换后的份额,从中获取套利。

2.下折套利空间

下折套利存在套利空间:①在下折来临前,分级B价格逐渐逼近下折阈值,而分级A往往出现折价的情况,随着下折日的逼近,分级A价格逐渐回升;②在下折发生后,分级A、分级B回归净值;③投资者因于较早日以低价买入持有分级A,并在回归净值时将其与获得的母基金部分择时卖出,因此可获取折价部分收益。

(二)套利策略构建

不定期折算套利模型分为向上折算套利模型与向下折算套利模型两种。在介绍不定期折算套利模型前,先介绍一下向上折算与向下折算的规则,以下是规则示例。

向上折算的例子:投资者持有10000份B份额,净值为1.58元。当母基金触发上折阈值时,母子份额均进行归1计算。投资者变为持有10000份B份额,净值为1元,同时获得了5800份母基金,净值为1元;上折前后投资者持有的分级基金总净值未变,同时B份额杠杆=(1+1)/1=2。

向下折算的例子:投资者持有10000份A份额,净值为1.028元,此时B份额净值为0.206元。当分级B触发下折阈值时,母子份额均进行归一计算,且保证A、B份额比例不变。触发后,投资者变为持有2060份A份额(因为A、B份额比例要保持不变,而A、B份额的初始比例为1:1,所以A份额=B份额=2060),净值为1元,同时获得了10280-2060=8220份母基金,净值为1元。

1.上折套利模型

(1)当上折后分级基金溢价率低于临界溢价率时,由于溢价率低于临界值,投资者认为不应进行拆分操作,其上折不拆分套利策略如下。

① $t-j$ 日,投资者买入分级B,以待在上折日后获利,投资者买入B份额的成本为

$$C = P(B)_{t-j} \times N + F_1 \qquad (5-6)$$

② t 日,分级B发生上折,折算后投资者拥有的母、子份额数量分别为

$$N_母 = (\mathrm{NAV}_B - 1) \times N \qquad (5-7)$$

$$N_B = N \qquad (5-8)$$

③ $t+i$ 日,投资者择时卖出分级B与母基金,获取的收益为

$$Z = P(B)_{t+i} \times N_B + \mathrm{NAV}_{t+i} \times N_母 - F_2 \qquad (5-9)$$

④ $t+i$ 日投资者的总收益为

$$Y_1 = Z - C \qquad (5-10)$$

式中, Y_1 为上折收益; $P(B)_{t+i}$ 为上折日 i 天后B份额的价格; NAV_{t+i} 为上折日 i 天后母基金的净值; NAV_B 表示折算前B份额的净值; $P(B)_{t-j}$ 为上折日前 j 天买入B份额的成本; N 表示最初买入分级B的数量; Z 表示卖出金额; C 表示买入成本; F_1、F_2 为上折交易中所花费的交易成本,通常为交易额的0.5%。

（2）当上折后分级基金率高于临界溢价率时，由于溢价率高于临界值，投资者认为在上折后应进行拆分并择时卖出，以获取更大收益。其上折拆分套利策略如下。

① $t-j$ 日，买入 B 份额，成本为

$$C = P(B)_{t-j} \times N + F_1 \qquad (5-11)$$

② t 日，发生折算，由于分级基金溢价率高于临界值，预计拆分可从中获利，投资者进行拆分操作。$t+3$ 日，投资者于拆分后拥有的 A、B 份额数量分别为

$$N_B = \left[(NAV_B - 1) \times \frac{1}{\rho_{初始杠杆}} \right] \times N + N \qquad (5-12)$$

$$N_A = (NAV_B - 1) \times \left(1 - \frac{1}{\rho_{初始杠杆}} \right) \times N \qquad (5-13)$$

③ $t+i$ 日，投资者将分级 A、B 择时卖出，获取收益为

$$Z = P(B)_{t+i} \times N_B + P(A)_{t+i} \times N_A - F_2 \qquad (5-14)$$

④ $t+i$ 日，投资者总收益为

$$Y_1 = Z - C \qquad (5-15)$$

式中，$\rho_{初始杠杆}$ 表示分级基金成立时的初始杠杆；$P(A)_{t+i}$ 表示 $t+i$ 日 A 份额价格；其余字符已在前面说明，不再赘述。

总的来说，上折套利模型如图 5-5 所示。

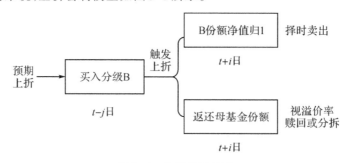

图 5-5　上折套利模型

2.下折套利模型

（1）当下折后分级基金溢价率低于临界溢价率时，投资者采取直接持有母基金的方式，择时卖出母基金和A份额，此时下折套利策略如下。

①$t-j$日，买入A份额，成本为

$$C = P(A)_{t-j} \times N + F_1 \tag{5-16}$$

②t日，发生折算，不同于上折模型，由于分级基金下折会导致B份额数量缩减，而分级基金内在机制要求A、B份额杠杆比例应保持一致，故A份额应按相对杠杆比例缩减为对应的数额，折算后A份额与母基金份额数量分别为

$$N_A = B份额 \times \frac{A份额初始比例}{B份额初始比例} = N \times NAV_B \times (\rho_{初始杠杆} - 1) \tag{5-17}$$

$$N_母 = N \times NAV_A - N_A \tag{5-18}$$

③$t+i$日，卖出母基金与分级A的金额为

$$Z = NAV_{t+i} \times N_母 + P(A)_{t+i} \times N_A - F_2 \tag{5-19}$$

④$t+i$日，总收益为

$$Y_2 = Z - C \tag{5-20}$$

式中，Y_2表示下折收益，其余相关字符已在前面说明，不再赘述。

（2）当下折后分级基金溢价率高于临界值时，投资者采取拆分分级A、B的方式并择时卖出，此时下折套利策略如下。

①$t-j$日，买入A份额，成本为

$$C = P(A)_{t-j} \times N + F_1 \tag{5-21}$$

②t日，折算时，由于溢价率水平较高，投资者进行拆分并从中获利，折算后A、B份额的数量分别为

$N_A = $ 折算部分 + 母基金拆分部分

$$= \left\{ NAV_B \times (\rho_{初始杠杆} - 1) + \left[NAV_A - NAB_B \times (\rho_{初始杠杆} - 1) \right] \times \left(1 - \frac{1}{\rho_{初始杠杆}} \right) \right\} \times N \tag{5-22}$$

$N_B = $ 折算部分 + 母基金拆分部分

$$= \left\{ NAV_B + \left[NAV_A - NAB_B \times (\rho_{初始杠杆} - 1) \right] \times \left(1 - \frac{1}{\rho_{初始杠杆}} \right) \right\} \times N \tag{5-23}$$

③$t+i$日,投资者将分级A、B择时卖出,获取收益为

$$Z = P(B)_{t+i} \times P(A)_{t+i} \times N_A - F_2 \qquad (5-24)$$

④$t+i$日,总收益为

$$Y_2 = Z - C \qquad (5-25)$$

总体来说,下折套利模型如图5-6所示。

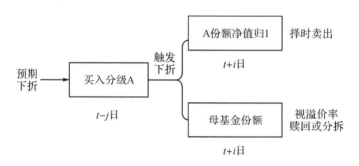

图5-6 下折套利模型示意

二、配对转换套利策略

(一)套利空间浅析

配对转换套利主要通过母基金净值与分级A、B份额之间的价差进行套利,是分级基金套利常用的形式。配对转换套利有单向配对转换套利与双向配对转换套利两种。其中,双向套利指同时持有母、子基金的套利形式,由于双向配对转换套利需要投资者始终持有一定数量的母、子基金份额,这会限制投资者的资金流动,在实际操作中具有一定局限性,因此本章仅讨论常见的单向配对转换套利。对于单向配对转换套利,有合并套利和拆分套利两种。

配对转换套利存在套利空间,主要是因为配对转换机制的存在,使得子基金可以按比例合并成母基金,母基金也可以按比例拆分成子基金,而当子基金价格之和与母基金净值存在差异时,投资者就可以进行配对转换从中获利。

1.合并套利空间

当分级A、分级B加权价格之和小于母基金净值达到一定程度时,投资者

可申请子份额合并,并于合并完成日申请母基金赎回,从中套利。举例而言:
若 t 日母基金净值为 1.3 元,分级 A 价格为 1.1 元,分级 B 价格为 1.4 元,初始杠
杆为 2,则投资者可以于 t 日买入分级 A、B 并申请合并,假设 $t+2$ 日母基金净值
变为 1.4 元,则投资者可以获得 0.3/2.5=12% 的收益率。

2.拆分套利空间

与合并套利空间类似,拆分套利空间主要指当分级 A、B 加权价格大于母
基金净值时,投资者申请母基金拆分并卖出分级 A、B 从中套利。举例而言:若
t 日母基金净值为 1.25 元,分级 A 价格为 1.2 元,分级 B 价格为 1.4 元,初始杠杆
为 2,投资者可于 t 日买入母基金申请拆分,假设 $t+3$ 日分级 A、B 价格涨为 1.3
与 1.5 元,投资者可获得 0.3/2.5=12% 的收益率。

(二)套利策略构建

1.合并套利

假设 K 份母基金可以分拆成 M 份分级 A 与 N 份分级 B,t 日,当投资者发现
分级 A、B 加权价格之和小于母基金净值达一定程度时,投资者将买入 M 份分
级 A 与 N 份分级 B,并于 $t+2$ 日后申请合并赎回母基金。套利如下。

①t 日,买入,成本为

$$C = M \times P(A)_t + N \times P(B)_t + F_1 \qquad (5-26)$$

②$t+2$ 日,赎回收入为

$$Z = K \times \mathrm{NAV}_{t+2} - F_2 \qquad (5-27)$$

③合并套利,收益为

$$Y_3 = Z - C \qquad (5-28)$$

式中,F_1、F_2 表示买入与卖出过程中的交易成本,NAV_{t+2} 表示 $t+2$ 日后母基金
净值。

总的来说,合并套利模型如图 5-7 所示。

2.拆分套利

此处采用合并套利模型中相同的母基金,当 t 日分级 A、B 加权价格之和大
于母基金净值达一定程度时,投资者将申购 K 份母基金,并于 $t+3$ 日后卖出获

利。套利策略如下。

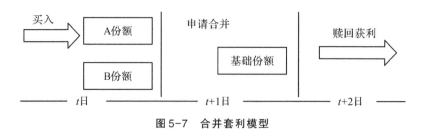

图5-7 合并套利模型

①t日,买入,成本为

$$C = K \times \mathrm{NAV}_t + F_1 \tag{5-29}$$

②$t+3$日,卖出,收入为

$$Z = M \times P(A)_{t+3} + N \times P(B)_{t+3} - F_2 \tag{5-30}$$

③拆分套利,收益为

$$Y_4 = Z - C \tag{5-31}$$

总体来说,拆分套利模型如图5-8所示。

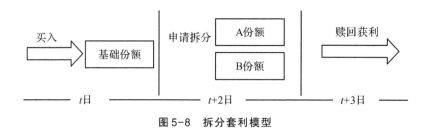

图5-8 拆分套利模型

三、股指期货对冲套利策略

(一)套利空间浅析

股指期货对冲套利主要有股指期货与分级A、分级B对冲套利,以及股指期货与配对转换套利结合三种形式。对分级A而言,由于其价格波动变化不大,故股指期货与分级A套利的机会并不多;而对分级B而言,由于分级B普遍存在溢价现象,当它出现溢价时投资者需要卖空分级B从中套利,但我国市场目前还不具备这种卖空机制。

对于股指期货对冲套利与配对转换套利结合而言,其适用对象主要为在股指期货市场上有相应标的的分级基金。分级基金母基金净值跟踪相应指数变动,如富国沪深300跟踪标的为沪深300指数,而沪深300在期货市场有沪深300股指期货与之对应,两者之间有高度联动性。因此,当投资者进行配对转换套利时,可以结合股指期货锁定t日母基金净值波动的风险,从而稳定套利收益。需要注意的是,股指期货对冲套利仅适用于合并套利,不适用于拆分套利,拆分套利中分级A、B依旧暴露在二级市场的价格变动风险中。股指期货对冲套利的套利空间是存在的,这主要源于配对转换套利中合并套利的套利空间,而股指期货对冲的本质在于锁定合并套利中t日母基金净值波动,合并套利空间已在前文中说明,不再赘述。

(二)套利策略构建

在套利策略上,由于我国还不存在分级基金的卖空机制,故此处主要讨论股指期货与配对转换套利组合的策略模型,而它适用于合并套利。假设K份母基金可以分拆成M份分级A与N份分级B,股指期货对冲套利策略如下。

① t日,买入子基金并卖空股指期货,成本为

$$C = M \times P(A)_t + N \times P(B)_t + F_1 + G_1 \qquad (5\text{-}32)$$

② $t+1$日,子基金申请合并,并于$t+1$日当晚交易所结束清算后获得母基金,母基金于$t+2$日可申请申购赎回,此时赎回母基金并平仓股指期货的收益为

$$Z = K \times \text{NAV}_{t+2} - F_2 + G_2 \qquad (5\text{-}33)$$

③ $t+2$日,进行对冲操作,套利过程总收益为

$$Y_5 = Z - C \qquad (5\text{-}34)$$

式中,F_1、F_2表示买入与卖出过程中的与分级基金有关的交易成本;NAV_{t+2}表示$t+2$日后母基金净值;G_1表示卖空相应份额股指期货的成本;G_2表示平仓股指期货时的收入。需要注意的是,尽管对冲操作的完成时间发生在$t+2$日,但投资者于t日即已卖空股指期货,故母基金净值波动风险实质上于t日已锁定。

四、组合套利策略

(一)套利空间浅析

组合套利主要有分级 A 组合、分级 B 组合、不同的分级基金之间组合三种。组合套利源于配对交易思想,以相关性极高的配对组作为套利对象。根据高相关性资产的价差存在均值回复的特点,当组合价格偏离超过一定幅度时,卖出高价资产买入低价资产从中获利,并在价差收敛时反向操作以赚取差价。

组合套利的套利空间是存在的,主要是因为高相关性资产的价差具有"均值回复"的特点。例如:投资者同时持有 10000 份富国煤炭 A 与 10000 份中融煤炭 A,买入单价分别为 0.95 元和 0.96 元。t 日,中融煤炭 A 忽然溢价至 1.01元,而富国煤炭 A 仅为 0.97 元,投资者选择卖出 10000 份中融煤炭 A 并同比例买入富国煤炭 A,过程中获利 400 元,此时持有富国煤炭 A20000 份;t+j 日后,中融煤炭 A 价格回落至 0.96 元,富国煤炭 A 此时价格也为 0.96 元,投资者进行反向操作,重新持有原始的资产组合,并从中获利 400 元(不考虑交易成本)。

(二)套利策略构建

虽然分级基金组合套利策略的形式有三种,但其本质相同,此处我们仅以分级 A 为例来构建组合套利策略模型。假设分级基金 A_1,A_2 为相关性极高的一对套利组合,则套利策略如下。

① $t-j$ 日,投资者买入 n 份组合,相应成本为

$$C = n \times P(A_1)_{t-j} + n \times P(A_2)_{t-j} + F_1 \qquad (5-35)$$

② t 日,组合 A_1 相对 A_2 的价格出现较高程度的溢价,投资者选择卖出组合 A_1 并买入组合 A_2,此时投资者获得收益

$$Y_t = n \times P(A_1)_T - n \times P(A_2)_T + F_2 \qquad (5-36)$$

③ $t+i$ 日,组合 A_1 的价格相对 A_2 回归至正常区间,此时投资者进行反向操作以平仓获利,投资者的资产回归初始组合。在不考虑组合内资产自身价值

波动的情况下,组合套利过程中投资者的总收益为

$$Y_{t+i} = Y_t + n \times P(A_2)_{t+i} - n \times P(A_1)_{t+i} - F_3 \qquad (5-37)$$

式中,F_1、F_2、F_3分别表示$t-j$日、t日、$t+i$日与发生的交易成本,P表示相关资产价格。

第四节 模型建构与实证分析

一、套利策略选择

由于篇幅有限,本章主要选取其中一种套利策略进行实证分析。目前学术界关于分级基金的套利策略主要有不定期折算套利、配对转换套利、股指期货对冲套利和组合套利四种。首先,关于配对转换套利策略、股指期货对冲套利、组合套利(在有些文献中也被称为统计套利)的文献均有较为详细的研究,特别是配对转换套利与股指期货对冲套利,而关于不定期折算套利的文献则较少。其次,股指期货对冲套利需要在套利日同时卖空或买入相应标的股指期货,投资门槛50万元起,且投资者需要同时拥有投资分级基金与股指期货的资金,这对投资者资金要求较高,散户大多不具备这样的投资能力,适用性不强;此外,股指期货与分级基金对冲套利,在子基金出现溢价时需要相应的子份额卖空机制,而在我国市场尚不具备分级基金卖空机制。再次,组合套利策略的相关研究表明,其套利收益率并不太高。最后,在文献研究中,相关学者发现不定期折算套利收益率较好,高于配对转换套利。鉴于以上几点考虑,本章选用不定期折算套利策略进行实证分析。

二、重要指标确定

除了模型本身外,套利还需考虑一些其他指标,不然会低估或者高估套利结果。为了保障套利策略效果的准确性,我们对可能影响其套利策略的主要指标进行分析。经分析,影响套利机会的指标主要有临界折溢价率、交易成本和冲击成本等。

（一）临界折溢价率

由于不同折溢价率水平会影响套利日是否进行合并拆分的判断,从而对套利收益产生较大的影响,而临界折溢价率水平并不是一个确定性变量,因此需要在实证中将折溢价率作为一个敏感性分析变量,通过设置不同的折溢价率值,获取最优的折溢价率水平。在公式上,折溢价率等于两类子份额加权市场价格与基础份额的净值之差除以基础份额的净值,用符号 R_T 来表示,具体计算公式为

$$R_T = \left| \frac{P_T - B_T}{B_T} \right| \times 100\% \qquad (5-38)$$

$$P_T = \beta_A P_A + \beta_B P_B \qquad (5-39)$$

式中, P_T 指 T 日基金两类份额的加权价格; B_T 指 T 日基础份额净值; β_A 指在执行配对转换过程中,稳健份额（A 份额）所占比例; P_A 指 T 日所对应 A 份额市场价格; β_B 指进取份额（B 份额）所占比例; P_B 指 T 日所对应 B 份额市场价格。

（二）交易成本

交易成本主要有场内佣金费、分级基金申购赎回费、股指期货手续费（对应股指期货对冲套利）等;佣金费主要由印花税、券商交易佣金、过户费与其他费用等组成,这个比例通常为 0.5%,当资金量在百万级以上时,费用率降为 0.03% 左右。在分级基金赎回费方面,其费率通常也在 0.4% 至 0.6% 之间,交易成本的处理将在实证分析中详细阐述。

（三）冲击成本

冲击成本指的是在短期交易策略下高交易量买入卖出行为,使价格大幅上涨或下跌从而偏离均衡价格的程度。2013 年光大证券出现乌龙指事件就是冲击成本最好的示范,当时巨额资金的买入使得近 60 只权重股出现涨停,涨停对应的瞬时成本为 10%,冲击成本的处理将在实证分析中详细阐述。

三、实证分析

(一)套利对象的确定

本章以2013年12月—2017年2月发生上下折事件的分级基金为研究对象,通过研究上下折期间套利前后收益率,确定上下折套利的最佳时间点,并给出套利策略。在研究对象上,分级基金主要有股票型、债券型两种共157只,其中27只债券型分级基金,由于其风险较小收益稳定,没有发现价格大幅波动而引发上折下折阈值的现象,故不纳入讨论范围。本章以130只股票型分级基金为研究对象。

然后对130只股票型分级基金进行逐个筛选,剔除了每年都进行定期折算的分级基金样本和既无上折阈值又无下折阈值的分级基金样本共41只,剩下89只分级基金。各溢价率水平下发生上下折的分级基金数量见表5-3。

表5-3　上折下折套利样本统计

(单位:只)

溢价率临界水平	上折不拆分	上折拆分	下折不拆分	下折拆分
5%	37	2	50	0
4%	35	4	48	2
3%	33	6	47	3
2%	25	14	46	4
1%	21	18	44	6
0%	17	22	39	11

数据来源:Wind金融终端。

1.上折套利对象

挑选出39只发生过不定期上折的分级基金进行实证分析,其中2只溢价率大于5%,6只大于3%,18只大于1%,22只大于0%。在套利操作的处理上,我们将上折日折溢价率5%为分界线进行计算:对于溢价率大于5%的样本执行上折拆分套利,对于溢价率小于5%的样本执行上折不拆分套利,随后再试算溢价率为4%、3%、2%、1%、0%时的结果,得出上折套利中最优的母基金拆分溢价率临界水平与最优买入卖出日。

2.下折套利对象

在不定期下折套利中,我们筛选出50只分级基金,其中2只溢价率大于4%,3只转换日溢价率大于3%,6只溢价率大于1%,11只溢价率大于等于0%,其余均在转换日 t 日发生折价状况。在对象上,我们先以溢价率等于4%为标准进行计算,随后再试算2%、1%、0%时的结果,从中得出最优溢价率水平与最优买入卖出日。

(二)数据的选择与处理

1.成本

(1)交易成本。交易成本分为佣金手续费、分级基金申购费、赎回费。根据市场行情,选取0.5%作为佣金手续费标准,佣金费等于每只基金每次套利过程中发生的交易额乘以佣金费率;分级基金申购费根据买入规模而有所差异,目前10万元的分级基金申购费率在0.6%左右;分级基金的赎回费率按市面价值取0.5%。

(2)冲击成本。本章主要通过10万份额小额套利的方法来避免冲击成本;此外,对于极少数成交额极低的分级基金,采取"每隔半小时买入1万份额"的做法。笔者对发生上下折套利的分级基金做过统计,以上折分级B于2017年2月24日的成交量为例,超70%的分级B日交易量超过100万份额,仅11%的分级B交易量低于30万份额,而10万份额约10万元,相对于100万元只是极小的金额,因此可以有效避免冲击成本。此外,通过历史研究笔者发现,部分成交量极低的分级基金在上折、下折日前成交量会显著增加。以长盛同瑞B为例,其在2017年末的成交量仅为8.3万份额,但在发生上折的前1周(2015年5月27日)其成交量超过160万份额,甚至在上折前1月的4月末成交量依旧在100万份额水平上下。鉴于以上两点原因,可以认为10万份额的小额套利方法可以有效降低冲击成本的影响,且这种估计是保守估计。此外,对于部分成交日前成交量依旧极低的分级基金,我们会采取"每隔半小时买入1万份额"的做法以最大限度地降低冲击成本的影响。

2.溢价率临界值

鉴于260只分级A、B基金(母基金为130只,子基金数量乘2)中,发生上下折的共有178只,其中共有174只子基金溢价率在5%以下,我们首先以5%作为溢价率临界点进行套利试算,随后分别计算临界值为4%、3%、2%、1%、0%的值,最终通过比较得出上折套利、下折套利中进行母基金拆分的最优临界水平。

3.原始数据

我们的对象是39只上折套利和50只下折套利的分级基金,需要获取的数据有:各分级基金上下折的完成时点t日期;$t-30$、$t-21$、$t-15$、$t-10$、$t-7$、$t-5$、$t-3$、$t-2$($t-1$日停牌折算并于t日完成上下折,故此处选$t-2$日)、t、$t+1$、$t+3$、$t+5$、$t+7$、$t+10$、$t+15$、$t+21$、$t+30$日分级A、分级B价格(相关价格为收盘价格);t日折溢价率;$t-30$日至t日分级A、分级B净值;$t-5$日至t日母基金净值;分级基金初始杠杆、上折阈值、下折阈值。对应每个溢价率临界值,我们需获取近1万个原始数据,每组原始数据下衍生计算数据则更多,如下折距离下折阈值仍需跌百分比、上折距离上折阈值仍需涨百分比等(见表5-4)。

表5-4　套利模型中所需数据汇总

基础数据	值	衍生数据	值
上下折完成时间点	逐个寻找	拆分后A数量	N_A
$T-30$至$T+30$分级A价格	$P(A)$	拆分后B数量	N_B
$T-30$至$T+30$分级B价格	$P(B)$	交易金额	Y
T日折溢价率	r	交易成本	F_1、F_2
$T-30$至T日分级A净值	NAV(A)	相对杠杆	La
$T-30$至T日分级B净值	NAV(B)	剩余收益	Yc
$T-5$至T日母基金净值	NAV	上折距上折阈值仍需涨百分比	R_1
初始杠杆	ρ	下折距下折阈值仍需跌百分比	R_2
折算阈值、基金代码等	…	收益率、净值增长率等	…
数据获取方式	搜索获得	数据获取方式	计算获得

选用$t-30$日至$t+30$日的原因是,分级基金在上下折前会发生一定的价格与净值变动,我们通过观察发现几乎所有分级基金的价格、净值波动都在折算

前1个月内有充分的反映,因此我们选取t-30日作为买入观察起点;此外,通过观察发现,距离上下折前的时间越短,分级基金价格、净值变动越明显,因此时点选择分布由疏到密,分别选取t日前1个月、3周、半个月、10天、1周、5天、3天、2天,并根据对称原则确定卖出日。需要注意的是,由于分级基金在进行折算时会停牌一天,所以实际发生日中有价格变化的前一天本质上是t-2日,这也是我们在数据中剔除t-1日而选用t-2日的原因。

针对以上得到的数据,我们基于以下原则进行处理:

(1)买入成本:通过获取其t-30日价格、t-21日价格、t-15日价格、t-10日价格、t-7日价格、t-5日价格、t-3日价格、t-2日价格,结合每次的交易成本确定不同时期买入分级B或分级A的单位成本。

(2)上下折换算比例:通过寻找t-2日、t-3日、t-4日、t-5日分级B、分级A净值突变的临界值确定上折、下折触发时分级A、分级B的净值,结合第三章中的公式确定上下折时的换算比例。

(3)是否将母基金拆分的处理:通过比较溢价率与临界值的大小判断是否进行拆分操作。

(4)母基金、分级A、分级B卖出时点的处理:对于未拆分的样本,由于母基金净值变动不大,我们将母基金于转换日按初始净值赎回以减少未来价格波动风险,而分级B根据转换日t后的价格走势择时卖出;对于已拆分的样本,根据转换日后分级A、分级B价格走势择时卖出。最终,通过实证分析结果确定最优套利时间点。

(三)分析结果

实证分析的目的是通过实证分析,求出:①上下折套利时最优的折溢价率临界水平(从而确定上下折时是否进行拆分运算);②最优买入日与买入信号的判断(对投资者而言,上下折实际发生日具有未知性,故归纳t-j最优买入日的一致性特征显得尤为重要);③最优卖出日;④根据实证分析的结果,在最优买入日、卖出日与溢价率临界水平下分析130只分级基金实现差异化收益率原因,并给出相关投资建议。

下面我们以每10万份额所对应金额作为单只基金套利的初始本金,将其数值纳入利用Excel建构的模型中(见表5-5)进行实证分析。具体实证分析分如下四个步骤:①先计算5%临界值折溢价率水平下,不定期折算的四个模型相应平均收益率分布;②随后更改临界值水平为4%、3%、2%、1%、0%,比较不同临界值下收益率分布的结果,分析临界值变化时收益率分布的变化特征,通过各临界值下的总收益率与收益率分布图求出最优溢价率临界值;③着重分析最优溢价率值下不定期折算套利的最优买入卖出日,并寻找$t-j$日购买日的识别特征;④在最优溢价率临界值下,对89只发生上下折的样本进行样本分析,在平均结果后分析个体收益率分布,分析其差异化特征及原因,给出最优投资建议。

表5-5　套利模型基本参数表

参数	值	参数	值
开始日期	2013/12/1	佣金费	0.5%
结束日期	2017/2/28	分级基金赎回费	0.5%
溢价阈值范围	5%—0%	初始本金	每种组合下10万份额对应的金额

资料来源:Wind金融终端。

1. 5%溢价率临界值下的套利分析

(1)套利结果分析

在5%溢价率水平下,我们对72种(8×9)不拆分卖出组合与56种(8×7)拆分卖出组合进行总收益计算,得到:上折不拆分套利总收益5670万元,收益率10.39%;上折拆分套利总收益497万元,收益率9.71%;下折不拆分套利总收益2127万元,收益率6.30%;下折拆分收益不存在。

(2)收益率图形分析

①上折不拆分套利:上折不拆分套利的收益率曲线(见图5-9)偏线性分布,通过图形分析可以发现:第一,距离上折阈值买入时间越早,上折套利的收益率越高。对于$t-30$日买入的分级B,平均收益率都在30%以上;第二,在临近上折阈值的前1至3日买入时,套利风险较大,极易收益为负;第三,上折后,

套利收益先上升后下降;第四,最优买入日为$t-30$日,最优卖出日为$t+5$日至$t+$10日。

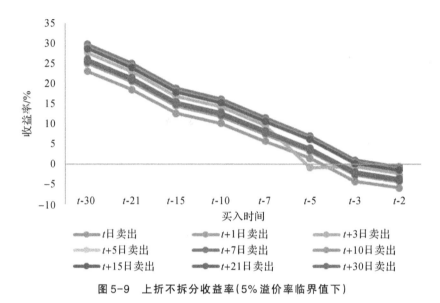

图5-9　上折不拆分收益率(5%溢价率临界值下)

②上折拆分套利:由于拆分需要花费3个工作日,故卖出收益至少在3个工作日后才能实现。上折拆分套利的收益率曲线(见图5-10)也呈现斜向下的曲线,但整体较为离散,这可能是与5%临界值下样本数量不足有关。通过图形分析可以发现:第一,上折拆分套利整体收益较高,但当买入时间在$t-3$日后,无论何时卖出都会亏损;第二,在$t-20$买入日之前,其平均收益高达30%以上;第三,买入时间越早,套利收益越高;第四,最优买入日为$t-21$日,最优卖出日为$t+10$日。

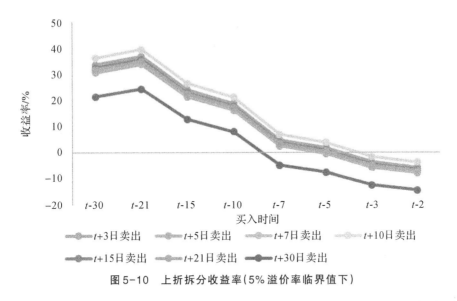

图 5-10　上折拆分收益率（5% 溢价率临界值下）

③下折不拆分套利：下折不拆分套利收益率分布（见图 5-11）与上折套利有所不同。具体而言，第一，其收益率值相对较低，位于 4%—8% 之间。第二，上折套利的收益有为负的风险，而下折不拆分套利收益率均为正。第三，即使在 $t-2$ 日下折发生前一天买入，下折套利依旧可以获得约 4% 的正收益率。第四，对下折套利而言，卖出时点相对越长，收益率越高。但是卖出时间对收益率的影响也不大。第五，下折不拆分套利的最优买入时点为 $t-30$ 日至 $t-25$ 日，买入日差异对收益率的影响均不大，最佳卖出时点 $t+21$ 日。

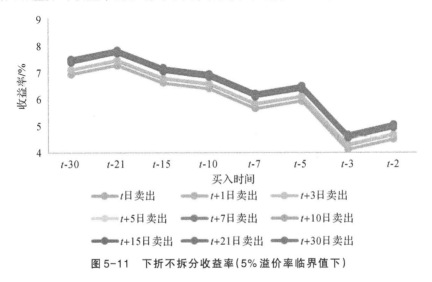

图 5-11　下折不拆分收益率（5% 溢价率临界值下）

④下折拆分套利:在5%临界值下样本数量为0,故收益率曲线不存在。

2. 4%溢价率临界值下的套利分析

(1)套利结果分析

在4%水平下,上折不拆分套利总收益5670万元;收益率10.39%,上折拆分套利总收益533万元,收益率9.71%;下折不拆分套利收益2133万元,收益率6.60%;下折拆分收益-8万元,收益率-0.74%。此外,对溢价率临界值由5%降至4%的过程中位于5%和4%之间的由不拆分的转为拆分的样本进行独立计算,发现上折套利过程收益无变化,下折套利过程收益减少4万元。

(2)收益率图形分析

①上折不拆分套利:由于分级B溢价率在4%至5%之间的数量为0,故此时的收益率曲线与5%水平下的套利结果相同,最佳买入卖出时点不变。

②上折拆分套利:与5%时相同,最佳买入卖出时点不变。

③下折不拆分套利:其走势与5%时极为接近,最佳买入卖出时点不变(如图5-12所示)。

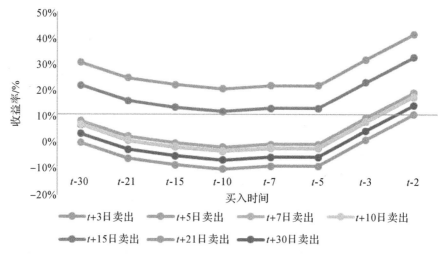

图5-12　下折拆分收益率(5%溢价率临界值下)

④下折拆分套利:在4%溢价率下,其收益率曲线呈现小U形分布,最佳买入日为t-2日,最佳卖出日为t+3日。

3. 3%溢价率临界值下的套利分析

（1）套利结果分析

在3%水平下，上折不拆分套利收益5450万元，收益率10.22%；上折拆分套利收益662万元，收益率10.85%；下折不拆分套利收益2112万元，收益率6.69%；下折拆分套利收益−5万元，收益率−0.30%。此外，对溢价率临界值由4%降至3%的过程中位于4%和3%之间的由不拆分转为拆分的样本进行了独立计算，发现上折套利过程收益减少36万元，下折过程收益减少29万元。

（2）收益率图形分析

①上折不拆分套利：其结果与5%水平时高度一致，最佳买入卖出日不变。

②上折拆分套利：将其与5%时的结果对比发现有一定变化，其平均收益率整体有所提高，特别是在$t-30$日至$t-20$日买入区间内。

③下折不拆分套利：其收益率曲线变动不大，最佳买入卖出日不变。

④下折拆分套利：收益率曲线变动不大，负值区域偏多，最佳卖出日变为$t+15$日。

4. 在2%溢价率临界值下的套利分析

①套利结果分析

在2%水平下，上折不拆分套利收益4345万元，收益率11.33%。上折拆分套利收益2009万元，收益率11.08%；下折不拆分套利收益2071万元，收益率6.70%；下折拆分套利收益−8万元，收益率−0.38%。此外，对溢价率临界值由3%降至2%的过程中位于3%和2%之间的由不拆分转为拆分的样本进行独立计算，发现上折套利过程收益增加217万元，下折过程收益减少33万元。

（2）收益率曲线分析

①上折不拆分套利：实证结果与5%水平高度相似，但由于溢价率的降低，上折不拆分套利收益率峰值小幅下降，最佳买入卖出日不变。

②上折拆分套利：其收益率曲线平均水平相比3%时又有一定的提高，且曲线的线性程度加强，最优买入日变为$t-30$日。

③下折不拆分套利：其图形与5%至3%水平下的保持高度一致，最佳买入卖出日不变。

④下折拆分套利:图形大体不变,最优买入卖出日不变。

5. 1%溢价率临界值下的套利分析

(1)套利结果分析

在1%水平下,上折不拆分套利收益3836万元,收益率12.49%;上折拆分套利收益2635万元,收益率11.13%;下折不拆分套利收益2056万元,收益率6.81%;下折拆分套利收益47万元,收益率1.42%。此处下折拆分收益由负转正,主要是受到极端值"鹏华中证传媒B"在下折后价格大幅上涨的影响。此外,对溢价率临界值由2%降至1%的过程中位于2%和1%之间的由不拆分转为拆分的样本进行独立计算,发现上折套利过程收益增加113万元,下折过程收益增加40万元。

(2)收益率曲线分析

①上折不拆分套利:收益率曲线较为相似,最优买入卖出日不变。

②上折拆分套利:其结果与2%水平下的曲线较为相似,其余不变。

③下折不拆分套利:收益率曲线与5%至2%水平下较为相似,最优买入卖出日不变。

④下折拆分套利:收益率曲线小幅上移,最优卖出日变为$t+15$日,最优买入日为$t-1$日。

6. 0%溢价率临界值下的套利分析

(1)套利结果分析

在0%水平下,上折不拆分套利收益3351万元,收益率13.59%;上折拆分套利收益2905万元,收益率10.23%;下折不拆分套利收益1959万元,收益率6.98%;下折拆分套利收益95万元,收益率1.55%。此外,对溢价率临界值由1%降至0%的过程中位于1%和0%之间的由不拆分转为拆分的样本进行独立计算,发现上折套利过程收益减少34万元,下折过程收益增加30万元。

(2)收益率曲线分析

①上折不拆分套利:其收益率曲线出现小幅变化,收益率分布折线图变得更离散。此外,剔除t日卖出与$t+1$日卖出两个值后,平均收益率再次得到提高。这可能与大部分分级B价格事实上被"低估"有关,最优买入卖出日不变。

②上折拆分套利:收益率曲线与1%水平下保持高度相似,最优买入卖出日不变。

③下折不拆分套利:收益率曲线变化不大,其余不变。

④下折拆分套利:收益小幅增加,曲线形状不变,位置整体上移,最佳买入日为$t-2$日,最佳卖出日为$t+15$日。

7. 最优溢价率

综上,对各溢价率下折溢价套利收益、收益率与图形特征进行总结,结果见表5-6。

表5-6 最优溢价率分析

变量	溢价率临界值					
拆分阈值	5%	4%	3%	2%	1%	0%
上折不拆分收益率	10.39%	10.39%	10.22%	11.33%	12.49%	13.79%
上折拆分收益率	9.71%	9.71%	10.85%	11.08%	11.13%	10.23%
溢价变动区间段		5%到4%	4%到3%	3%到2%	2%到1%	1%到0%
区间变动所影响的分级基金累计收益变动		0	−35.69万元	181.12万元	294.34万元	260.14万元
上折套利最优溢价率选择	在上折不拆分套利中,0%溢价率水平下取得最优收益率;但在上折拆分套利与累计收益均是在1%时达到最高,因此我们选择1%作为上折套利中进行拆分的溢价率临界点					
下折不拆分收益率	6.30%	6.60%	6.69%	6.70%	6.81%	6.98%
下折拆分收益率	0	−0.71%	−0.30%	−0.36%	1.40%	1.54%
溢价变动区间段		5%到4%	4%到3%	3%到2%	2%到1%	1%到0%
受溢价区间变动所影响分级基金累计收益变动		−4.3万元	−32.98万元	−65.60万元	−25.56万元	4.25万元
下折套利最优溢价率选择	在下折不拆分套利、下折拆分套利与累计收益中,均为0%溢价率水平下分级基金收益最大,因此选择0%作为下折套利拆分的临界点。需要注意的是,下折不拆分套利收益起初为负,主要是高溢价率区间段分级基金样本数过少导致					

可以发现:①对于上折套利而言,随着溢价率临界值的降低,套利收益整体在不断提高。上折不拆分套利收益在0%时达到最大,拆分套利在1%时达到最大。为了更好地确定溢价率临界水平,我们对处于0%—1%区间段的分

级基金分"不拆分""拆分"两种情况做了累计收益比较,发现拆分操作会使其收益减少约34万元。因此,我们选定1%作为上折套利的最优临界点。②对于下折套利而言,在溢价率临界值从5%降至3%时,下折收益一直为负。然而当临界值处于1%及以下后,下折收益又开始转为上升的态势。注意到下折溢价率处于2%—5%的样本数极少,而大部分样本集中在0%—1%的区间,可以认为先前收益为负主要是受到小样本数及部分极端值的影响,而溢价率临界值处于0%水平时下折套利可以获取最大收益,这或许与低溢价率的分级B通常"被低估"有关。最终选定0%作为下折套利的最优临界点。

(四)最优套利策略

在0%上折溢价阈值与1%下折溢价阈值最优水平下,对发生上折下折的样本做回测。需要注意的是,这里的回测仅为部分样本(发生折算过的样本)于折算区间内的回测,旨在寻找上下折套利中最优买入、卖出等信号信息。通过搭配不同的买入卖出阈值得出如表5-7所示回测结果。

表5-7 上折套利样本收益率回测(最优溢价率下)

(单位:%)

卖出时间		买入时间								
		t日	$t+1$日	$t+3$日	$t+5$日	$t+7$日	$t+10$日	$t+15$日	$t+21$日	$t+30$日
不拆分样本	$t-30$日	23.44	25.86	30.37	33.50	34.24	34.21	33.21	29.66	28.67
	$t-21$日	21.11	23.48	27.91	30.98	31.70	31.67	30.70	27.22	26.25
	$t-15$日	12.76	14.98	19.10	21.96	22.64	22.61	21.70	18.46	17.56
	$t-10$日	11.59	13.78	17.86	20.69	21.35	21.32	20.43	17.22	16.32
	$t-7$日	5.95	8.04	11.91	14.59	15.22	15.20	14.34	11.30	10.44
	$t-5$日	0.94	2.93	7.12	9.18	9.78	9.75	8.94	6.03	5.22
	$t-3$日	−5.83	−3.97	−0.51	1.89	2.46	2.43	1.67	−1.06	−1.82
	$t-2$日	−8.76	−6.96	−3.61	−1.28	−0.73	−0.75	−1.50	−4.14	−4.89
拆分样本	$t-30$日			30.56	31.65	29.95	28.41	28.31	23.63	25.23
	$t-21$日			25.08	26.13	24.50	23.02	22.93	19.21	19.98
	$t-15$日			20.17	21.17	19.61	18.19	18.10	13.78	15.26
	$t-10$日			15.55	16.51	15.01	13.65	13.56	9.41	10.83
	$t-7$日			10.12	11.04	9.61	8.30	8.22	4.26	5.60
	$t-5$日			6.75	7.64	6.25	4.99	4.91	1.07	2.38
	$t-3$日			2.02	2.87	1.54	0.34	0.26	−3.42	−2.17
	$t-2$日			1.69	2.53	1.21	0.01	−0.07	−3.73	−2.49

表5-7中所列为不同买入、卖出时点组合下的样本回测结果,由于当买入日提前1个月以上时,价格净值等多种指标偏离折算日的幅度较大,识别困难;而对于卖出日而言,折算信号导致的价格变动于市场内已有充足的时间反映,因此我们仅列举一个月以内的买入卖出时点组合。我们发现:组合整体收益稳定在-5%至35%区间,在上折后的短期内收益率有小幅的上升空间。上折套利收益率与买卖日期组合呈现一定趋势关系,买入时间越早平均收益越好,上折套利在$t-30$日至$t-21$日买入,$t+3$至$t+15$日卖出可取得最大化收益,约为25%—35%。

从表5-8中可以看出,下折套利的整体收益率水平较低,处于0%—9%区间;而下折不拆分套利的平均收益显著高于下折拆分套利收益,这可能是因为下折源于分级B净值跌破阈值,在其回归初始净值1后,投资者往往会继续看空分级B导致其价格下跌。同时可以发现,下折不拆分套利买入卖出时点组合对结果影响不大,而下折拆分套利在$t-2$日买入可获得最大收益。

表5-8 下折套利样本收益率回测(最优溢价率下)

（单位:%）

卖出时间		买入时间								
		t日	$t+1$日	$t+3$日	$t+5$日	$t+7$日	$t+10$日	$t+15$日	$t+21$日	$t+30$日
不拆分样本	$t-30$日	8.02	7.81	7.96	8.17	8.26	8.12	8.10	8.31	8.21
	$t-21$日	8.57	8.36	8.51	8.72	8.81	8.6	8.65	8.86	8.76
	$t-15$日	7.71	7.49	7.64	7.86	7.94	7.81	7.79	8.00	7.89
	$t-10$日	7.51	7.29	7.45	7.66	7.75	7.61	7.59	7.80	7.70
	$t-7$日	6.67	6.46	6.61	6.82	6.91	6.77	6.75	6.96	6.86
	$t-5$日	6.99	6.77	6.92	7.13	7.22	7.08	7.06	7.27	7.17
	$t-3$日	4.68	4.47	4.62	4.83	4.92	4.78	4.76	4.97	4.87
	$t-2$日	4.99	4.77	4.92	5.14	5.22	5.09	5.07	5.28	5.17
拆分样本	$t-30$日			2.01	0.50	0.09	1.11	4.47	1.97	0.60
	$t-21$日			1.46	-0.06	-0.46	0.56	3.92	1.41	0.04
	$t-15$日			1.74	0.22	-0.18	0.84	4.20	1.69	0.33
	$t-10$日			1.51	0.00	-0.41	0.61	3.98	1.46	0.10
	$t-7$日			1.40	-0.12	-0.52	0.50	3.86	1.35	-0.02
	$t-5$日			1.36	-0.15	-0.55	0.46	3.83	1.31	-0.05
	$t-3$日			1.96	0.45	0.04	1.06	4.42	1.91	0.55
	$t-2$日			2.35	0.84	0.44	1.45	4.81	2.31	0.95

综上,得出最优套利策略(见表5-9):对上折套利而言,其最优买入卖出日近乎一致,为$t-30$日买入,$t+3$至$t+10$日择时卖出;对下折套利而言,下折不拆分套利最优买入日为$t-21$日,最优卖出日为$t+7$日,下折拆分套利最优买入日为$t-2$日,最优卖出日为$t+15$日。

表5-9 最优溢价率下下折套利样本收益率回测

临界值(0%、1%)	上折不拆分	上折拆分	下折不拆分	下折拆分
最优买入日	$t-30$($t-30$至$t-21$)	$t-30$($t-30$至$t-21$)	$t-21$($t-30$至$t-15$)	$t-2$
最优卖出日	$t+7$($t+5$至$t+10$)	$t+5$($t+5$至$t+10$)	$t+7$、$t+21$($t+5$至$t+10$)	$t+15$

四、买入信号识别

对投资者而言,由于t日不可预计,我们需要寻找$t-j$日的信号因子,即$t-j$日所具有的规律性特征。

(一)上折套利买入信号识别

上折套利的最优时点是$t-30$日,次优时点是$t-30$至$t-21$日。由于上折阈值、母基金净值距阈值的距离、价格等因素随折算日临近而产生巨大影响,为此对获取的$t-45$日与$t-30$日的价格、上折阈值距离、变化率等指标做了计算分析,列成买入信号因子的判别分析表,由于上折套利涉及分级基金样本数量较多,为了简化篇幅,我们在此只列举部分分级B,见表5-10。

表5-10 $T-30$日买入信号因子判别分析

	变量	$t-45$日至$t-30$日价格变动幅度	上折阈值	$t-45$日母基金仍需上涨幅度	$t-30$日母基金仍需上涨幅度	仍需上涨距离减少百分比
分级B	申万菱信中证军工B	17%	1.50	32%	18%	44%
	⋮	⋮	⋮	⋮	⋮	⋮
	长盛同瑞B	4%	2.00	15%	11%	29%

续表

变量	t–45日至t–30日价格变动幅度	上折阈值	t–45日母基金仍需上涨幅度	t–30日母基金仍需上涨幅度	仍需上涨距离减少百分比
最小值	8%	1.5	9%	1%	−21%
最大值	75%	2	48%	33%	88%
平均值	15%	1.64	25%	17%	34%
部分特征	波动偏差大	最小1.5,最大2.0	36只<35%	35只<25%	波动大
Jarque-Bera检验	JB值		0.18	0.43	——
	p值		0.91	0.80	——
	结论		接受原假设,在5%的显著性水平下t–45日仍需上涨百分比与t–30日仍需上涨百分比对应总体均服从正态分布		
双配对样本t检验	t值为8.63		拒绝原假设,认为t–30日仍需上涨百分比与t–45日有显著差异		
	p值为0.00				
	结论				

数据来源:Wind金融终端、实证分析。

为了证明t–30日母基金仍需上涨百分比与t–45日母基金仍需上涨百分比是否存在显著差异,需要先对相关指标做统计分析,然后再对显著性差异背后的特征做深入分析。显著差异的证明主要依赖于双配对样本t检验,而双配对样本t检验前提是正态性检验分布,我们使用Jarque-Bera检验法(以下简称J-B检验法)来检验正态性。

在J-B检验中,t–45日仍需上涨百分比JB值为0.18,对应p值=0.91>0.05;t–30日仍需上涨百分比JB值为0.43,对应p值=0.80>0.05,t–45日、t–30日仍需上涨百分比对应的总体服从正态分布;在满足假设条件后,我们对其进行t检验,检验结果显示t=8.63远大于临界值,因此拒绝原假设,认为t–30日仍需上涨百分比与t–45日有显著差异。

在证明t–30日仍需上涨百分比和t–45日有显著差异后,寻找仍需上涨百分比背后的差异规律:对t–45日与t–30日的分级B价格、母基金净值距上折阈值仍需上涨百分比进行分析后发现:①t–45日至t–30日,尽管分级B价格呈现上涨的趋势,且涨幅超10%的约有20只,但10%价格波动仅为一个涨停板的水平,难以区分是由短时的价格波动引起的,还是因分级基金逼近不定期折算临界点引起的。t-45 日有 36 只分级基金上涨至阈值缺口在 35% 以下,仅 3 只例外;29 只在 30% 以下。③有 35 只分级基金上涨至阈值缺口在 25% 以下,仅 4 只例外;有 26 只分级基金在 20% 以下,对应胜率约 67%,均值为 17%。④对 t-30 日至 t-21 日母基金仍需上涨百分比做了统计分析,发现有 29 只出现了阈值距离的下跌,2 只维持震荡,8 只呈现反弹,t-21 日上涨缺口距离平均值为 13%。

但是缺口缩减有时仅为价格波动,阈值若设置较高可能会导致买入后亏损。此外,我们还注意到尽管 t-30 日为最优购买日,但 t-30 日至 t-21 日这一区间内亦有较高的收益率水平。因此在缩减距离时需要更审慎地考虑,最终确定上折套利的买入信号因子为:当母基金净值距离上折阈值在 30% 以内时,我们将分级 B 纳入观察区域,在其缩减至 20% 以下时择时将其买入。

(二)下折套利买入信号识别

对下折套利采取同样的方法。由于在上折套利的分析中,我们已发现价格变动指标关联度低,此处仅分析 t-30 日至 t-7 日分级 B 净值仍需下跌百分比,以及 t-2 日开盘时净值的情况。需要注意的是,对于下折套利,之所以选择分级 B 来观察是因为分级 A 净值波动很小,通过研究并没有发现下折中分级 A 存在显著性的规律;而分级 B 的净值与价格波动相对较大,具有良好的观察价值,买入信号因子判别分析见表 5-11。

表5-11　t-21日与t-2日买入信号因子判别分析表

变量		对应分级B下折阈值	t-30日分级B仍需下跌	t-21日分级B仍需下跌	t-7日分级B仍需下跌	t-2日分级B开盘净值
分级A	华宝兴业中证1000A	0.25	72%	75%	43%	0.33
	招商中证煤炭A	0.25	68%	77%	41%	0.33
	国金上证50A	0.25	73%	43%	33%	0.32
	⋮	⋮	⋮	⋮	⋮	⋮
	最小值	0.25	22%	14%	2%	26%
	最大值	0.25	83%	77%	45%	37%
	平均值	0.25	58%	49%	26%	30%
部分特征			最大值与最小值范围大，虽均值下降但识别难度高		易识别，均45%以下	稳定在30%内
Jarque-Bera检验	JB值		4.98	1.74	2.17	——
	p值		0.08	0.42	0.34	——
	结论		接受原假设，在5%的显著性水平下t-30日、t-21日、t-7日仍需下跌百分比对应总体均服从正态分布			
双配对样本的t检验	t值(t-30日与t-21日)		1.68	t值(t-21日与t-7日)	10.27	——
	p值		0.00	p值	0.00	——
	结论		拒绝原假设，认为t-30日与t-21日、t-21日与t-7日分级B仍需下跌百分比存在显著差异			

数据来源：Wind金融终端、实证分析。

在J-B检验中，t-30日仍需下跌百分比JB值为4.98，对应p值=0.08>0.05；t-21日仍需上涨百分比JB值为1.74，对应p值=0.42>0.05；t-7日仍需下跌百分比JB值为2.17，对应p值=0.34>0.05，t-30日、t-21日、t-7日仍需上涨百分比对应的总体服从正态分布；在满足假设条件后，我们对t-30日与t-21日、t-21日与t-7日分别进行两配对样本t检验，检验结果t值分别为1.68与10.27，对应p值均<0.05，因此拒绝原假设认为t-30日与t-21日、t-21日与t-7日的均值存在显著性差异。

在证明t-30日与t-21日、t-21日与t-7日存在显著性差异后，我们深入观察发现如下规律：①t-30日分级B还需下跌距离普遍在70%左右，存在较为显著的识别特征；②对于t-21日分级B净值仍需下跌距离的变动而言，我们经过统计发现，仅有33只仍需下跌距离幅度超20%，对应识别度仅有65%，且部分分级 B 出现距离不减反增的现象,因此 $t-21$ 日的识别有一定的难度;③$t-7$ 日下跌距离均值为 26%,其最大值 45%,较 $t-21$ 日、$t-30$ 日显著下降近 30 个百分点,具有较高的识别率;④对于 $t-2$ 日的分级 B 开盘净值,存在一个较为普适的规律:其净值均值在 0.3 上下,可以作为下折前两天购买分级 B 信号的识别因子。

尽管 $t-21$ 日信号识别难度较大,但对于下折不拆分套利而言,买入日对收益率整体影响不大,从 $t-21$ 日至 $t-7$ 日平均收益率仅下跌约 1 个百分点。由于错误的信号识别会增加买入的误判率,增大亏损,推荐以 $t-7$ 日的信号特征作为买入识别特征。综上,我们得出下折套利的买入信号为:当分级 B 净值距离下折阈值距离在 70% 以内时,将其纳入观察区域,在下折距离低于 40% 时将其买入;对于 $t-2$ 日买入信号因子:当分级 B 的净值在 0.3 附近时,买入分级 A 等待获利。

四、结果检验

(一)样本收益分析

前面已得出最优套利策略,下面将最优策略代入各样本进行检验,与其平均收益率进行对比,验证最优策略的套利结果。

我们先对上折不拆分套利样本进行分析(结果如图 5-13 所示),发现最优套利策略收益良好,除了 4 只分级基金套利收益变小,2 只基本不变外,其余分级基金收益均增长 1 倍以上。具体而言,样本平均收益率为 27%,而在最优套利策略下,我们获得了高达 64% 的收益,平均增加 33%。收益变小的样本有:国金沪深 300、富国国有企业改革、诺德深证 300B、银华沪深 300B 等 4 只大盘指数型分级基金,它们跟踪的标的主要为大盘指数,我们推测这 4 个样本在最优策略下收益变小可能与当时大盘走势有关,若排除大盘走势的影响,最优策略将取得更好的效果。

最优策略在下折套利中也表现良好,平均增长了 2%—3%。大部分样本收益均好于平均收益率,仅博时中证 800A、富国工业 4.0、国泰有色金属 A 3 只分级 A 例外。对下折套利而言,其买入与卖出日组合对收益率的影响并不大

（如图 5-14 所示）。

此外,我们还发现上折套利收益要明显高于下折套利收益。这或许是因为上折往往表明股市表现较好,从而母基金净值也随之上涨,在这种上涨行情下,投资者会继续看多分级 B,而母基金相关标的也往往会继续呈现上涨态势,因此收益较高。

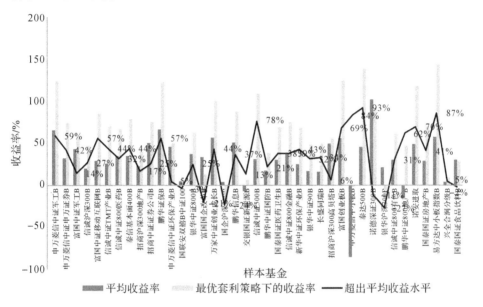

图 5-13 上折套利样本收益率

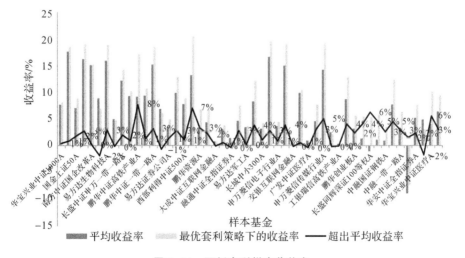

图 5-14 下折套利样本收益率

(二)历史数据回测

接下来对不定期折算套利策略进行历史回测。

本金设置:700万元。我们对历史数据做过统计,发现同时发生上下折套利事件的分级基金数量并不多,且上下折套利最长占用资金时间不超过2个月。在发生折算套利最为频繁的2015年4—5月,上下折套利合计占用资金741万元,扣除于4月末卖出恢复流动性的60万元,其占用资金实际值为681万元;而在其余的大多数时间,其上下折发生次数并不多,占用资金量远低于700万元的峰值水平,为此我们保守估计套利本金为700万元。

对象、时间与数据量设置:对象为128只股票型分级基金,剔除了既无上折又无下折阈值的"兴业合润"与"银华消费";时间为2015年1月1日—2016年12月31日,观测128只基金2年共93568个日期的净值、上下折阈值、距离、价格、折溢价率、杠杆率等几十万个数据。

初始参数设置:对于上折套利,当母基金净值距离上折阈值在30%以内时,我们将分级B纳入观察,在其缩减至20%以下时将其买入,并待其反弹回25%以上时卖出止损;对于下折拆分套利,我们以分级B的净值为观察指标,在其趋于0.3附近时买入分级A;对于下折不拆分套利,当分级B净值距离下折阈值距离在70%以内时,将其纳入观察区域,并在下折距离低于40%时将其买入,并将止损线设置在50%水平。

随后通过Excel函数建模对2年数据进行历史回测,共发生243次套利行为,为了更好地分析上折套利与下折套利具体收益情况,我们将上折套利、下折套利和上下折套利累计收益率以曲线呈现进行比较分析。

第一,在上折套利回测中,我们共触发387次观察事件,100次套利行为,其中41次套利成功(部分分级基金上折次数大于一次),对应套利胜率为41%,套利单次最高收益155078元,单次最大亏损101220元,套利总收益178万元,上折套利历史回测结果如图5-15所示。

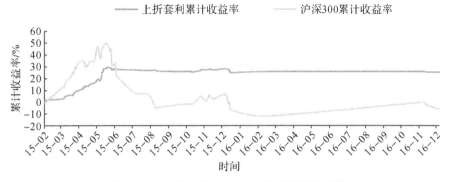

图5-15　上折套利与沪深300的累计收益率①

2015年1月1日—2016年12月31日，上折套利策略最终累计收益率为25.47%，沪深300累计收益率-6.33%，跑赢大盘31.80个百分点。在2015年前期，上折套利累计收益率低于大盘，主要是因为起初投资者持有700万元的本金，但年初发生折算套利的分级基金较少；而2015年上半年正好是大盘的牛市年，沪深300收益大幅增加。2015年6月后，上折套利收益曲线逐渐趋于平缓。主要是因为2015年7月股市大跌后，母基金净值暂缓上涨的态势，使得分级基金上折数量减少。总体来看，上折策略具有较高的收益率，较为显著优于大盘。

第二，在下折套利回测中，我们共触发746次观察事件，143次套利行为，成功次数73次，其中单次最大收益55482元，单次最大亏损32464元，对应套利胜率为51%。下折套利胜率大于上折套利主要是因为下折不拆分、拆分套利的买入信号识别日分别为$t-21$日、$t-2$日，其识别精确度要高于上折套利的$t-30$日。下折套利回测结果如图5-16所示。

2015年1月1日—2016年12月31日，下折套利策略最终累计收益率为8.82%，沪深300累计收益率-6.33%，跑赢大盘15.15个百分点。下折套利的总收益为73万元，套利主要发生在2015年7—8月。下折套利的回测结果符合预期。

---

① 累计收益率曲线横轴起点为2月主要是因为第一次上折套利卖出时点在2015年2月，但套利历史数据回测的买入日是从2015年1月起计算的。

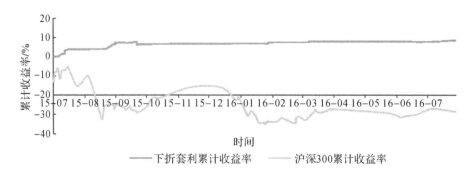

图 5-16　下折套利与沪深 300 的累计收益率

第三,为了真实地表现套利效果,我们将所有套利数据按时间排列进行了合并,获得了 2015—2016 年不定期折算套利的总回测结果。在我们的最优套利策略下,共发生观察事件 1133 次,触发套利行为共 242 次,其中成功折算套利次数为 113 次,对应胜率 47%。其累计收益率曲线与年化收益率曲线分别如图 5-17 所示。

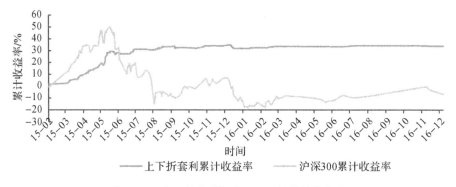

图 5-17　上下折套利与沪深 300 的累计收益率

从累计收益率的表现看,2015 年前期,由于初始本金量为 700 万元较为巨大,上下折套利的累计收益率并不高;2015 年 3 月后,股市表现突出带动分级基金上折数量增加,累计收益率开始出现较大幅度上升,但此时期的收益率仍低于沪深 300 收益率;2015 年 6 月末,股市开始转跌,沪深 300 指数累计收益率也出现显著下滑态势,此时分级基金下折数量增加,而上折数量减少,但由于下折收益率低于上折收益率,其对累计收益率曲线的带动并不明显。2015 年后,股市表现趋于平淡,分级基金市场套利机会也相应较少,这促使收益率曲线于2016年趋于平缓。总体来看,上下折套利累计收益率为34.28%,显著高于沪深300累计收益率。

　　由于累计收益率并不能代表每年的投资回报,我们还对上下折套利的年化收益率与沪深300做了对比(如图5-18所示)。结果表明在2015年上半年牛市期间,上下折套利的年化收益率不及沪深300,这主要是受2015年牛市股市大幅上涨影响。但随着2015年6月牛市结束,上下折套利年化收益率开始超越沪深300。在2016年后,上下折套利收益率开始趋于平缓,但仍始终高于沪深300的收益率并最终收于17.03%,表现良好。

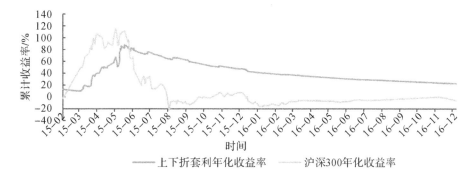

图5-18　上下折套利与沪深300的年化收益率对比

第五节　本章小结

一、主要结论

　　本章在研究分级基金发展历史后,深入分析分级基金的结构和机制,对不同的套利策略、套利空间及相关理论进行了总结,并根据分级基金不定期折算条款设计出一种套利策略。最后通过Excel建模、统计检验、历史数据回测等方法对套利策略进行实证分析,证实了不定期折算套利策略的可行性,得出以下结论。

　　第一,在套利溢价率临界点方面,不同的溢价率临界点会对套利策略的收益产生影响,而通过实证分析我们得出最优的溢价率临界点为:上折套利1%,

下折套利0%。

第二,在套利策略方面,在确定套利溢价率的临界点后,我们发现买入卖出的时间也会对套利效果产生显著影响,通过各溢价率水平下收益率曲线及套利收益分析,我们得出最优套利策略为:①上折套利以 t 日折溢价率1%为临界点。对折溢价率大于1%的分级基金进行上折拆分套利,最佳买入日为 $t-30$ 日,最佳卖出日为 $t+5$ 日;对折溢价率小于1%的分级基金进行上折不拆分套利,最佳买入日为 $t-30$ 日,最佳卖出日为 $t+7$ 日。②下折套利以 t 日折溢价率0%为临界点。对折溢价率小于0%的分级基金进行下折不拆分套利,最佳买入日为 $t-21$ 日,最佳卖出日为 $t+7$ 日;对折溢价率大于0%的分级基金进行下折拆分套利,最佳买入日为 $t-2$ 日,最佳卖出日为 $t+15$ 日。

第三,在套利买入点的信号识别方面,由于上折下折完成日 t 日的触发是一个不可预知事件,因此套利买入日 $t-j$ 日的确定需要一定的信号来加以识别。我们通过相关数据研究给出如下的买入信号:①对于上折套利而言,当分级 B 的母基金净值距离上折阈值在30%以内时,我们将分级 B 纳入观察区域,在距离缩减至20%以下时将其买入,并将止损线设置为25%水平。②对下折不拆分套利而言,在分级 B 净值距离下折阈值达70%时将其纳入观察区,当距离缩减至40%以下时买入分级 A,并将止损线设置为25%水平。③对下折拆分套利而言,在分级 B 净值处于0.3附近时买入分级 A。

第四,在套利策略可行性方面,本套利策略胜率较高,共触发观察行为1133次,套利行为共242次,成功套利次数113次,对应胜率47%。此外,本策略在收益率方面也表现良好,年化收益率为17.03%,2015—2016年累计收益率为34.28%,显著优于沪深300指数的收益,具有较好的可行性。

二、不足与改进

本章基于分级基金的不定期折算机制设计套利策略,并综合考虑交易成本、冲击成本等现实因素,但策略本身仍存在一些不足,值得在未来的研究中加以改进。

第一,在择时成本上,虽然本章给出了最优套利策略,但是上折、下折事件

的出现需要一定的等待时间,对投资者而言,这种等待时间本身也是一种成本。

第二,在套利信号识别的精准性上,尽管本章对历史数据进行实证分析,根据分级基金相关指标特征来判断最优套利买入日的相关信号并获得不错的收益,但分级基金也与股市表现有较强的关联性,若在买入信号的识别上加入与股市的联动分析将使模型的适用性增强。

第三,在回测本金的处理上,我们将套利时所需的最大金额作为初始本金,但并未考虑持有本金的机会成本。若在本金闲置期将其投资于国债等无风险收益产品,可获得更大收益,这也将使模型的准确性与收益率水平得到进一步提高。

第六章　偏股型基金的资产网络、主动管理能力与FOF策略

第一节　研究概述

截至2019年底,市场中已有公募机构管理的基金产品6544只,募集基金规模达14.8万亿元,公募基金总规模又一次刷新历史高点,其中权益类基金在国内公募基金市场的规模占比从2018年末的16.76%升至20.84%,2019年上升了4个百分点。

对于权益类基金而言,其资产配置、业绩和风险之间的关系颇受监管部门和投资者关注,深入剖析以上因素之间的关系也有利于多方共同参与构建更有序的市场格局。本章将聚焦基金持仓资产网络构建的基金关系对基金主动管理能力的影响,解析相应超额收益率的实现机制。

基金持仓资产由于容易受多方面因素影响,近年来引起多方讨论和关注,相关研究也日渐丰富。在以持仓资产构成的网络中,不仅基金本身资产之间会产生相互作用,基金与基金之间也因为持仓构成了潜在联系。部分处于基金持仓网络中心的资产在遭受大量抛售时,市场释放的负面价格信号会给其他重仓基金的净值带来巨大的下行压力,在风险规避心理的驱使下容易酿成个股风险传染事件。这种投资者的羊群行为有时也表现为金融机构在投资时的模仿和相互影响,而这种模仿和影响极容易在刺激性信号的触发下助涨助跌,从而放大市场波动,在市场风险导火索出现时引发市场暴跌。除了个股自

身在导火索下容易出现风险之外，与之相关的股票也容易受到波及。由于公募基金在净值骤损时有较大的赎回压力，基金管理人往往会卖出流动性较好的股票加以应对，这就容易形成无直接关联个股之间因为被基金重仓而构建了关联。比如乐视网的崩盘，就导致重仓了乐视网的基金管理人任泽松旗下尔康制药、昆仑万维等其他个股的骤跌。

基金家族是指同一家基金公司发行、管理的基金的集合。基金与基金家族其他基金的交叉持股是基金持仓资产关系中一种较为特殊的关系，由于其中涉及基金管理公司、基金管理人、基金投资者、监管者等多维对象，一直以来都颇受市场和学者关注。那么基金与家族其他基金交叉持股与基金的主动管理能力又有何联系呢？

近些年来市场上不断涌现出业绩亮眼的明星基金，但是能够保持收益率始终如一的却少之又少。对于基金家族而言，打造明星基金对基金管理人和基金公司而言都是大有利益的事情，因此市场上出现了通过"抬轿"策略打造明星基金的现象，导致家族内基金在共同持股的股票上获取的收益存在较大的差异。所谓基金"抬轿"，就是管理人用基金的钱去接别人的盘，给别人抬轿子，是典型的利益输送行为。另外，基金家族的业绩和管理能力越低，越有可能采取"抬轿"策略。家族规模越大、基金发布时长越长的基金，在季度末的超额回报率越有可能产生溢价，家族共同持股占比越高的基金，期末溢价也越严重，这种溢价主要源于基金家族协调内部业绩的策略。除此之外，如果一个基金家族中有多位成员一起交叉持有某只个股时，基金家族便有动机在股价存在下跌风险时出手护盘，降低多只相关基金净值过快下跌的风险。

为探索以基金的持仓资产网络构建的基金关系对基金本身主动管理能力的影响，本章定义了基金度中心性、基金中介中心性等基于社会网络理论和基金资产网络关系的变量，并切入基金家族交叉持股这一基金关系场景进行具体剖析。在对基金主动管理能力的评判上，本章则将基金的超额收益率作为主要的衡量指标，从基金择股能力、基金择时能力以及基金净值骤损风险三个维度进行机制验证。除此之外，为进一步探索和验证以基金的持仓资产网络构建的基金关系对基金自身超额收益率的影响，本章以基金度中心性为指标构建了FOF投资策略,进而为相关监管部门和基金购买者提供参考和指导。

第二节 理论分析和研究假设

本部分将通过现有研究对自变量和因变量两个层面的问题进行分析:①金融市场中复杂的网络关系的具体表现,以及这些基金关系对基金业绩和投资行为的影响;②基金主动管理能力的衡量和影响因素。在此基础上梳理以基金的持仓资产网络构建的基金网络关系(度中心性、中介中心性)以及基金家族交叉持股关系对基金业绩的影响,并结合主动管理能力的衡量指标对其机制做出假设。

一、金融市场中复杂的网络关系

根据社会网络理论,每个个体都被归入数个潜在的网络之中,它们通过某些渠道建立各自的联系,最终织成一张密密麻麻分布不均的网。金融市场中机构投资者之间也存在类似的复杂网络关系,通过整理已有研究可以发现,与机构投资者行为有一定联系的网络关系主要有三种。

第一种是基于社交的网络关系,包含亲友关系、政治商业利益关系、校友关系、俱乐部关系等。Cohen等(2008)发现基金管理人更倾向于购买其校友管理的上市公司的股票。无独有偶,申宇等(2016)也研究了基金业绩受校友关系的影响,进一步得出较广和较深的校友关系都能促进基金得到更好的收益率,其作用机制的核心是关系网络带来了更多私有信息。

第二种是基于地域因素的网络关系。由于对当地政府政策和产业具备更强的把握优势,目前也有一些私募基金和公募基金重点关注办公所在地及辐射圈内的上市公司股票。Pool等(2012)发现,同一个城市的基金管理人在投资组合上有更高的重叠,且都对当地股票更加青睐,居住在同一社区的基金管理人比居住在不同社区的基金管理人的重合度高12%。

第三种是基于资产配置的网络关系,如共同持有部分股票资产或债券资产形成的联结关系。Pareek(2009)建立了一个由大量投资者持有相同股票的基金信息网络,发现在控制了地理因素与投资风格之后,基金在同一信息网络中的交易行为呈现显著的一致性。肖欣荣等(2012)以重仓股票为"链接"构建了验证基金间"是否"存在网络关系的模型,总结出了一种基金羊群行为存在的机理,并通过实证发现在熊市和震荡市中,基金网络对其重仓股票的仓位变化有显著的正相关关系。刘京军等(2016)研究了基金网络的资金流溢出效应对基金绩效的影响。结果表明,信息网络带来的资金流越充足,基金超额收益率越高。这些研究结果表明,基金网络结构对基金的交易行为和资金流动有着重要的影响,从而影响基金的主动管理能力。

除了上述三种网络关系以外,还有一些特殊关系既涉及社交关系,又与资产配置形成的网络密不可分,如本章涉及的基金与基金家族资产网络的关系。

基金家族是指同一家基金公司发行、管理的基金的集合。屈源育等(2014)探索了明星家族内部基金间共同持股的收益率差异及其原因,发现明星家庭基金可能通过"抬轿"的方式打造明星基金,导致家族内基金在共同持有的股票上获得的收益存在较大差异。另外,基金家族的业绩和管理能力越低,越有可能采取"抬轿"策略。余音等(2018)发现,家族规模越大、基金发布时长越长的基金,在季度末的超额回报率越有可能产生溢价,家族共同持股占比越高的基金,期末溢价也越严重,这种溢价主要是基金家族协调内部业绩的结果。

上述三种基于持仓资产的关系定义的主要是二元网络,基金间关系强度划分较为粗糙,难以从更精确的角度进行定量研究。显而易见,基金之间的关系不能简单地定义为相关或不相关。本章基于社会网络理论和基金持仓资产网络,从连续多值的基金网络关系指标入手,研究基金间网络关系对基金主动管理能力的影响,并探索基金家族交叉持股关系这一特殊基金关系对基金主动管理能力的影响。

二、对基金主动管理能力的衡量

以往衡量基金业绩的方法主要是基于CAPM模型、F-F三因子模型,以及加入了动量因子之后的四因子模型。通常意义上,基金的超额收益需要剔除上述因子的溢价效应,后来者在此基础上,还发现了诸多与基金业绩有一定相关性的指标,如基金的费率(Carhart,1997)、基金的知名度(Gregory et al.,1997)、基金家族中基金的数目(曾德明等,2006)、基金投资集中度(Chen et al.,2015)等都会影响基金的业绩。

然而一般意义上的基金业绩更关注基金在一定时期内的超额收益率,对基金优秀与否的衡量还需要考虑其他因素,同时对获得超额收益率的具体机理也较少有研究者做出解释,如基金的择股能力、择时能力、基金净值骤损的风险(基金的短期回撤)等因素,都是市场评价基金管理人主动管理能力时的重要参考依据,也是获得超额收益率的重要路径。对基金择时和择股能力的研究,学术界普遍使用 TM 模型和 HM 模型,后续逐渐有学者通过三因子模型对上述两个模型进行有效性改进(张文博等,2011),即所谓的 TM 改进模型和 HM 改进模型,这两个模型也是本章测量对基金择时能力和择股能力的指标来源。

程永文等(2019)在研究我国开放式基金择时能力和择股能力时发现,我国开放式基金具备较强的择股能力和较弱的择时能力,且二者不可兼得,难以调节。一种解释是基金的择时能力体现在个股下行低于估值时早一步低价分步买入,即"越跌越买",这导致其择时能力受到颇大的影响。宋贺等(2020)研究发现,无论是处于牛市还是处于熊市,我国开放式基金管理人普遍不具备优秀的择时能力,更多时候是随着市场的波动呈现滞后的反应。

除了社交网络、信息网络可以为投资信号传播提供渠道,资产网络作为一种无形的网络,对资产价格波动的风险传递也会起到直接或间接的作用。投资者的羊群行为在很大程度上源自金融机构在投资时的相互模仿和相互影响(Pareek,2009;许年行等,2013),而这种模仿极容易在刺激性信号的触发下助涨助跌,从而放大市场波动,在市场风险导火索出现时引发市场暴跌。

在持仓资产构成的网络中,部分处于基金持仓网络中心的资产在遭受大量抛售时,市场释放的负面价格信号会给其他重仓基金净值带来巨大的下行压力,在风险规避心理的驱使下容易酿成风险传染事件(Ozsoylev et al.,2014)。郭晓冬等(2018)通过研究发现,为了最大化投资回报率,越处于网络中心的机构投资者,越有动力利用网络来掩盖坏消息,阻碍坏消息及时发布,这增加了公司未来股价崩溃的风险,导致基金的网络中心性与股票价格崩盘风险正相关。吴晓晖等(2019)以机构投资者网络内部个体之间的交互为研究抓手,探讨了网络团体对上市公司的影响,并从股价信息效率和公司治理双角度探索机构投资者抱团时股价崩盘的风险,发现较高的抱团持股比例和持股比重会加剧股价崩盘风险。

总的来看,目前针对资产网络和投资行为的风险研究更多地从股票崩盘风险的角度进行衡量,较少考虑机构投资者行为对基金净值骤损的影响。

三、基金网络关系影响基金主动管理能力

基于上述已有理论和市场分析,笔者集中探讨了基金的网络关系为何能影响超额收益率和主动管理能力。

本章定义的基金网络关系主要以度中心度和中介中心度这两个体现基金个体在网络中的中心性为变量,其中度中心度主要体现了一个节点在网络中处于中心水平的程度,即以它为中心周围节点与之相连的程度和。中介中心度体现了一个节点在网络中的中介程度,即它处在两点之间最短路径上的频率。对基金家族交叉持股变量的衡量主要是采用基金在当期与基金家族其他基金交叉持有的股票净值占比。

首先,从基金的择股能力来看,笔者认为身处资产网络且处于中心地位的基金(即度中心度和中介中心度较强的基金),可以凭借持有资产与其他基金管理人、上市公司高管等建立社会关系,从而具有更多的消息渠道和资源,更容易获得市场价格还未体现的个股的异质性信息,进而在择股的能力上更胜市场一筹。而对与家族其他基金交叉持股比例较高的基金而言,通过家族关系建立的消息渠道和资源优势提升了其个股择股能力;除此之外,基金家族的"抬轿"策略打造对象一般是处于家族基金持仓中心的基金,其与家族其他基金交叉持股比例一般较高,这也容易帮助这类基金在个股涨幅的带动下获取较高的超额收益率。

其次,从基金的择时能力来看,影响是双面的。处于中心地位的基金以及

与家族交叉持股比例较高的基金,可能通过更优的消息渠道和资源提早一步预测市场的动向;同时,基金的择时能力通常体现为在个股下行低于其估值时提早一步建仓分阶段买入,即"越跌越买",这导致其择时能力受到较大影响。考虑到我国基金择股能力与择时能力呈现较为明显的反向性,以及较高的中心性和家族交叉持股比例对基金择股能力提升更有预见性,笔者假设基金中心性和家族交叉持股对择时能力具有负面影响。

最后,从基金净值骤损的风险来看,学术界普遍认为以网络关系构建的基金关系会导致投资者的羊群行为,而这种模仿极容易在刺激性信号的触发下助涨助跌,在市场风险导火索出现时引发个股的暴跌和风险传染事件;同时投资者的"抱团取暖"行为也会加剧个股暴跌崩盘的风险。但是对处于中心地位的基金而言,笔者认为它们比个股和处于边缘地带的基金更易避开净值骤损风险,这主要是因为它们能够凭借更广的消息渠道和更优质的资源在市场集体崩溃前提早脱身,而这种逃脱本身或将成为个股股价暴跌和其他边缘基金净值骤损的导火索和催化剂,进一步增强了网络中心性对基金净值骤损风险影响的显著性。除此之外,已有研究也表明,越处于网络中心的机构投资者,越有动力利用网络来掩盖坏消息,阻碍坏消息的及时发布,从而防止基金净值骤损。

对与家族其他基金交叉持股比例较高的基金而言,笔者认为它们拥有更多的异质性消息,一般具有较好的回报和较低的风险,出现价格暴跌的风险较小。此外,当个股股价存在大幅下跌风险时,家族有动机和能力对集体重仓股进行护盘,以此熨平下滑波动。

基于以上理论分析,本章提出如下假设。

假设 H6-1:在度中心性指标上处于中心地位的基金能获得更高的超额收益率,高度中心性提高了基金的择股能力和预防净值骤损的能力,但是牺牲了基金的择时能力。

假设 H6-2:在中介中心性指标上处于中心地位的基金能获得更高的超额收益率,高中介中心性提高了基金的择股能力和预防净值骤损的能力,但是牺牲了基金的择时能力。

假设 H6-3：与家族交叉持股比例越高的基金越能获得更高的超额收益率，较高的交叉持股比例提高了基金的择股能力和预防净值骤损的能力，但是牺牲了基金的择时能力。

综上所述，无论是对金融市场中复杂的网络关系还是对基金业绩的研究，国内外都已经有所涉及。然而传统研究更关注基金、基金公司本身与其业绩之间的相互影响，并未从更具有综合性的基金主动管理能力的角度将基金业绩拆分为择时能力、择股能力、防风险能力等路径进行解析。此外，基于资产配置网络的基金间的关系，在学术界也很少以连续多值的指标展开研究，也少有研究从基金之间的资产网络关系对基金业绩的影响这个角度切入进而构建FOF策略。

第三节　变量定义和说明

为控制样本的精确性，以普通股票型基金、偏股混合型基金（股票配置占比 80% 以上）为代表的主动开放式基金是本部分的主要研究对象。

一、资产网络关系

社会网络理论中相应的节点、连接程度等都对应着各种各样的关系，而每个对象的中心性表现为它在网络中的中心程度，其数值则被称为中心度。笔者希望通过构建不同的中心度指标，探索由偏股型基金的持仓资产网络关系构建的网络位置对基金主动管理能力的影响。

测定中心度的方法各有不同，本章主要用度中心度和中介中心度两大指标来定义基金在基金网络中的中心性。

先通过基金的持仓资产网络构建基金之间的多值网络关系，形成关系矩阵。本章选取了2005—2019 年 15 年间 723 个偏股型基金的季度数据作为样本，以季度划分时期，2005 年第一季度为第 1 期，即 $t=1$；2019 年第四季度为第 60 期，即 $t=60$。以公布的前十大重仓股数据作为基金的持仓代表，具体基金 i 与基金 j 的资产关系体现为：

$$Relation_{i,j,t} = \sum_{K}^{N} = 1 \min\left(Stock_{i,j,k}, Stock_{j,j,k}\right) \qquad (6-1)$$

式中,N表示基金i与基金j所共同持有的股票数量,$Stock_{i,j,k}$表示基金i在第t期的与基金j共同持有的第k只股票的净值占比,与基金j的数据取最小值后求和,得到基金i与基金j在第t期的持仓资产关系$Relation_{i,j,t}$。

对$t=1$到$t=60$所有时期的所有基金求持仓关系,便构建了一共60期的基金多值网络关系矩阵。在此基础上,本章使用Ucinet软件构建中心度指标。

（一）度中心度

度中心度（degree centrality）主要体现了一个节点在网络中处于中心水平的程度,即以它为中心周围节点与之相连的程度和。

$$N\_Degree_{i,t} = \frac{\sum_{j} Relation_{i,j,t}}{N - 1} \qquad (6-2)$$

本章体现为基金i在t期与其他基金的关系和,由于样本数据是典型的非平衡面板数据,不同时期的基金数目有所差异,笔者采用了度中心度的相对指标,即相对度中心度,在度中心度绝对值的基础上除以t时期所有的基金数目,消除网络节点规模对变量的影响。

（二）中介中心度

中介中心度（betweenness centrality）体现了一个节点在网络中的中介程度,即它处在两点之间最短路径上的频率。从绝对值含义来看,经过一个节点的最短路径越多,该节点的中介中心度越高。

$$N\_Betweenness\_abs_{i,t} = \sum_{j} \sum_{l} \frac{g(i)_{t,j,l}}{g_{t,j,l}} \qquad (6-3)$$

$$N\_Betweenness_{i,t} = \frac{2N\_Betweenness\_abs_{i,t}}{(N - 1)(N - 2)} \qquad (6-4)$$

在本章中,中介中心度体现为基金i在t期位于基金j到达其他基金的最短路径上的概率之和,其中概率为$\dfrac{g(i)_{t,j,l}}{g_{t,j,l}}$。同样,由于样本数据是典型的非平衡面板数据,不同时期的基金数目有所差异,笔者采用了中介中心度的相对指标,即相对中介中心度。

二、基金家族交叉持股

基金家族是指同一家基金公司发行、管理的基金的集合。为剔除债券基金和货币基金等非偏股型基金的影响,本章定义的基金家族为小范围基金家族,即同一家基金公司发行、管理的偏股型基金的集合体。

在基金家族持仓资产网络部分,笔者主要采用基金i在t期与基金家族其他基金交叉持有的股票净值占比。

$$\text{Cross\_Holding}_{i,t} = \frac{\sum\limits_{j}\text{Stock\_Value}_{i,t,j}}{\text{Net\_Wort}_{i,t}} \tag{6-7}$$

式中,$\text{Stock\_Value}_{i,t,j}$表示基金$i$处于第$t$期时,重仓持有家族其他成员的第$j$只股票的净值,$\text{Net\_Wort}_{i,t}$表示基金$i$处于第$t$期时的净值。

(三)主动管理能力

1. 业绩收益率

以往衡量基金业绩的方法主要是基于CAPM模型、F-F三因子模型,以及加入了动量因子之后的四因子模型。本章在实证部分采用以市场因子、公司规模因子、公司成长因子以及动量因子四大因子进行回归得到的四因子超额收益率为业绩衡量收益率指标。

$$R_{i,t} = \beta_{i,t} + \beta_1\text{Premium\_MKT}_{i,t} + \beta_2\text{SMB}_{i,t} + \beta_3\text{HML}_{i,t} + \beta_4\text{UMD}_{i,t} + \varepsilon_{i,t}$$

式中,$R_{i,t}$为基金i在t期的每日复权超额收益率,为每日复权收益率减去一年定期的日复权无风险利率。Premium_MKT、SMB、HML、UMD四个指标分别表示市场风险因子、规模风险因子、账面市值比风险因子、动量因子。以一季度为数据样本,对上述变量进行回归,得到$\beta_{i,t}$,即基金i在第t期的一系列四因子超额收益率,定义为变量中的 Excess_Yield_4$_{i,t}$。

(二)择股、择时能力

在研究基金的择时和择股能力时,学术界普遍使用 TM 模型和 HM 模型,后续逐渐有学者通过三因子模型对上述模型进行改进,以进一步增强模型的有效性,本章在实证部分采用改进后的 HM 三因子模型得到衡量基金择时能力和择股能力的指标。

$$R_{i,t} = \beta_{i,t} + \beta_1 \, Premium\_MKT + \beta_2 \, Premium\_MKT*Dummy + \varepsilon_{i,t} \qquad (6-9)$$

式中,Dummy 在市场超额收益 Premium_MKT 大于 0 时取 1,否则取 0。由此 Premium_MKT*Dummy 指标的系数可以表示基金 i 在 t 期的择时能力,即在市场行情好的时候实现正收益,在市场行情不佳时避开下跌。择股能力则通过回归模型得到的截距项 $\beta_{i,t}$ 衡量,体现择股能力下的超额收益率水平。

(三)净值骤损风险

资产网络作为一种无形的网络,对资产价格波动的风险传递也会起到直接或间接的作用。为了充分而全面地衡量基金的主动管理能力,本章参考徐年行等(2012)的方法构建了基金净值骤损风险指标。

以季度为单位,考虑到交易日间隔时长的偶然性,本章以季度内 5 个交易日为间隔,得到 5 个交易日内基金的净值复权回报率 $R5_{i,t}$ 和相对应的市场超额回报率 Premium_MKT5,剔除 $R5_{i,t}$ 中市场因素的影响。

$$R5_{i,t} = \beta_{i,t} + \beta_1 \, Premium\_MKT5 + \varepsilon_{i,t} \qquad (6-10)$$

剔除市场因素后,基金在 5 个交易日内的异质性收益则体现在残差项 $\varepsilon_{i,t}$ 上,对残差项进行对数优化,得到基金 i 在 t 期的优化后 5 个交易日异质性收益

$$SR5_{i,t} = \ln(1 + \varepsilon_{i,t}) \qquad (6-11)$$

在 $SR5_{i,t}$ 的基础上构建最终衡量基金净值骤损风险的指标 Ncskew——负收益偏态系数。

$$\text{Ncskew}_{i,t} = -\frac{n(n-1)\sqrt{n-1}\sum \text{SR5}_{i,t}^{3}}{(n-1)(n-2)(\sum \text{SR5}_{i,t}^{3})^{1.5}} \qquad (6\text{-}12)$$

式中, n 表示在时期 t 内共有 n 个5个交易日,若有余数则取最后一个交易日数据。$\text{Ncskew}_{i,t}$ 的值与基金净值骤损风险正相关。

上文提到的变量名称与具体定义如表6-1所示。

表6-1　变量名称与具体定义

变量	具体名称	具体定义
度中心度	N_Degree	样本持仓网络每季度的度中心度的相对值
中介中心度	$N\_Betweenness$	样本持仓网络每季度的中介中心度的相对值
基金家族交叉持股	$Cross\_Holding$	基金 i 在每季度重仓持有家族其他成员的股票的净值占比之和
基金业绩	$Excess\_Yield\_4$	四因子模型每季度内日市值加权超额收益率
基金择股能力	$Stock\_Selection\_Ability$	HM改进模型季度内市值加权择股能力
基金择时能力	$Timing\_Selection\_Ability$	HM改进模型季度内市值加权择时能力
基金净值骤损风险	$Nsckew$	负收益偏态系数
控制变量	Net_Worth	基金当期净值取对数值,用以衡量基金当期的规模
	$Management\_Fee$	基金管理当期收取的费率
	N_Family_Fund	基金所在管理公司当期旗下偏股型基金数量总和
	$Tenure$	基金管理人平均在任年限,即在第 t 期,对管理该基金的基金管理人的任职时间取平均值
	$Equity\_CR1$	基金所在管理公司当期的控股股东持股比例,衡量基金公司治理水平
	$Fund\_Age$	基金成立时长,(季度截止日-基金成立日)/365,主要用于刻画基金知名度
	$Holding\_Concentration$	基金当期净值占比的赫芬达尔指数,代表基金持股的集中度

四、控制变量

为了控制基金和基金家族层面自身其他特征对因变量和自变量的影响,本章在回归的过程中还加入了相关控制变量:Net_Worth(基金当期净值)、Management_fee(基金管理费率)、N_Family_Fund(基金家族偏股型基金数量)、Tenure(基金管理人任职的平均年限)、Equity_CR1(基金所在管理公司控股股东持股比例）、Fund_Age（基金成立时长）、Holding_Concentration（基金持股的集中度），确保因子的有效性和结果的可信度。

第四节 实证研究

本章的样本数据中，基金持仓数据和基金层面的控制变量数据主要来源于 CSMAR 数据库与 Wind 数据库，择股能力和择时能力指标构建所需风险因子数据来自中央财经大学的中国资产管理研究中心。

一、回归模型

本章数据为非平衡面板数据，需要考虑截面异方差和自相关问题，考虑到样本来自较大的母体，723 个样本基金 15 年的数据（每只基金至少有 10 个季度的数据），覆盖了中国市场大部分的偏股型基金，故对基金个体和时期采用固定效应分析。

为行文简洁，此部分回归模型以基金的度中心度为例，中介中心度、基金家族交叉持股同理，不另赘述。

为研究度中心度对基金业绩、基金择股能力、基金择时能力、基金净值骤损风险四大基金主动管理能力指标的影响，需要固定基金个体和时期进行面板回归。

$$\text{Excess\_Yield\_4}_{i,t} = \beta_0 + \beta_1 N\_Degree + \beta Control + Time_t + Fund_i + \varepsilon_{i,t} \quad (6-13)$$

$$\text{Stock\_Selection\_Ability}_{i,t} = \beta_0 + \beta_1 N\_Degree + \beta Control + Time_t + Fund_i + \varepsilon_{i,t} \quad (6-14)$$

$$\text{Timing\_Selection\_Ability}_{i,t} = \beta_0 + \beta_1 N\_Degree + \beta Control + Time_t + Fund_i + \varepsilon_{i,t} \quad (6-15)$$

$$\text{Nsckew}_{i,t} = \beta_0 + \beta_1 N\_Degree + \beta Control + Time_t + Tund_i + \varepsilon_{i,t} \quad (6-16)$$

式中，因变量分别为基金主动管理能力的四大指标，N_Degree 为基金度中心度的相对值，Control 表示相应的控制变量，$Time_t$ 表示时期的固定效应，$Fund_i$ 表示基金个体的固定效应。

二、描述性统计

为排除异常值对回归结果的影响,笔者对数据采用了99%分位和1%分位的缩尾处理,得到描述性统计结果详见表6-2,主要含有样本数量、样本均值、样本标准差、样本中位数、样本最大值、样本最小值以及样本偏度。

从样本统计中可以发现,Carhart四因子每季度内日市值加权超额收益率的均值为-0.0012%,意味着偏股型基金的整体收益率略低于市场,将这种现象拆分为市场基金的择股能力和择时能力可以发现,原因主要是偏股型基金的择股能力弱于市场,但在择时能力上,偏股型基金整体优于市场。偏股型基金整体的净值骤跌风险均值为0.2253,数值为正,意味着基金的净值骤损风险高于市场。整体来看,基金因变量指标整体的标准差较大,意味着不同基金的主动管理能力存在着较大差异。

从基金的持仓资产网络构建的中心性指标可以发现,偏度的值都较为明显右偏,尤其是度中心度,说明存在部分度中心度较大的基金与其他基金偏差较大,即这部分基金在基金群体中具有很好的中心性。

基金家族交叉持股的净值比例为24.52%,意味着平均而言,每只基金的重仓股中有整体净值占比达24.52%的资产与家族其他基金相同,处于相对较高的水平。其中,与家族交叉持股的净值比例最高的基金净值占比高达67.18%。

表6-2 主要变量描述性统计

变量	N	Mean	Sd	p50	Max	Min	Skewness
N_Degree	24044	4.02	4.67	2.32	22.79	0.04	2.11
$N\_Betweenness$	24044	0.12	0.09	0.10	0.43	0.01	1.29
Cross_Holding	24044	24.52	16.13	23.03	67.18	0.00	0.43
Excess_Yield_4	24044	0.00	0.08	0.00	0.20	−0.34	−0.91
Stock_Selection_Ability	24044	0.00	0.12	0.00	0.34	−0.48	−0.53
Timing_Selection_Ability	24044	0.69	20.51	0.19	80.10	−52.90	0.53
Ncskew	24044	0.23	2.44	0.19	4.21	−4.06	−0.03
Net_worth	24044	16.02	1.55	16.23	18.95	12.31	−0.35
Management_Fee	24044	0.01	0.00	0.02	0.02	0.01	−6.35
N_Family_Fund	24044	66.19	61.92	45.00	261.00	3.00	1.33

续表

变量	N	Mean	Sd	p50	Max	Min	Skewness
Tenure	24044	6.45	0.75	6.45	8.00	4.50	−0.29
Equity_CR1	24044	0.39	0.23	0.49	0.84	0.02	−0.44
Fund_Age	24044	5.33	3.68	4.58	14.80	0.26	0.65
Holding_Concentration	24044	0.02	0.01	0.02	0.06	0.00	0.88

从表6-3变量的相关性分析结果来看,自变量之间无较强的相关性,可基本排除回归过程中多重共线性的问题。

表6-3 主要变量相关性

变量	（1）	（2）	（3）	（4）	（5）	（6）	（7）	（8）	（9）	（10）
Net_Worth	1.00									
Management_Fee	0.07	1.00								
N_Family_Fund	−0.10	−0.01	1.00							
Tenure	0.07	0.01	0.25	1.00						
Equity_CR1	−0.10	−0.01	−0.23	−0.02	1.00					
Fund_Age	0.14	0.02	0.26	0.38	0.03	1.00				
Holding_Concentration	−0.03	0.04	0.19	0.13	−0.11	0.10	1.00			
Cross_Holding	0.10	0.03	0.29	0.19	−0.14	0.17	0.36	1.00		
N_Degree	0.33	0.02	−0.31	−0.21	−0.01	−0.24	−0.03	0.11	1.00	
N_Betweenness	0.15	0.02	−0.20	−0.12	0.01	−0.08	−0.13	0.01	0.24	1.00

三、回归结果与分析

（一）资产网络关系

从表6-4可以看出,从业绩层面来看,度中心度和中介中心度两大资产网络变量对基金的超额收益率都有显著的正向促进作用,即越处于网络中心的基金、越处于最小路径传递位置的基金,越容易获得超额收益。度中心度每增加1(即平均水平从4.02提升到5.02,从样本来看,度中心度从前64.1%提升到前74.5%),基金的日复权超额收益率将提升0.012%,从长期来看,假设每季度有60个交易日,每年有240个交易日,则基金的季度复权超额收益率将达到

0.7%，年度复权超额收益率将达到2.92%，从超额收益率的角度来看这是一个比较可观的数字。中介中心度每增加0.1（即平均水平从0.1224提升到0.1324，从样本来看，中介中心度从前57.0%提升到前65.8%），则基金的日复权超额收益率将提升0.00494%，季度复权超额收益率将达到0.3%，年度复权超额收益率将达到1.19%。

从取得超额收益率的三大路径可以发现，假设H6-1和假设H6-2均成立，即基金度中心度和中介中心度主要是通过提高基金的择股能力和预防净值骤损的能力来提升自身的超额收益率，但是在这个过程中牺牲了基金的择时能力。

笔者认为其经济含义主要在于处于中心地位的基金，具有更多的消息渠道和资源，更容易获得市场价格还未体现的个股信息，进而在择股能力上更胜市场一筹。

表6-4　资产网络变量单独回归结果（度中心度）

变量	收益率	选股	择时	偏度
N_Degree	0.0012***	0.0017***	−0.1935***	−0.0433***
	(0.0003)	(0.0003)	(0.0485)	(0.0054)
Holding_Con	0.3593***	0.3640***	−5.6483***	−7.4046***
	(0.0612)	(0.0948)	(15.5148)	(1.4349)
Net_Worth	−0.0005	0.0014***	0.1355	0.6599***
	(0.0009)	(0.0012)	(0.1943)	(0.0204)
Management_Fee	−8.5551*	−12.4938	470.4345	756.924***
	(5.2093)	(9.3172)	(1241.17)	(168.58)
N_family_Fund	3.14e-06	1.87 e-05	−0.0048	−0.0002
	(1.7e-05)	(2.4e-05)	(0.0044)	(0.0004)
Tenure	−0.0011	−0.0073***	0.7016**	−0.0906***
	(0.0010)	(0.0014)	(0.2350)	(0.0245)
Equity_CR1	0.0038	0.0200	4.3262**	−0.0336
	(0.0077)	(0.0106)	(1.8579)	(0.2035)
Fund_Age	0.0033	0.0050	−0.2608	−0.2676***
	(0.0024)	(0.0042)	(0.5757)	(0.0789)
Constant	0.2064**	0.2094	−1.5538	−8.2093***
	(0.0810)	(0.1450)	(19.6185)	(2.6652)
个体固定效应	是	是	是	是

续表

变量	收益率	选股	择时	偏度
时间固定效应	是	是	是	是
R^2	0.30	0.32	0.38	0.49
样本量	24044	24044	24044	24044

注:*、**、*** 分别表示在10%、5%、1% 的水平上显著。

表6-5 网络变量单独回归结果(中介中心度)

变量	收益率	选股	择时	偏度
$N\_Betweenness$	0.0494***	0.0529***	−2.4143***	−0.6107***
	(0.0081)	(0.0115)	(1.5931)	(0.2017)
Holding_Con	0.4362***	0.4649***	−15.1655***	−9.5746***
	(0.0606)	(0.0941)	(15.4010)	(1.4440)
Net_Worth	−0.0003	0.0017	0.0926	0.0644***
	(0.0009)	(0.0012)	(0.1948)	(0.0204)
Management_Fee	−7.1147	−10.6556	308.194	719.67***
	(5.1626)	(9.3610)	(1267.61)	(166.98)
N_family_Fund	−5.16e−07	1.38e−05	−0.0043	−0.0001
	(1.7e−05)	(2.43e−05)	(0.0044)	(0.0004)
Tenure	−0.0011	−0.0073***	0.7141***	−0.0879***
	(0.0010)	(0.0014)	(0.2354)	(0.0247)
Equity_CR1	0.0045	0.0211**	−4.4995**	−0.0717
	(0.0075)	(0.0105)	(1.8527)	(0.2043)
Fund_Age	0.0024	0.0040	−0.1643	−0.2455***
	(0.0024)	(0.0043)	(0.5881)	(0.0780)
Constant	0.1932**	0.1974	−1.5818	−8.1887***
	(0.0806)	(0.1457)	(19.9899)	(2.6588)
个体固定效应	是	是	是	是
时间固定效应	是	是	是	是
R^2	0.32	0.34	0.39	0.49
样本量	24044	24044	24044	24044

注:*、**、*** 分别表示在10%、5%、1% 的水平上显著。

同时,从基金净值骤损的角度看,处于中心地位的基金由于择股能力比较强,而优质的股票往往更容易穿越大跌阶段,在个体层面平缓下跌的波动,净值骤损的风险显著降低。除此之外,一般来说,在风险规避心理驱使下,市场风险更易传递到个股本身,以及少部分处于网络边缘的基金,对于中心性较强的基金而言,他们凭借更广的消息面和更有利的资源渠道,更易在市场集体崩溃前逃脱净值骤损的风险,而这种逃脱本身也可能成为个股股价暴跌的导火索和催化剂。

而基金的度中心度和中介中心度与择时能力负相关,其原因可能是基金的择时能力通常体现在个股下行低于其估值时提早一步建仓分阶段买入,即"越跌越买",这导致其择时能力受到较大的影响。

将度中心度和中介中心度两大指标一起回归,回归结果(见表6-5)显示两个指标表现依旧较为稳健,在业绩超额收益率方面二者系数均略有下滑,体现为基金的度中心度和中介中心度对基金超额收益率均有贡献,且二者的贡献存在部分协同。在择时方面一起回归之后,度中心度的影响仍然明显,但是中介中心度则完全失去了显著性,可见度中心度对基金择时能力的分离要强于中介中心度。与此同时,二者对基金净值骤损的风险依旧起着削弱的作用。

表6-5　资产网络变量一起回归结果

变量	收益率	选股	择时	偏度
N_Degree	0.0007***	0.0013***	−0.1951***	−0.0428***
	(0.0003)	(0.0004)	(0.0530)	(0.0057)
N_Betweenness	0.0396***	0.3571***	0.1547	−0.0469***
	(0.0089)	(0.0128)	(1.7439)	(0.2144)
Holding_Con	0.3992***	0.4000***	−5.4917***	−7.4518***
	(0.0622)	(0.0956)	(15.6106)	(1.4542)
Net_Worth	−0.0005	0.0015	0.1356	0.0699***
	(0.0009)	(0.0012)	(0.1943)	(0.0204)
Management_Fee	−7.7476	−11.7652	473.5905	755.9661***
	(5.1570)	(9.2974)	(1244.193)	(168.80)
N_Family_Fund	1.36e-06	1.71e-05	−0.0048	−0.0002
	(1.60e-05)	(2.43e-05)	(0.0044)	(0.0004)
Tenure	−0.0011	−0.0073***	0.7016***	−0.0906***
	(0.0010)	(0.0014)	(0.2350)	(0.0245)
Equity_CR1	0.0038	0.0200	−4.3261**	−0.0336
	(0.0076)	(0.0106)	(1.8579)	(0.2035)
Fund_Age	0.0028	0.0046	−0.2626	−0.2671***
	(0.0028)	(0.0042)	(0.5776)	(0.0789)
Constant	0.1933**	0.1976	−1.605	−8.1938***
	(0.0804)	(0.1448)	(19.6584)	(2.6688)
个体固定效应	是	是	是	是

续表

变量	收益率	选股	择时	偏度
时间固定效应	是	是	是	是
R^2	0.33	0.35	0.39	0.49
样本量	24044	24044	24044	24044

注:括号中为估计量标准差,**、*** 分别表示在5%、1%的水平上显著。

(二)基金家族交叉持股

从表6-6的回归结果看,与家族其他基金交叉持股对基金的超额收益率有一定的正向作用,若基金家族交叉持股占比提升10%,(即平均水平由24.52%提升到34.52%,从样本来看,从前52.4%提升到前73.8%),则基金的日复权超额收益率将提升0.003%,季度复权超额收益率将达到0.18%,年度复权超额收益率将增至0.72%。

从实现路径来看,对与家族其他基金交叉持股比例较高的基金而言,通过家族关系建立的消息渠道和资源优势提升了其个股择时能力,而这种良好的择股能力在个股层面给基金带来净值骤损的风险较小。除此之外,基金家族的"抬轿"策略打造对象一般是处于家族基金持仓中心的基金,其与家族其他基金交叉持股比例一般较高,这也容易帮助这类基金在个股涨幅的带动下获取较高的超额收益率。相对地,当个股股价存在大幅下跌风险时,基金家族有动机和能力对集体重仓股进行护盘,以此降低基金净值下滑的风险。

表6-6 基金家族交叉持股变量回归结果

变量	收益率	选股	择时	偏度
Cross_Holding	0.0003***	0.0003***	0.0167	−0.0074***
	(1.1e−4)	(7.77e−5)	(0.0125)	(0.0013)
Holding_Con	0.2152***	0.2386***	−2.6859	−4.3179***
	(0.0713)	(0.1094)	(17.3326)	(1.6782)
Net_Worth	−0.0006	0.0014	0.1107	0.0693***
	(0.0009)	(0.0012)	(0.1972)	(0.0205)
Management_Fee	−7.1526	−10.7307	304.6085	711.9577***
	(5.1789)	(9.2893)	(1257.771)	(165.8104)

变量	收益率	选股	择时	偏度
N_Family_Fund	3.43e–06 (1.66e–05)	1.09e–05 (2.43e–05)	–0.0041 (0.0044)	–0.0001 (0.0004)
Tenure	–0.0012 (0.0010)	–0.0074*** (0.0014)	0.7168*** (0.2352)	–0.0870*** (0.0246)
Equity_CR1	0.0059 (0.0076)	0.0226 (0.0106)	–4.5759** (1.8536)	–0.1009 (0.2045)
Fund_Age	0.0025 (0.0024)	0.0041 (0.0042)	–0.1667 (0.5829)	–0.2429*** (0.0774)
Constant	0.2067** (0.0806)	0.2121 (0.1443)	–2.1909 (19.8202)	–8.2837*** (2.6235)
个体固定效应	是	是	是	是
时间固定效应	是	是	是	是
R^2	0.29	0.32	0.38	0.49
样本量	24044	24044	24044	24044

注:括号中为估计量标准差,**、***分别表示在5%、1%的水平上显著。

四、稳健性分析

为检验几个因变量的稳健性,笔者将基金日复权超额收益率、择股能力、择时能力三个因变量分别做了替换。

将基金日复权超额收益率的衡量从因子模型改成三因子模型,同时通过放大市场超额收益率的影响来构建新的择股能力和择时能力,其中新的择股能力和择时能力模型如下

$$R_{i,t} = \beta_{i,t} + \beta_1 \mathrm{Premium\_MKT}_{i,t} + \beta_2 \mathrm{Premium\_MKT}^2{}_{i,t} + \varepsilon_{i,t} \qquad (6\text{-}17)$$

式中,Premium_MKT^{2}表示市场超额收益率的平方,可以表示基金i在t期的择时能力,即放大市场行情波动的效果。择股能力则通过回归模型得到的截距项$\beta_{i,t}$来衡量,体现择股能力下的超额收益率水平。从回归结果可以发现,替换变量后几个模型的显著性、回归系数正负性影响均不大,模型稳健性较强(受篇幅所限,结果没有呈现)。

第五节　构建FOF策略

在本章构建FOF策略的过程中,以各项指标最稳健的度中心度为主要变量,仍然以季度为时间频率,将t当期以度中心度为标准从小到大分成8组投资组合,其中第1组为度中心度最小的组合,是策略中的看空组合,第8组为度中心度最大的组合,为策略中的看多组合,每季度进行重新换仓。以策略的日复权超额收益率均值和累乘的净值乘数为策略评判指标,可以发现策略具有较好的效果,且预测效果随着预测的期数顺延递减。

在构建投资组合之后的下一期,看多组合平均实现了0.00786%的日复权超额收益率,看空组合则获得了-0.0182%的日复权超额收益率,显著低于看多组合(见图6-1)以240天交易日的年度计算,平均而言,看多组合可实现1.90%的年度超额收益率,而看空组合的年度超额收益率为-4.27%,若市场卖空不受限制,以同样净值持有看多组合并做空看空组合,可实现年均超额收益率6.17%。

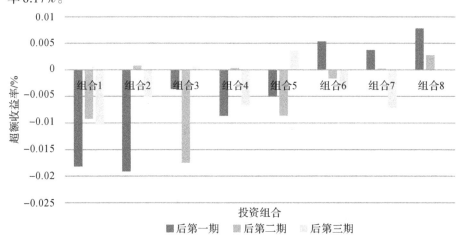

图6-1　度中心度投资组合日复权超额收益率

以2005年一季度为起点,作为时期t=1,以2019年四季度为终端,为时期t=60。仅以超额收益率为增长因子,得到在无风险利率为0的假设下8个基金组合的净值乘数,其中组合8最终实现1.225倍的净值乘数。而另一个颇为有趣的现象是,以度中心度最小的基金构建的看空组合组合1的净值乘数以较快的速度脱离群体下滑,这印证了度中心度较弱的基金更容易承受基金净值暴跌风险的结论(如图6-2所示)。

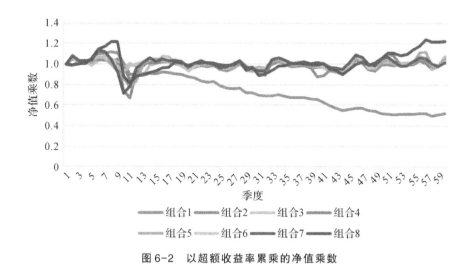

图6-2 以超额收益率累乘的净值乘数

第六节 本章小结

本章定义了基金度中心性、基金中介中心性等基于社会网络理论和基金资产网络关系的变量,并切入基金家族交叉持股这一基金关系场景进行具体剖析。在对基金主动管理能力的评判上,本章则以基金的超额收益率为核心指标,从基金择股能力、基金择时能力以及基金净值骤损风险三个维度进行机制验证。除此之外,为进一步探索和验证以基金的持仓资产网络构建的基金关系对基金自身超额收益率的影响,本章以基金度中心度为指标构建了FOF投资策略,为监管部门和基金购买者提供参考和指导。

其中衡量基金资产网络关系的度中心度指标和中介中心度指标两个变量对基金的超额收益率都有显著的正向促进作用,即越处于网络中心的基金、越处于最小路径传递位置的基金,越容易获得超额收益,并发现二者主要是通过提高基金的择股能力以及防止基金净值骤损来提升自身的超额收益率。原因是处于中心地位的基金,具有更多的消息渠道和资源,更容易获得市场价格还未体现的个股的信息,进而在择股的能力上更胜市场一筹,且在面临风险时更容易获悉市场动向,在风险进一步加剧和传染前避开风险。除此之外,越处于网络中心的机构投资者,越有可能"抱团取暖",而且越有动力利用网络来掩盖坏消息,阻碍坏消息的及时发布,从而防止基金净值骤损。但是中心性指标在促进基金择股能力的同时牺牲了基金的择时能力。

与家族其他基金交叉持股对基金的超额收益率也有类似的正向作用,主要是凭借家族资源提升了基金的择股能力,基金家族交叉持股对基金的择时能力无显著影响;当基金与家族其他基金的交叉持股比例较大时,其净值骤损风险也会有所下降,主要源于基金家族对交叉持有的股票拥有更多的异质性消息,以及家族对集体重仓股采取的护盘策略。

基于上述结论,本章提出建议和意见如下:

第一,基金监管部门在监管市场动态时建议多留意基金之间的持仓网络关系,在必要时可跟踪基金之间基于持仓的消息传递,维护市场的公平和稳定。

第二,投资者选择基金时建议适当关注基金以往的持仓记录,可适当倾向于选择持仓位于中心和中介地带的基金,借此获取更高的超额收益率并降低基金净值骤损的风险。

第三,投资者在关注基金主动管理能力的同时,应该综合考虑基金的多方面业绩评价因素,选择适合自己的基金。

第七章 机构投资者对企业金融化的影响

第一节 研究概述

一、研究背景

近年来,我国经济进入新常态,实体企业发展面临的困难增加,许多行业面临产能过剩、实体投资回报率以及全要素生产率下降等问题。与此同时,我国金融行业规模不断扩大。图7-1列示了2010—2019年的金融业增加值以及金融业增加值占当年GDP比重。其间,中国金融业增加值规模呈逐年上升趋势,从2010年的25733.1亿元增长到2019年的77077.0亿元,年均增长率为13.44%,远高于GDP增长率。从比重角度看,金融业增加值占当年GDP比重总体呈上升趋势,具体而言,从6.24%上升到8.17%;2016—2018年,金融业增加值及其占当年GDP比重略微有所下降,具体而言,从2016年的8.03%下降到2018年的7.68%,但每年的比重仍然高于7.60%;2019年金融业增加值占GDP比重较2018年有所提升,为7.78%。金融业规模的不断扩大和高利润吸引了实体企业的大量资金,进而导致实体企业转变投资方式,将部分资金从实业投资转向金融市场,通过配置金融资产将资金投放到金融领域,我国出现实体企业金融化趋势。图7-2是2010—2019年的金融业增加值与工业增加值的规模和增长率对比情况。中国工业增加值规模在2010—2019年也呈现逐年上升趋势,从2010年的165123.1亿元增长到2019年的317109.0亿元,年均增长率为8.67%,低于金融业的13.44%;从增长率来看,2011—2016年的金融业增加值增长率均远高于工业增加值增长率,尤其是2015年,金融业增加值增长率为20.16%,而工业增加值增长率仅为0.76%。

20世纪80年代以来,机构投资者作为新的金融机构在市场上快速兴起,种类越来越多、规模越来越大,在很大程度上改变了资本市场结构,机构投资者逐渐成为资本市场的重要参与者。我国机构投资者产生于20世纪90年代后期,近年来,随着我国证券以及基金市场的不断发展完善,机构投资者的规模和数量均实现了快速发展。证券投资基金作为金融市场上一类重要的机构参与者,其间也实现了巨大发展。由图7-3可知,2010—2019年,证券投资基金数量与规模均呈现上升趋势,尤其是在2014年后,无论是在规模上还是在数量上,证券投资基金增长率明显加快。

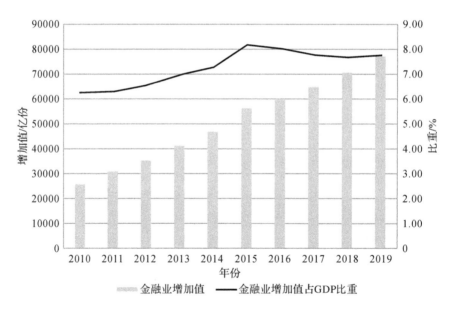

图7-1 2010—2019年金融业增加值及其占GDP比重
数据来源:国家统计局。

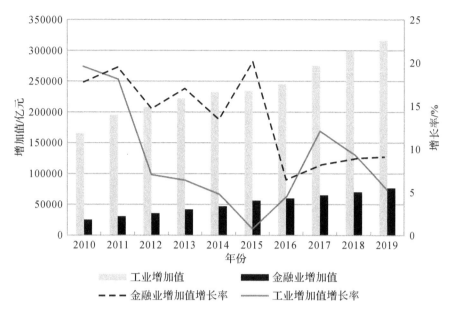

图 7-2　2010—2019 年金融业增加值与工业增加值的规模和增长率对比

数据来源：国家统计局。

已有研究认为,持股期长、持股比例高的机构投资者能够在公司治理过程中发挥积极作用,对被投资公司的管理层以及控股股东实施监督作用,那么,机构投资者是否会影响企业的金融资产配置行为? 企业在资金短缺时可以通过股权融资和债务融资方式募集资金,企业股东与债务人在权力、效用函数等方面均存在不同,本章尝试在研究不同融资方式、机构投资者持股比例对企业的金融资产配置行为影响的基础上探讨机构投资者、企业融资行为以及金融资产配置三者之间的关系,梳理机构投资者对企业金融资产配置行为的影响机制。

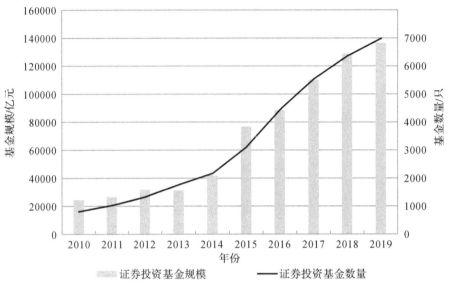

图7-3　2010—2019年证券投资基金数量与规模
数据来源:中经网统计数据库。

二、研究意义

(一)理论意义

学者们关于实体企业金融化的研究很多是从宏观层面展开的,而关于微观经济层面实体企业金融化的研究相对较少。通过梳理企业金融化相关研究文献,已有研究集中于探讨以下两个问题:一是关于实体企业金融化的成因分析,二是关于实体企业金融化对于企业经营以及投融资活动的影响分析。目前关于实体企业金融化与机构投资者两者之间关系的研究较少,因此,本章认为有必要在实体企业金融化和机构投资者规模不断扩大的背景下探讨两者之间的关系,丰富关于机构投资者以及实体企业金融化相关研究。

(二)现实意义

通过对机构投资者、企业融资以及实体企业金融化三者之间关系的梳理和研究,帮助企业对金融化问题有更全面的认识,对企业未来生产经营活动起到一定的指导规范作用:①揭示股权融资和债务融资方式下对企业配置金融资产决策的影响,在发现企业融资行为对实体企业金融化的影响规律之后,可以通过规范实体企业的融资行为约束其金融资产配置规模,避免实体企业过度金融化;②揭示机构投资者对实体企业金融化的影响,企业配置金融资产的行为本质上属于企业投资决策行为,本章有助于在已有研究的基础上进一步揭示机构投资者在公司治理中的作用,规范企业日常经营行为;③在"深化金融体制改革""防范系统性风险"的政策背景下,本章有利于政府和监管部门对实体企业配置金融资产行为进行引导,增强金融服务实体经济的能力。

三、创新点

与已有文献相比较,本章对企业融资行为、机构投资者以及金融化三者之间的关系进行了研究,而不是局限于分析企业金融化的成因及影响。本章在探究企业融资行为对企业不同期限金融资产配置行为影响的基础上进一步探究了机构投资者的作用,并在分析企业融资与企业金融化、机构投资者持股与企业金融化之间关系的基础上进一步对三者之间的关系进行梳理探究。

本章根据企业金融资产期限长短从短期金融资产配置规模和长期金融资产配置规模两个角度衡量企业金融化程度,并将企业配置不同期限金融资产的行为与企业金融化动机相联系,扩展微观层面关于金融化的相关研究,并为后续相关研究提供经验。

第二节 文献综述

一、金融化

当前学界对金融化问题主要从宏观层面和微观层面两个角度进行研究,宏观层面的金融化称为经济金融化,主要研究金融化与就业、GDP贡献率之间的关系;微观层面的金融化称为企业金融化,重点关注非金融企业的金融化行为。

根据研究内容,本章将从企业金融化的界定以及企业金融化的动机两个方面对企业金融化相关文献进行阐述。

(一)金融化的界定

20世纪90年代初期,Arrighi(1994)率先提出金融化概念,认为金融化是成熟资本主义社会资本积累过程转变的产物。后续部分学者从金融市场角度对金融化概念进行界定。在金融化过程中,金融资源相比于非金融资源的地位逐渐提高,对经济发展贡献日益增加,企业将其拥有的资源投向金融市场后获得超额收益率(Epstein,2006;Orhangazi,2008)。Krippner(2011)集中于实体制造业企业层面,认为金融化过程也是金融资产投资活动在经营活动中的占比不断提高的过程。

国内学者也从多个角度对金融化的概念进行界定,且大多数国内学者将金融化与"虚拟经济"相结合。鲁春义等(2016)提出,在金融化过程中资本脱离实体经济领域,主要通过在金融体系内的流动实现资本积累和保值增值,在这一过程中,资本不能产生和交换剩余价值,产生"脱实向虚"问题。也有一部分学者认为金融化是企业在实体领域投资收益率下降背景下一种追逐利益的行为。孙平(2017)认为金融化的利润来源是金融市场上的"资金空转",而这一过程是一种经济投机活动,对整个经济带来的负面影响十分严重。王红建等(2017)认为,实体企业面临的竞争状况越来越激烈,生存压力增大,生产经营成本增加,导致大量资本不断进入金融和房地产行业以追求高投资收益,致使实体企业金融资产持有比例越来越高,逐渐形成企业金融化的趋势。

学者们从不同的角度对金融化的概念进行了界定,不同学者虽然在言语表述上存在差异,但仍有"异曲同工之妙",反映出金融化的两个基本特征:第一,金融市场和金融机构在市场中的地位越来越重要;第二,企业资源越来越多地被配置到金融投资活动中,并引起企业利润来源结构发生变化。

(二)企业金融化的动机研究

众多学者对企业金融化的动机进行了研究,得出的结论存在较大差异。

已有文献关于企业金融化动机的研究大致上可以分为两类:投资替代动机和预防性储备动机,两种动机下的企业金融化行为会对企业经营活动产生不同的影响。

投资替代动机指的是在企业经营过程中,资本性投资与金融资产投资可以互相替代,而企业为了获得利润最大化,会将资源投入收益率更高的领域,当企业进行实业投资可得到的收益率高于企业将资金投向金融行业可得到的收益率时,企业会将资源更多地用于实业投资;反之,则投入金融领域(张成思等,2016)。彭俞超等(2018)认为,与金融投资相比,企业将资金投入实体领域时得到的投资收益率低,导致企业为实现利润最大化而不断增加持有的金融资产规模。袁亚东(2020)也认为实体企业金融化动机主要是投资替代,当上一年实施宽松货币政策时,短期金融资产价格相比于长期金融资产会发生更大波动,企业管理者会通过大规模出售公司持有的短期金融资产来实现其在职期间利益最大化。王红建等(2017)也认为企业持有金融资产的目的是获取金融资产投资的高收益,他发现实体企业进入金融房地产行业的主要原因是实体企业盈利能力下降,而且实体企业会通过获取外部融资方式增加杠杆来获得更多的投资收益。在投资替代动机下,金融资产成为企业获得投资收益的工具,实体企业配置了大量的金融资产会导致未来的资本性投资减少,挤出实体经济投资(栾天虹等,2019),不利于整个经济社会健康有序发展。

预防性储备动机认为企业持有金融资产是为了储备流动性。胡奕明等(2017)对企业金融资产配置规模与宏观经济变量之间的相关关系进行了探讨并得出结论:实体企业持有金融资产主要是为了储备流动性,当企业资金不足时可以在短期内出售金融资产变现,金融资产担当“蓄水池”角色。当企业资金不足需要融入资金时,金融资产相比于非金融资产变现能力更强,企业可以在短期内出售,维持正常生产经营(彭俞超等,2018)。许罡等(2018)研究认为,配置金融资产是企业的一种盈余管理方式,而且企业通过对企业盈余进行管理可以缓解企业面临的融资约束问题。在预防性储备动机下,企业持有金融资产的目的在于储备流动性,实体企业配置金融资产不会挤出实体经济投资,金融能够有效服务实体经济发展。

根据以上研究综述可以看出,不同学者对企业金融化动机的研究结论存在差异,这也反映出企业金融化行为动机的复杂性。因此,探究不同因素对企业金融化行为的影响就显得尤为重要。

二、机构投资者

(一)机构投资者与公司治理

从20世纪80年代起,机构投资者成为研究热点,但关于机构投资者在公司治理中的作用现有研究还存在不同意见。

一些学者认为,在公司治理过程中机构投资者有积极作用。Weisbach等(1998)认为机构投资者通过股东持股大会可以在股东与企业管理者之间起到信息交流的角色,并且能够监督管理层的经营决策,减少了企业的代理冲突。伊志宏等(2013)也认为机构投资者可以通过参与公司治理过程以及在金融市场上买卖公司股票影响经理人的决策,缓解代理冲突问题。

还有部分学者从关联方交易、企业盈余管理和信息披露等角度研究了机构投资者在公司治理过程中的积极作用。王琨等(2005)研究发现,机构投资者能够对企业管理层实施监督行为,制约关联方交易。机构投资者还可以起到抑制企业盈余管理行为的作用。Peng等(2006)研究发现,机构投资者在持股过程中,能够起到敦促企业及时进行信息披露的作用,机构投资者持股比例高的企业相比于机构投资者持股比例低的企业其信息披露质量更高。杨海燕等(2012)认为机构投资者的信息获取和解读信息能力更强,其在持股过程中可以将关于企业的相关信息及时传递给投资者,缓解信息不对称。机构投资者持股可以有效减少企业盈余管理,对管理者操纵利润行为进行监督,增强企业财务报告可信度(薄仙慧等,2009)。何建亲(2013)也认为公司内机构投资者持股比例越高,管理层利用项目操纵利润行为发生的概率越小。程昕等(2018)通过对A股上市公司的研究发现,机构投资者持股比例越高,证券分析师对该公司研究预测的可靠性就越强,能够起到稳定公司股价的作用。

也有一些学者认为机构投资者在公司治理过程中并没有发挥积极的作

用。Pound(1988)提出利益冲突假说和战略同盟假说,认为机构投资者与公司存在其他业务关系且易与管理层建立合作关系,在企业监督过程中起到负面作用。Graves 等(1990)认为机构投资者更注重股价的波动性,而且机构投资者在资本市场上的高抛低吸行为会导致公司在决策过程中更注重短期收益而忽略公司的长期发展。Faccio 等(2000)发现机构投资者持股比例高的企业与机构投资者持股比例低的企业在市场回报率上并不存在显著差异,这也意味着机构投资者持股并没有提高企业业绩。

(二)机构投资者与企业债务融资

目前关于机构投资者与企业债务融资之间关系的研究主要集中在两个方面:一是探究机构投资者通过参与公司治理过程进而影响企业债务融资决策;二是分析机构投资者能否降低信息不对称从而缓解其面临的融资约束。

机构投资者持股成为企业股东,通过参与企业融资决策对企业的融资结构产生影响,但目前学术界关于机构投资者在企业公司治理中的作用仍然没有统一的意见。部分学者认为机构投资者通过参与公司治理会导致企业负债融资规模增加。Firth(1995)研究认为机构投资者为了实现股东收益最大化的目标会选择提高企业的资产负债率,增加公司未来还本付息的压力,进而限制企业管理者任意使用公司自由现金流。Nicolas(2005)也认为机构投资者规模与企业负债水平之间是正相关关系,研究发现机构投资者在参与公司治理过程中会倾向于通过提高企业负债水平来提高投资企业价值。陈亚(2018)认为机构投资者在企业经营中担任独立监管者,能够监督企业管理者的日常经营活动,敦促企业及时进行信息披露,缓解企业融资约束。也有部分学者持相反观点,认为机构投资者会倾向于降低企业的资产负债率。Grier 等(1994)研究发现,机构投资者规模与企业负债率水平之间是负相关关系,认为机构投资者在参与公司治理过程中在某种程度上能够替代债权人对企业发挥积极的监督作用。国内部分学者也得出相似的结论,企业资产负债率水平过高会增加企业财务风险,机构投资者专业能力更强,在持股过程中会积极参与公司治理过程,降低企业资产负债率(王琨等,2005)。翁红波等(2007)提出机构投资者持股比例提高可以显著降低企业资产负债率,认为随着机构投资者持股比例提高,机构投资者参与公司治理可以替代负债发挥监督作用,进而促使企业负债水平降低。

关于机构投资者缓解企业融资约束方面的文献研究,观点较为统一,认为机构投资者可以通过提高企业的信息透明度来降低企业的信息不对称问题,进而缓解企业面临的融资约束问题。梁舒雯(2015)研究指出机构投资者会影响企业不同期限债务融资能力,认为由于长期负债相比于短期负债信息不对称问题更为严重,在提高长期融资能力方面机构投资者能够发挥的作用更大。甄红线等(2016)研究认为机构投资者相比于其他中小投资者而言获取信息和解读信息的能力更强,可以敦促企业进行信息披露,降低信息不对称,缓解融资约束。

(三)机构投资者与企业股权融资

已有文献中关于机构投资者与企业股权融资之间关系的研究主要集中于机构投资者持股水平高低对企业股权融资成本的影响。

机构投资者在积极参与公司治理的过程中可以起到降低企业股权融资成本的作用。根据《G20/OECD公司治理准则(2015)》,有效的公司治理能够使利益相关者得到公平对待,从而帮助企业降低资本成本。部分学者通过实证研究也证明了机构投资者在降低企业股权融资成本方面的作用。肖霄(2018)通过对2013—2016年A股上市公司的研究,发现机构投资者持股与股权融资成本之间呈负相关关系,而且通过对机构投资者进行分类研究发现,独立性机构投资者持股可以显著降低企业股权融资成本,非独立性机构投资者并不能够降低企业股权融资成本。田唯茜(2019)研究认为机构投资者收集解读信息能力更强,在缓解信息不对称方面作用明显,可以降低股权融资成本。

除了通过参与公司治理影响企业股权融资成本,机构投资者还存在财务信息透明度、会计稳健性等其他影响企业股权融资成本的途径。机构投资者持股能够通过影响财务信息透明度与公司股权融资成本之间的相关关系而间接影响企业股权融资成本,机构投资者持股比例越高的企业,企业内部股权融资成本与财务信息透明度之间的负相关关系越显著(范海峰等,2016)。李争光等(2016)则研究了异质性机构投资者的影响,稳定型机构投资者持股比例越高,企业会计稳健性水平越高,越能够起到降低企业股权融资成本的作用。

三、文献评述

回顾以往的文献,我们可以发现大量学者对企业金融化和机构投资者的关系进行了研究。学者们关于金融化定义的探讨反映出企业金融化的两方面内涵:一是金融市场以及金融机构不断提高的市场地位,二是更多的企业资源被配置到金融投资活动中并引起企业利润来源结构变化。金融化过程中,企业的利润来源仅仅是资金在金融市场上的"空转",在这一过程中并不能创造价值。关于企业金融化的动机目前主要有以下两类,投资替代动机和预防储备动机,且基于不同动机下的企业金融化会对企业生产经营行为产生不同的影响。

在机构投资者相关研究方面,部分学者肯定其积极作用,认为机构投资者可以缓解企业的代理冲突和信息不对称问题,对管理者实施积极监督,减少关联方交易和抑制管理层的盈余管理行为。也有一部分学者否认了其积极作用,认为机构投资者是短视的,在参与公司治理过程中并不能够从企业长远利益出发,不能起到提高企业业绩的作用。同时,机构投资者可以通过参与公司治理以及缓解企业信息不对称来影响企业债务融资行为,可以通过参与公司治理等路径影响企业股权融资成本。上述研究中有争论的问题仍然需要进一步研究,进而形成统一观点。

通过梳理已有文献,本章认为关于企业金融化以及机构投资者方面的研究还存在以下空缺:首先,学者们在研究企业金融化问题时,更多地探究企业金融化的动机以及经济后果,很少分析企业融资行为与企业金融资产配置行为二者之间的关系;其次,机构投资者通过参与公司治理过程以及对企业管理层实施监督可以影响企业的金融资产配置决策,目前鲜有研究探讨机构投资者在企业金融化过程中的作用。

鉴于已有研究在机构投资者、企业融资行为以及金融化三者之间关系方面的研究空缺,本章认为有必要在实体企业金融化和机构投资者规模不断扩大的背景下探讨三者之间的关系,并尝试在分析不同类型企业融资与企业金融化之间关系的基础上进一步探究机构投资者的影响,丰富关于机构投资者以及企业金融化方面的研究。

第三节　理论分析与研究假设

一、理论基础

通过梳理相关文献,关于机构投资者以及企业金融化的相关文献较多,结论上也存在差异,且一种研究结果产生的背后可能涉及多种力量互相博弈,因此本部分先对后续研究中涉及的理论进行梳理,方便进一步分析。

(一)金融深化理论与金融约束理论

1973年,美国经济学家Shaw和McKinnon提出金融深化理论。当时,发展中国家内普遍资金匮乏,由政府管控金融资源配置,进而造成效率低下,阻碍经济发展。同时,经济发展缓慢又进一步阻碍资金的积累与融通,抑制金融水平提高。学者们将这一现象称为"金融抑制",部分学者认为发展中国家应当放弃"金融抑制"政策,实行"金融深化"。金融深化理论认为,政府应当放松对金融体系的管制,通过金融体系市场化运行实现资金配置,提高资源使用效率,进而进一步刺激金融市场发展,形成金融发展与经济增长二者之间的良性循环。20世纪后期,东南亚国家经济快速发展对金融深化理论的适用性提出了极大的挑战。1997年,Hellman、Murdock和Stiglitz三位学者提出了金融约束理论。该理论认为,政府应当采取政策为经济主体创造租金机会,并通过租金机会提高经济主体积极性。金融约束理论相比于金融深化理论更强调政府的作用,并进一步提倡政府在干预宏观金融市场发展的同时,对微观企业金融化行为进行适度政策指导(滑跃,2017)。

金融深化理论和金融约束理论中虽然对政府角色有不同的认知,但均强调金融发展与经济增长二者间相互促进的关系。金融发展有利于实现经济快速增长,经济发展也将推动金融市场发展。企业作为经济活动的重要参与者,一方面,企业在金融市场上担任资金需求者角色,在资金短缺时融入资金,实现企业扩张和经营利润最大化;另一方面,企业也通过金融市场进行资产投资活动,将资金投向金融行业,获得投资收益。通过适当持有金融资产,企业可以盘活企业资金,在保持流动性的同时获得一定的投资收益,实现规模扩张和最大化企业经营利润。如果企业持有的金融资产规模过大,金融资产投资将会对企业实业投资产生"挤出"效应,阻碍企业发展乃至整个经济社会的有效运行。

(二)信息不对称理论

信息不对称理论认为,不同交易参与者了解的信息是有差异的,交易的一方出于自身利益的考虑,可能对其他交易参与者隐瞒部分信息。由于信息不对称问题存在,信息优势交易者有利用信息优势获利的动机,而信息劣势交易者为了保护自身利益,则会努力从市场中获得更多的信息。

信息不对称问题又会产生逆向选择和道德风险两类代理问题。逆向选择是指在市场交易中,一方如果能够通过故意隐瞒欺骗部分信息从而使自己受益对方受损,那么信息劣势交易者就很难根据自己获得的信息做出决策,引起价格扭曲,降低市场效率。道德风险是指因信息不对称,信息劣势交易者无法监督信息优势交易者,后者可以通过采取前者无法监督的隐藏性行为或不实施某些行为,进而使自己利益增加或使另一方利益受损。

企业管理层作为企业实际经营者,相比于机构投资者在获取企业信息方面有天然的优势,可以获得关于企业经营更详细的信息,导致二者之间信息不对称。由于信息不对称问题的存在,当企业通过债务融资和股权融资方式募集资金时,投资者难以获得关于公司的全部信息和对公司管理者进行及时有效的监督,导致逆向选择和道德风险问题的产生,增加企业融资成本。企业通过提高信息披露质量,规范企业经营活动,搭建起企业与投资者之间信息沟通的桥梁,有助于减少逆向选择和道德风险问题发生,降低企业融资成本。

在缓解企业信息不对称问题方面,机构投资者能够起到一定的作用。一方面,机构投资者作为一类特殊的企业股东,专业水平更高,拥有强大的信息收集能力和研究分析能力,能够获得关于企业的更多信息;另一方面,机构投资者还可以发挥股东监督作用,督促企业及时进行信息披露,进而缓解信息不对称,降低企业融资成本。

(三)委托—代理与公司治理理论

委托—代理理论主要研究企业管理过程中存在的各种委托—代理关系。

在委托—代理理论中,关于委托人与代理人存在以下假设:①双方效用函数不一致。委托人追求自身收益和企业价值最大化,而代理人更希望最大化工资收入、闲暇以及自身福利。②双方之间存在信息不对称。代理人比委托人更具有信息优势,可以获得更多关于企业的信息。③双方权责存在差异。代理人不对公司利润和损失负责,公司损失的风险实际由委托人承担。

委托—代理理论提倡所有权与经营权分离,并主张企业通过建立合理的约束和激励机制等途径来缓解委托—代理冲突,实现"双赢",公司治理理论应运而生。

公司治理理论是在委托—代理理论框架下发展起来的,其主要内容是研究怎样解决委托—代理问题。机构投资者作为企业所有者之一,享有公司所有权和资产收益权,与拥有企业经营权的管理层之间存在委托—代理关系,由于机构投资者与企业管理层在效用函数、可获得信息以及权责方面均存在差异,由此产生双方之间的委托—代理冲突问题。参与公司治理过程已成为机构投资者参与公司生产经营活动、缓解与管理层之间代理冲突问题的重要途径之一。机构投资者相比于其他中小股东更专业,收集和分析信息的能力更强。Pound(1988)对此提出三种假说:在"有效监督假说"下,相比于一般股东,机构投资者更具有信息优势和专业优势,因此监督成本更低,更有利于提高企业价值;"利益冲突假说"与"战略协作假说"则认为机构投资者持股会对企业产生不利影响。在"利益冲突假说"下,机构投资者与企业存在可盈利性商业关系,会被迫支持管理层意见;"战略协作假说"则认为当机构投资者与企业管理层之间存在双赢合作机会时,这种合作会降低机构投资者监督企业管理层的积极性。

二、研究假设

本章尝试在分析企业融资行为与实体企业金融化之间关系的基础上进一步探究机构投资者的影响。根据企业的金融资产配置目的以及金融资产流动性水平的高低,本章将企业配置的金融资产分为两类:一类是流动性水平较高、变现成本较低的短期金融资产,另一类是流动性水平较低、变现成本较高的长期金融资产。

(一)企业融资与企业金融化

相比于长期金融资产,短期金融资产的流动性更高,变现成本更低,能够迅速变现,为企业补充资金。而长期金融资产由于流动性低,变现成本高,变现时限长,当企业面临生产经营资金短缺时,难以快速变现补充资金。综上分析,企业持有短期金融资产主要基于预防储备目的,是为了迅速变现补充企业生产经营资金;企业持有长期金融资产则主要基于投资替代目的,是为了获得金融资产投资收益。

目前,在我国以银行为主导的金融体系中,企业的融资渠道和融资工具都比较有限,其外部资金来源主要是银行信贷。银行等金融机构为了减少坏账损失、控制经营风险,在发放贷款时,往往对企业有较高的要求。Fazzari 等(1987)研究认为由于金融市场的不完备性,企业在融资时普遍面临融资约束,表现为相比于其存在的投资机会,企业难以获得足够的投资资金。在这种背景下,企业在配置金融资产时不能仅仅基于金融领域与实体经济领域投资收益率的比较,还需要考虑资金的可得性。黄送钦(2018)研究认为企业金融化水平提高代表企业投资渠道增多,可以有效增强企业与资本市场的联系,进而缓解企业面临的融资约束,因此,企业面临的融资约束问题与其配置的短期金融资产规模之间存在正相关关系。企业的债务融资规模越大,间接反映出企业具有越强的外部融资能力,可以在债券市场上募集到所需资金,在这种条件下,企业会减少配置短期金融资产,更偏好于配置收益率更高的长期金融资产。同时,袁亚东(2020)也指出,负债率高反映出一个企业的财务状况较差,且还会受到债权人的监督,因而不会持有大量短期金融资产。

相比于债权融资方式,股权融资有其特殊性,股东通过出资获得企业所有权和资产收益权。作为企业所有者,企业股东的目标是追求企业价值最大化,而企业配置不同期限金融资产的行为则会对企业价值产生不同的影响。王红建等(2017)研究认为,企业基于投资替代动机而持有金融资产的行为会对企业创新活动产生消极影响。从股东自身价值最大化角度考虑,企业持有长期金融资产的规模越大,越可能降低全要素生产流程,挤出企业创新,背离企业发展目标,不利于企业生产经营活动,进而对企业价值产生负面影响。盛明泉等(2018)研究发现,交易性金融资产不会明显影响全要素生产率水平,但企业持有长期股权投资和投资性房地产则会对企业全要素生产率产生负向影响。

根据以上分析,如果企业配置的金融资产主要是担任"蓄水池"角色,则其金融资产配置行为不会影响企业的全要素生产率水平,不会对企业价值产生不利影响;如果企业配置金融资产的主要动机是投资替代,则会对企业价值产生负面影响,背离股东价值最大化目标。

基于以上分析,本章提出如下假设:

假设 H7-1:债务融资规模与企业短期金融资产配置负相关,与企业长期金融资产配置正相关。

假设 H7-2:股权融资规模与企业短期金融资产配置正相关,与企业长期金融资产配置负相关。

(二)机构投资者与企业金融化

众多学者认为,机构投资者参与公司治理可以缓解企业股东与管理层之间的代理冲突,制约关联方交易,约束管理层利润操纵行为和督促企业及时对外进行信息披露,承担起"积极的公司治理者"角色。企业配置金融资产的行为本质上是一种投资行为,机构投资者能够通过参与企业治理过程直接影响企业配置金融资产的经营决策。梁舒雯(2015)认为机构投资者可以通过私人谈判、股东提案、行使投票表决权、提起股东诉讼四种方式参与公司治理过程，影响公司经营决策。

机构投资者持股公司的目的是最大化其投资收益，持股过程中机构投资者参与公司治理的目的也是追求被投资企业资产增值和业绩增长，获得公司分红与资产增值。机构投资者在参与公司治理过程中能对企业管理层起到监督作用，督促企业对外进行信息披露，且机构投资者持股比例与企业信息披露质量成正比（Peng 等，2006）。机构投资者可以通过敦促企业进行信息披露，提高信息披露质量，进而实现规范企业金融资产配置行为的目的。机构投资者比其他中小投资者拥有更强大的信息收集能力和研究分析能力，能够利用自己的信息优势和能力优势监督规范上市公司经营活动（纪圣媛，2019），提高企业信息披露质量和财务报告质量（杨海燕等，2012），缓解企业与投资者之间的信息不对称（甄红线等，2016），越来越成为影响公司治理水平的重要因素。机构投资者能够起到"信息桥梁"作用，可以帮助外部投资者以及债权人更好地了解企业经营活动和未来发展规划，规范企业投融资行为，从而对企业的金融资产配置行为进行有效约束和监督。

综上分析，机构投资者无论是基于规范企业经营管理活动还是提高信息披露质量的目的，都有动机规范企业的资产配置行为，影响企业长短期金融资产配置规模。

基于以上分析，本章提出如下假设：

假设 H7-3：机构投资者持股比例与企业短期金融资产配置规模正相关，与企业长期金融资产配置规模负相关。

（三）机构投资者、企业融资与企业金融化

前面重点分析了企业融资、机构投资者持股会影响企业债务融资与股权融资，下面将对机构投资者、企业融资以及企业金融化三者之间的关系进行分析探究。

就债务融资而言，一方面，机构投资者可以通过参与公司治理过程影响企业债务融资水平；另一方面，机构投资者可以通过降低信息不对称，缓解融资

约束,进而影响企业债务融资水平。机构投资者通过参与公司治理活动,可以监督规范企业的经营管理活动,Firth(1995)、Nicolas(2005)、陈亚(2018)等学者在研究中均指出机构投资者在参与公司治理过程中,为了实现股东收益最大化和公司价值最大化,会倾向于提高企业负债水平。同时,机构投资者持股上市公司,一方面可以敦促上市公司及时全面地进行信息披露,将关于企业的信息及时传递给外部投资者;另一方面也可以提高解读已披露信息的专业化水平,进而降低信息不对称,降低企业债务融资成本,提高企业外部融资资金可得性(甄红线等,2016;纪圣媛,2019)。

综上,机构投资者持股会缓解融资约束,降低债务融资成本,提高企业负债水平,并通过提高企业资金可得性影响企业债务融资规模与金融资产配置之间的关系。

就股权融资而言,作为公司股东的机构投资者可以直接参与股权融资决策制定过程。姚颐等(2009)认为机构投资者作为公司股东,为了实现企业价值最大化目标,对于自己直接参与的股权融资行为会在考虑所有可获得信息的条件下做出理智保守的判断,避免自身价值受到损失。企业持有长期金融资产,不仅会降低企业全要素生产率,而且会挤出企业创新投资支出,背离企业生产经营目标,对企业价值产生不利影响,因此,机构投资者持股会进一步增强股权融资与企业长期金融资产配置之间的负相关关系。

机构投资者持股还可能通过影响股权融资成本影响股权融资规模与企业金融化之间的关系。企业信息披露质量提高可以有效降低企业的股权融资成本,信息披露质量高的企业相比于信息披露质量低的企业能够以更低的成本进行股权融资。机构投资者持股可以发挥提高企业信息披露质量的作用,缓解信息不对称,降低股权融资成本,增强股权融资规模与企业短期金融资产配置规模之间的正相关关系。

基于以上分析,本章提出如下假设:

假设H7-4:机构投资者比例越高,债务融资规模与短期金融资产配置的负相关性越低,与长期金融资产配置的正相关性越低。

假设H7-5:机构投资者比例越高,股权融资规模与短期金融资产配置的正相关性越高,与长期金融资产配置的负相关性越高。

第四节　研究设计

一、样本选取和数据来源

本章选取 A 股上市公司作为研究样本,对 2010—2019 年所有 A 股上市公司按照以下原则进行筛选:①剔除金融类上市公司,因为金融类公司负债水平较高且其财务核算方法与其他公司相比存在差异,不具有代表性;②剔除 ST 公司,避免异常数据公司;③剔除数据不完整的公司;④对变量进行 99% 和 1% 的缩尾处理。

经处理后,本章最终获得 20846 个样本观测值,样本数据全部来自国泰安 CSMAR 数据库。

二、变量定义

(一)被解释变量

借鉴王红建等(2017)、栾天虹等(2019)的方法,本章使用企业金融资产配置规模与企业总资产规模的比值来衡量企业金融化水平(Fin),并根据期限长短,将金融资产分为短期金融资产(Fin_Short)和长期金融资产(Fin_Long)。

衡量企业金融化水平的长期金融资产配置规模与短期金融资产配置规模的计算方式如下:

长期金融资产(Fin_Long)=长期金融资产配置规模/总资产

短期金融资产(Fin_Short)=短期金融资产配置规模/总资产

长期金融资产包括企业持有的投资性房地产,短期金融资产包括的科目有衍生金融资产、短期投资、交易性金融资产、应收利息、买入返售金融资产、可供出售金融资产、持有至到期投资、长期应收款。根据新会计准则的规定,长期应收款科目用以核算企业融资租赁产生的应收款项和采用递延方式分期收款、实质上具有融资性质的销售商品和提供劳务等经营活动产生的应收款项。根据这一规定,可以看出长期应收款具有融资性质,应当属于企业持有的金融资产范畴。

(二)解释变量

本章主要研究的是企业融资行为、机构投资者持股以及企业金融化三者之间的关系,根据研究目的,本章涉及以下解释变量。

1.企业融资行为

面临资金需求时,企业可以通过企业内部融资或通过资本市场向投资者募集资金的外部融资方式获得资金。本章研究的是企业外部融资下的债务融资和股权融资。

债务融资指标(Debt)=长期借款/总资产

股权融资指标(Equity)=股权融资规模/总资产,其中本年度股权融资额按照 Baker 等(2003)、何健亲(2013)的计算方法进行计算,具体计算方法为企业当期所有者权益的增加值减去留存收益当期增加值。

2.机构投资者持股

本章使用机构投资者持股比例指标(Inv_Share)来衡量机构投资者在企业中的持股比例情况。具体计算公式为:机构投资者持股比例=基金持股比例+社保基金持股比例+银行持股比例+合格境外投资者持股比例+财务公司持股比例+券商持股比例+信托持股比例+保险持股比例。数据来自国泰安数据库下的机构持股分类统计表。

(三)控制变量

此外,本章借鉴黄送钦(2018)、栾天虹等(2019)的研究,选取企业经营风险指标(Risk)、总资产回报率(Roa)、管理层持股比例(Manager)、第一大股东持股比例(BigInv)、企业成长性指标(Q)、总资产周转率(Tat)、企业规模(Size)、产权性质(Soe)作为控制变量。此外,模型还控制了企业产权性质以及行业和年份虚拟变量(见表7-1)。

表7-1 变量定义和说明

变量类型	变量名称	变量符号	定义
被解释变量	长期金融资产	Fin_Long	长期金融资产配置规模/总资产
	短期金融资产	Fin_Short	短期金融资产配置规模/总资产
解释变量	债务融资指标	Debt	长期借款/总资产
	股权融资指标	Equity	股权融资规模/总资产
	机构投资者持股	Inv_Share	机构投资者持股比例
控制变量	经营风险指标	Risk	当期经营活动产生的现金流量净额与期末总资产比值
	总资产回报率	Roa	净利润/年平均资产规模
	管理层持股比例	Manager	年初管理层持股比例
	大股东持股比例	BigInv	年初第一大股东持股比例
	成长性指标	Q	托宾Q
	总资产周转率	Tat	销售收入净额/平均资产规模
	企业规模	Size	企业年末总资产的自然对数
控制变量	产权性质	Soe	虚拟变量,非国有企业为1,国有企业为0
	行业控制变量	Indus	以证监会门类行业为框架,共14类
	年份控制变量	Year	年份虚拟变量

三、模型设计

根据研究主题,本章在梁舒雯(2015)、何健亲(2013)等相关学者已有研究的基础上,定义以下模型。

首先,研究企业融资对企业配置金融资产规模的影响。将企业融资方式划分为债务融资和股权融资,将企业配置金融资产划分为短期金融资产和长期金融资产。

如下所示,构建模型(7-1)和模型(7-2)。

$$\text{Fin} = \alpha_0 + \alpha_1 \text{Debt} + \sum \text{Control} + \sum \text{Indus} + \sum \text{Year} + \alpha_2 \text{Soe} + \varepsilon \quad (7-1)$$

$$\text{Fin} = \alpha_0 + \alpha_1 \text{Equity} + \sum \text{Control} + \sum \text{Indus} + \sum \text{Year} + \alpha_2 \text{Soe} + \varepsilon \quad (7-2)$$

其次,研究机构投资者持股水平高低是否会影响企业配置金融资产决策,与模型(7-1)和模型(7-2)类似,将企业配置金融资产划分为短期与长期。

如下所示，构建模型(7-3)。

$$\text{Fin} = \alpha_0 + \alpha_1 \text{Inv} - \text{Share} + \sum \text{Control} + \sum \text{Indus} + \sum \text{Year} + \alpha_2 \text{Soe} + \varepsilon \quad (7-3)$$

最后，在探究机构投资者对企业配置金融资产决策直接影响的基础上，进一步研究机构投资者持股是否会影响企业融资与企业配置金融资产规模之间的关系，分析机构投资者持股影响企业金融资产规模的间接渠道。

如下所示，构建模型(7-4)和模型(7-5)。

$$\text{Fin} = \alpha_0 + \alpha_1 \text{Debt} + \alpha_2 \text{Investor} + \alpha_3 \text{Debt} \times \text{Investor}$$
$$+ \sum \text{Control} + \sum \text{Indus} + \sum \text{Year} + \alpha_4 \text{Soe} + \varepsilon \quad (7-4)$$

$$\text{Fin} = \alpha_0 + \alpha_1 \text{Equity} + \alpha_2 \text{Investor} + \alpha_3 \text{Equity} \times \text{Investor}$$
$$+ \sum \text{Control} + \sum \text{Indus} + \sum \text{Year} + \alpha_4 \text{Soe} + \varepsilon \quad (7-5)$$

第五节　实证分析

一、描述性统计与相关性分析

(一)描述性统计

为了防止变量异常值影响回归结果可靠性，本章首先对数据进行99%分位和1%分位的缩尾处理，处理后数据的描述性统计分析情况见表7-2。

表7-2　变量描述性统计分析

变量	N	均值	标准差	中位数	最大值	最小值
Fin_Long	20846	0.0096	0.0281	0	0.1956	0
Fin_Short	20846	0.2158	0.1425	0.1783	0.6805	0.0233
Debt	20846	0.0388	0.0696	0.0016	0.3561	0
Equity	20846	0.0367	0.0921	0.0035	0.4824	−0.0817
Inv_Share(%)	20846	0.6323	0.0685	4.0216	32.2119	0
Risk	20846	0.0498	0.0658	0.0483	0.2364	−0.1364
Roa	20846	0.0519	0.0487	0.0441	0.2225	−0.0914
Manager	20846	0.1072	0.1750	0.0005	0.6622	0
BigInv	20846	0.1633	0.1158	0.1348	0.5624	0.0134

续表

变量	N	均值	标准差	中位数	最大值	最小值
Q	20846	2.0220	1.2042	1.6260	7.7494	0.8773
Tat	20846	0.6914	0.4627	0.5802	2.7287	0.0938
Size	20846	9.6182	0.5432	9.5451	11.3196	8.6522
Soe	20846	0.6311	0.825	1	1	0

由表7-2可知,样本数据中企业平均配置的长期金融资产的规模占总资产的比重为0.96%,最大占比为19.56%;企业平均配置的短期金融资产的规模占总资产的比重为21.58%,最大占比为68.05%,表明上市企业除了进行经营性投资外还普遍配备了一定比例的金融资产,且在企业持有的金融资产中以短期金融资产为主,长期金融资产的占比相对较低。同时,可以发现,在上市企业中,企业短期金融资产和长期金融资产配置比例的最大值与最小值之间的差值较大,说明不同上市公司的金融资产配置行为存在较大差异。企业长期借款融资额占总资产的平均比重是3.88%,最大值为35.61%,说明上市企业面临的融资约束不同,不同企业的长期债务融资额差异较大。企业股权融资规模占总资产的平均比重为3.67%,最大值为48.24%。上市企业机构投资者的平均持股比例为0.63%,最大值为32.21%,说明机构投资者持股在上市公司中普遍存在且有一定的影响力,预期能够在一定程度上影响企业生产经营决策。

(二)相关性分析

为防止变量之间存在多重共线性问题影响回归结果的准确性,需要对模型中涉及的各个变量进行相关性检验。

本章对变量进行Pearson相关性检验,相关系数矩阵如表7-3所示。根据检验结果,各变量间的相关系数均小于0.4,说明不存在多重共线性。

表7-3的相关系数矩阵初步揭示了企业金融化与企业融资行为、机构投资者持股比例之间的关系。从变量之间的相关性来看,机构投资者持股比例与企业长期金融资产配置规模之间高度负相关,且在1%的水平上显著;机构投资者持股比例与企业短期金融资产配置规模高度正相关,且在1%的水平上

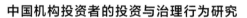

表7-3　变量相关系数矩阵

变量	Fin_Long	Fin_short	Debt	Equity	Inv_share	Risk	Roa	Manager	Biginv	Q	Tat	Size
Fin_Long	1.000											
Fin_Short	0.005 (0.4872)	1.000										
Debt	0.032*** (0.0000)	-0.248*** (0.0000)	1.000									
Equity	-0.036*** (0.0000)	0.090*** (0.0000)	-0.039*** (0.0000)	1.000								
Inv_Share	-0.043*** (0.0000)	0.047* (0.0000)	0.012* (0.0837)	0.132*** (0.0000)	1.000							
Risk	-0.027*** (0.0001)	0.090*** (0.0000)	-0.005 (0.4798)	-0.074*** (0.0000)	0.100*** (0.0000)	1.000						
Roa	-0.059*** (0.0000)	0.239*** (0.0000)	-0.187*** (0.0000)	0.109*** (0.0000)	0.232*** (0.0000)	0.413*** (0.0000)	1.000					
Manager	-0.089*** (0.0000)	0.174*** (0.0000)	-0.200*** (0.0000)	0.089*** (0.0000)	-0.084*** (0.0000)	-0.048*** (0.0000)	0.139*** (0.0000)	1.000				
Biginv	-0.025*** (0.0000)	0.006 (0.4173)	0.081*** (0.0000)	-0.060*** (0.0000)	-0.135*** (0.0000)	0.113*** (0.0000)	0.101*** (0.0000)	-0.091*** (0.0000)	1.000			
Q	0.008 (0.2377)	0.167*** (0.0000)	-0.212*** (0.0000)	0.023*** (0.0008)	0.206*** (0.0000)	0.129*** (0.0000)	0.282*** (0.0000)	0.004 (0.5994)	-0.108*** (0.0000)	1.000		
Tat	-0.033*** (0.0000)	-0.047*** (0.0000)	-0.172*** (0.0000)	-0.014** (0.0458)	0.096*** (0.0000)	0.088*** (0.0000)	0.147*** (0.0000)	-0.102*** (0.0000)	0.095*** (0.00000)	-0.033*** (0.0000)	1.000	
Size	-0.028*** (0.0001)	-0.213*** (0.0000)	0.383*** (0.0000)	-0.034*** (0.0000)	0.185*** (0.0000)	0.071*** (0.0000)	-0.079*** (0.0000)	-0.363*** (0.0000)	0.229*** (0.0000)	-0.392*** (0.0000)	0.097*** (0.0000)	1.000

注：*、**、***表示分别在10%、5%、1% 的水平上显著。

显著。企业债务融资规模与企业短期金融资产配置规模之间显著负相关,与企业长期金融资产配置规模之间显著正相关。企业股权融资规模与企业长期金融资产配置规模之间显著负相关,与企业短期金融资产配置规模之间显著正相关,以上相关关系均在1%的水平上显著。假设中涉及的变量间的相关关系将在后面的回归方程中进一步检验。

二、企业融资与企业金融化

表7-4是企业不同类型融资规模与企业金融化相关关系的回归结果。表中共有六列回归结果,分别表示企业短期金融资产配置规模、长期金融资产配置规模与企业债务融资规模和股权融资规模之间的关系。上述均为控制年份、行业和产权性质等虚拟变量的回归结果。

根据回归结果,企业短期金融资产配置规模与企业债务融资规模之间呈负相关关系,与企业股权融资规模之间呈正相关关系;企业长期金融资产配置规模与企业债务融资规模之间呈正相关关系,与企业股权融资规模之间呈负相关关系,上述结果均显著。综上,企业债务融资规模越大,基于资金可得性以及经营风险角度考虑,企业短期金融资产配置比例越低,长期金融资产配置比例越高;企业股权融资规模越大,基于企业股东最大化自身价值目标考虑,企业长期金融资产配置比例越低,短期金融资产配置比例越高,假设H7-1和假设H7-2得到验证。

表7-4　企业融资与企业金融化回归结果

变量	Fin_Short			Fin_Long		
	（1）	（2）	（3）	（4）	（5）	（6）
Debt	−0.3593***		−0.3592***	0.0115***		0.0115***
	(0.0154)		(0.0154)	(0.0043)		(0.0043)
Equity		0.0941***	0.0940***		−0.0049**	−0.0049**
		(0.0121)	(0.0120)		(0.0019)	(0.0020)
Risk	0.1639***	0.1730***	0.01797***	0.0048	0.0042	0.0040
	(0.0161)	(0.0163)	(0.0161)	(0.0036)	(0.0036)	(0.0036)
Roa	0.4581***	0.4871***	0.4256***	−0.0128***	−0.0131***	−0.0111**
	(0.0239)	(0.0242)	(0.0241)	(0.0048)	(0.0048)	(0.0049)

续表

变量	Fin_Short			Fin_Long		
	(1)	(2)	(3)	(4)	(5)	(6)
Manager	0.0823***	0.0827***	0.0813***	−0.0107***	−0.0107***	−0.0107***
	(0.0067)	(0.0068)	(0.0067)	(0.0011)	(0.0011)	(0.0011)
BigInv	0.0540***	0.0627***	0.0577***	−0.0026	−0.0029	−0.0028
	(0.0085)	(0.0087)	(0.0085)	(0.0020)	(0.0020)	(0.0020)
Q	0.0030***	0.0040***	0.0039***	0.00004	0.00001	0.00004
	(0.0011)	(0.0011)	(0.0011)	(0.0002)	(0.0002)	(0.0002)
Tat	−0.416***	−0.0331***	−0.0415***	−0.0061***	−0.0064***	−0.0061***
	(0.0025)	(0.0025)	(0.0025)	(0.0006)	(0.0006)	(0.00006)
Size	−0.0188***	−0.0332***	−0.0188***	−0.0041***	−0.0036***	−0.0041***
	(0.0023)	(0.0022)	(0.0023)	(0.0005)	(0.0005)	(0.0005)
Constant	0.4058***	0.5096***	0.4003***	0.0510***	0.0478***	0.0513***
	(0.0270)	(0.0267)	(0.0269)	(0.0053)	(0.0051)	(0.0053)
Year	控制	控制	控制	控制	控制	控制
Indus	控制	控制	控制	控制	控制	控制
Soe	控制	控制	控制	控制	控制	控制
N	20846	20846	20846	20846	20846	20846
Adj-R^2	0.2344	0.2185	0.2377	0.1523	0.1520	0.1525

注:***、** 分别表示在1%、5%的水平上显著。

根据控制变量回归结果,我们可以看出,经营风险指标与企业短期金融资产配置规模之间均呈显著正相关关系,说明当期经营活动产生的现金流量净额占期末总资产比例越高,企业越倾向于持有短期金融资产;总资产回报率指标与企业短期金融资产配置规模之间显著正相关,与企业长期金融资产配置规模之间显著负相关,说明企业主营业务回报率越高,企业越可能为获得生产经营储备流动性而持有短期金融资产;管理层持股比例和第一大股东持股比例与企业短期金融资产配置规模之间均显著正相关,与企业长期金融资产配置规模之间均呈负相关关系;衡量企业成长性的托宾 Q 指标与企业短期金融资产配置规模之间显著正相关,说明企业未来成长性越高,越可能基于预防储备动机而持有短期金融资产;总资产周转率指标与企业短期和长期金融资产配置规模之间均显著负相关,这也意味着企业总资产周转率越高,企业持有的金融资产比例越低;企业规模指标与企业短期和长期金融资产配置规模之间均显著负相关,说明相较于大规模企业,小规模企业更倾向于持有金融资产。

三、机构投资者与企业金融化

机构投资者可以通过以下方式影响企业金融化水平。一方面,机构投资者在参与公司治理过程中可以发挥积极作用,通过参与公司治理过程直接影响企业配置金融资产的决策;另一方面,机构投资者追求投资收益最大化,可以督促企业信息披露,提高信息披露质量,规范企业金融资产配置。

表7-5是机构投资者持股比例与企业金融化水平之间相关关系的回归结果,列(1)和列(3)的回归结果没有控制企业融资规模的影响,列(2)和列(4)的回归结果则控制了企业债务融资规模与股权融资规模的影响。根据回归结果,机构投资者持股比例与企业短期金融资产配置规模和长期金融资产配置规模之间存在显著相关关系,机构投资者持股比例与企业短期金融资产配置之间呈显著正相关关系,与企业长期金融资产之间显著负相关。

上述回归结果说明,机构投资者持股比例越高,机构投资者为了追求被投资企业资产增值和业绩增长,获得公司分红与资产增值,越有可能参与被投资企业公司的治理过程,规范企业经营管理活动,提高企业信息披露质量,规范企业金融资产配置行为,假设H7-3得到验证。

表7-5　机构投资者与企业金融化回归结果

变量	Fin_Short		Fin_Long	
	(1)	(2)	(3)	(4)
Inv_Share	0.0358**	0.0404***	−0.0180***	−0.0182***
	(0.0153)	(0.0151)	(0.0035)	(0.0031)
Debt		−0.3987***		0.0131***
		(0.0145)		(0.0037)
Equity		0.0098		0.0007
		(0.0182)		(0.0026)
Risk	0.1571***	0.1831***	0.0051	0.0048
	(0.0163)	(0.0155)	(0.0036)	(0.0036)
Roa	0.5138***	0.4658***	−0.0103**	−0.0108**
	(0.0244)	(0.0245)	(0.0049)	(0.0048)
Manager	0.0837***	0.1122***	−0.0108***	−0.0106***
	(0.0069)	(0.0065)	(0.0011)	(0.0011)

续表

变量	Fin_Short		Fin_Long	
	（1）	（2）	（3）	（4）
BigInv	0.0620***	0.0773***	−0.0050**	−0.0044**
	（0.0089）	（0.0084）	（0.0021）	（0.0020）
Q	0.0028**	0.0043***	0.0003	0.0003
	（0.0012）	（0.0011）	（0.0002）	（0.0002）
Tat	−0.0333***	−0.0543***	−0.0063***	−0.0063***
	（0.0025）	（0.0025）	（0.0006）	（0.0006）
Size	−0.0344***	−0.0260***	−0.0027***	−0.0029***
	（0.0024）	（0.0024）	（0.0005）	（0.0005）
Constant	0.5254***	0.4492***	0.0396***	0.0411***
	（0.0278）	（0.0267）	（0.0052）	（0.0052）
Year	控制	控制	控制	控制
Indus	控制	控制	控制	控制
Soe	控制	控制	控制	控制
N	20846	20846	20846	20846
Adj-R^2	0.2152	0.2661	0.1533	0.1630

注：***、** 分别表示在1%、5%的水平上显著。

四、机构投资者、企业融资与企业金融化

在之前的分析中，我们检验了企业融资与企业金融化、机构投资者与企业金融化之间的关系，对相关假设进行了检验。根据回归结果，企业债务融资和股权融资规模不同以及机构投资者持股比例高低均会影响企业金融资产配置行为，且对企业短期和长期金融资产配置决策的影响存在差异。在这一部分中，我们将在已有研究的基础上进一步探讨机构投资者持股比例，对企业融资与企业金融化之间相关关系的影响。

为了检验机构投资者持股比例高低对企业融资与企业金融化之间相关关系的影响，构造债务融资规模和股权融资规模与机构投资者持股水平的交互项（见表7-6）。

表7-6为加入交互项之后模型的回归结果。回归结果反映了企业中机构投资者持股比例高低，对企业融资与企业金融化之间相关关系的影响。根据

回归结果,债务融资规模和机构投资者虚拟变量交互项与短期金融资产配置规模之间的系数显著为正,与长期金融资产配置规模之间的系数显著为负,说明机构投资者持股比例越高,越可能通过参与公司治理以及缓解企业面临的融资约束提高企业外部资金可得性,进而降低企业债务融资规模与企业金融资产配置之间的相关关系,假设H7-4得到验证。

股权融资规模和机构投资者虚拟变量交互项与企业短期金融资产配置规模之间呈显著正相关关系,与企业长期金融资产配置规模之间没有表现出显著的相关关系,说明相较于机构投资者持股比例低的企业,在机构投资者持股比例高的企业内,股权融资规模与企业短期金融资产配置规模之间的正相关性更高,但机构投资者持股比例不同,对股权融资规模与企业长期金融资产配置规模之间的相关关系并没有产生显著影响,假设H7-5得到部分验证。

综上,以上回归结果进一步验证了机构投资者持股对企业金融资产配置行为的规范作用。

表 7-6　机构投资者、企业融资与企业金融化回归结果

变量	Fin_Short			Fin_Long		
	(1)	(2)	(3)	(4)	(5)	(6)
Debt	−0.4067***		−0.4053***	0.0093*		0.0161***
	(0.0169)		(0.0169)	(0.0056)		(0.0054)
Equity		0.0621***	0.0677***		−0.0080**	−0.0044
		(0.0199)	(0.0196)		(0.0032)	(0.0035)
Inv_Share	0.0104	−0.0094	−0.0167	−0.0195***	−0.0202***	−0.0160***
	(0.0177)	(0.0175)	(0.0167)	(0.0034)	(0.0038)	(0.0036)
Debt* Inv_Share	0.0092***		0.0956***	−0.0062*		−0.0090*
	(0.0022)		(0.0210)	(0.0039)		(0.0054)
Equity* Inv_Share		0.0036**	0.0424*		0.00055	0.0013
		(0.0016)	(0.0238)		(0.0028)	(0.0039)
Risk	0.1646***	0.1731***	0.1805***	0.0048	0.0045	0.0042
	(0.0161)	(0.0163)	(0.0162)	(0.0036)	(0.0036)	(0.0036)
Roa	0.4512***	0.4879***	0.4250***	−0.0082*	−0.0091*	−0.0070
	(0.0243)	(0.0245)	(0.0244)	(0.0049)	(0.0049)	(0.0050)
Manager	0.0820***	0.0828***	0.0811***	−0.0107***	−0.0108***	−0.0107***
	(0.0067)	(0.0068)	(0.0067)	(0.0011)	(0.0011)	(0.0011)

续表

变量	Fin_Short			Fin_Long		
	（1）	（2）	（3）	（4）	（5）	（6）
BigInv	0.0574***	0.0638***	0.0592***	−0.0048**	−0.0050**	−0.0049**
	（0.0087）	（0.0088）	（0.0086）	（0.0021）	（0.0021）	（0.0021）
Q	0.0028**	0.0039***	0.0039***	0.0003	0.0003	0.0003
	（0.0012）	（0.0012）	（0.0012）	（0.0002）	（0.0002）	（0.0002）
Tat	−0.0416***	−0.0330***	−0.0413***	−0.0060***	−0.0063***	−0.0060***
	（0.0025）	（0.0025）	（0.0025）	（0.0006）	（0.0006）	（0.00006）
Size	−0.0205***	−0.0336***	−0.0198***	−0.0031***	−0.0027***	−0.0031***
	（0.0025）	（0.0024）	（0.0024）	（0.0005）	（0.0005）	（0.00005）
Constant	0.4220***	0.5135***	0.4102***	0.0426***	0.0400***	0.0431***
	（0.0281）	（0.0277）	（0.0280）	（0.0054）	（0.0053）	（0.0054）
Year	控制	控制	控制	控制	控制	控制
Indus	控制	控制	控制	控制	控制	控制
Soe	控制	控制	控制	控制	控制	控制
N	20846	20846	20846	20846	20846	20846
Adj-R^2	0.2351	0.2187	0.2385	0.1538	0.1533	0.1539

注:***、**、* 分别表示在1%、5%、10%的水平上显著。

五、稳健性检验

在之前的研究中,我们研究分析了企业融资、机构投资者持股与企业金融资产配置规模之间的相关关系,证实了不同类型企业融资规模会影响企业金融资产配置决策,但该结论可能会因为存在内生性问题而产生偏差。对此,需要通过多种方法对上述结果的稳健性进行检验。

(一)企业融资与企业金融化

为了控制企业融资与企业金融化之间内生性问题对回归结果的影响,本章借鉴温军等(2012)、纪圣媛(2019)等学者的方法,选取同一年份同一行业上市公司债务融资和股权融资规模的平均水平作为各企业债务融资规模和股权融资规模的工具变量,对上述实证结果进行内生性检验。选取行业平均水平作为工具变量,是因为满足以下条件:①相关性,同一行业公司在同一年份的债务融资水平和股权融资水平具有行业特性,即一个企业的债务融资水平和股权融资水平与同行业其他公司的融资水平有关;②外生性,企业的金融资产配置水平与同行业公司的融资水平并不存在直接相关关系。

为了检验假设H7-1和假设H7-2的回归结果是否具有稳健性,将相关模型中的企业融资规模变量替换为相关工具变量,得到的二阶段最小二乘回归结果(见表7-7)。回归结果与回归分析部分回归结果相一致,说明前文得出的关于企业融资与企业金融化之间相关关系的回归结果是稳健的。

表7-7　企业融资与企业金融化稳健性检验

变量	Fin_Short			Fin_Long		
	(1)	(2)	(3)	(4)	(5)	(6)
Debt	−0.3511***		−0.3375***	0.0274*		0.0284*
	(0.0841)		(0.0843)	(0.0162)		(0.0165)
Equity		0.1204**	0.0992*		−0.0053**	−0.0051**
		(0.0545)	(0.0546)		(0.0028)	(0.0027)
Risk	0.1568***	0.1582***	0.1578***	0.0050	0.0049	0.0049
	(0.0163)	(0.0163)	(0.0163)	(0.0036)	(0.0036)	(0.0036)
Roa	0.5159***	0.5174***	0.5136***	−0.0151***	−0.0146***	−0.0149***
	(0.0239)	(0.0240)	(0.0240)	(0.0048)	(0.0048)	(0.0048)
Manager	0.0834***	0.0833***	0.0834***	−0.0108***	−0.0108***	−0.0108***
	(0.0068)	(0.0068)	(0.0068)	(0.0011)	(0.0011)	(0.0011)
BigInv	0.0596***	0.0595***	0.0598***	−0.0027	−0.0027	−0.0027
	(0.0087)	(0.0087)	(0.0087)	(0.0020)	(0.0020)	(0.0020)
Q	0.0032***	0.0031***	0.0031***	0.00004	0.00004	0.00004
	(0.0011)	(0.0011)	(0.0011)	(0.0002)	(0.0002)	(0.0002)
Tat	−0.0335***	−0.0332***	−0.0335***	−0.0064***	−0.0064***	−0.0064***
	(0.0025)	(0.0025)	(0.0025)	(0.0006)	(0.0006)	(0.0006)
Size	−0.0328***	−0.0333***	−0.0329***	−0.0036***	−0.0036***	−0.0036***
	(0.0022)	(0.0022)	(0.0022)	(0.0004)	(0.0004)	(0.0004)
Constant	0.5288***	0.5125***	0.5259***	0.0486***	0.0486***	0.0488***
	(0.0271)	(0.0268)	(0.0271)	(0.0052)	(0.0052)	(0.0052)
Year	控制	控制	控制	控制	控制	控制
Indus	控制	控制	控制	控制	控制	控制
Soe	控制	控制	控制	控制	控制	控制
Adj-R^2	0.2196	0.2189	0.2197	0.1560	0.1558	0.1560

注:***、**、* 表示分别在1%、5%、10%的水平上显著。

（二）机构投资者与企业金融化

在之前的分析中,我们认为机构投资者持股比例越高,在公司生产经营决策过程中越具有话语权,越有可能影响企业的金融资产配置行为。本部分使用大机构投资者股东虚拟变量(Block_Share)作为机构投资者持股比例的替代变量,对机构投资者与企业金融化之间的相关关系进行稳健性检验,用以衡量企业中是否存在大机构投资者股东,如果上市企业中存在持股比例在5%以上的机构投资者,则虚拟变量取值为1,否则为0。相关回归结果如表7-8所示。

使用大机构投资者股东虚拟变量的回归结果与机构投资者持股比例指标回归结果相同,均反映机构投资者持股会规范企业金融资产配置行为,说明本章对机构投资者与企业金融化之间相关关系的研究结果具有稳健性。

表 7-8　机构投资者与企业金融化稳健性检验

变量	Fin_Short		Fin_Long	
	（1）	（2）	（3）	（4）
Block_Share	0.0033*	0.0035*	−0.0026***	−0.0026***
	（0.0019）	（0.0021）	（0.0004）	（0.0004）
Debt		−0.3988***		0.0132***
		（0.0145）		（0.0037）
Equity		0.0098		0.0008
		（0.0182）		（0.0031）
Risk	0.1573***	0.1838***	0.0048	0.0041
	（0.0163）	（0.0155）	（0.0036）	（0.0031）
Roa	0.5167***	0.4702***	−0.0108**	−0.0099**
	（0.0242）	（0.0244）	（0.0048）	（0.0044）
Manager	0.0835***	0.1119***	−0.0106***	−0.0104***
	（0.0068）	（0.0064）	（0.0011）	（0.0019）
BigInv	0.0603***	0.0747***	−0.0044**	−0.0040**
	（0.0088）	（0.0084）	（0.0020）	（0.0018）
Q	0.0030***	−0.0040***	0.0003	0.0003
	（0.0012）	（0.0011）	（0.0002）	（0.0002）
Tat	−0.0332***	−0.0542***	−0.0063***	−0.0049***
	（0.0025）	（0.0025）	（0.0006）	（0.0005）
Size	−0.0337***	−0.0249***	−0.0029***	−0.0027***
	（0.0023）	（0.0023）	（0.0005）	（0.0004）

续表

Constant	0.5198***	0.4400***	0.0411***	0.0371***
	(0.0274)	(0.0262)	(0.0052)	(0.0050)
Year	控制	控制	控制	控制
Indus	控制	控制	控制	控制
Soe	控制	控制	控制	控制
N	20846	20846	20846	20846
Adj-R^2	0.2152	0.2426	0.1534	0.1544

注:***、**、* 表示分别在1%、5%、10%的水平上显著。

(三)机构投资者、企业融资与企业金融化

为了检验假设H7-4和假设H7-5的回归结果是否具有稳健性,本章将相关模型中的企业融资规模变量替换为相关工具变量,用大机构投资者股东这一虚拟变量构建机构投资者持股比例与企业融资规模之间的交互项,通过上述处理进行稳健性检验,回归结果如表7-9所示。

根据表7-9,债务融资规模和大机构投资者股东虚拟变量交互项与企业短期金融资产配置规模之间显著正相关;与企业长期金融资产配置规模之间呈负相关关系,但结果没有表现出显著性。股权融资规模和大机构投资者股东虚拟变量交互项与企业短期金融资产配置规模之间呈显著正相关关系,与企业长期金融资产配置规模之间的关系并不显著。以上结果与实证部分回归结果基本一致,证明本章回归结果具有稳健性。

表7-9 机构投资者、企业融资与企业金融化稳健性检验

变量	Fin_Short			Fin_Long		
	(1)	(2)	(3)	(4)	(5)	(6)
Debt	−0.3970***		−0.3719***	0.0286*		0.0294*
	(0.0869)		(0.0875)	(0.0163)		(0.0165)
Equity		0.2039***	0.1703***		−0.0047	−0.0063
		(0.0629)	(0.0638)		(0.0120)	(0.0122)
Inv_Share	−0.0037	0.0099***	0.0039	−0.0024***	−0.0026***	−0.0024***
	(0.0029)	(0.0034)	(0.0043)	(0.0005)	(0.0007)	(0.0008)
Debt*inv_Share	0.1447**		0.1180**	−0.0048		−0.0047
	(0.0558)		(0.0570)	(0.0056)		(0.0053)

续表

变量	Fin_Short			Fin_Long		
	（1）	（2）	（3）	（4）	（5）	（6）
Equity* Inv_Share		0.2049***	0.1718**		0.0011	0.00036
		(0.0705)	(0.0717)		(0.0124)	(0.0129)
Risk	0.1574***	0.1581***	0.1581***	0.0048	0.0048	0.0047
	(0.0163)	(0.0163)	(0.0163)	(0.0036)	(0.0036)	(0.0036)
Roa	0.5146***	0.5113***	0.5099***	−0.0112**	−0.0107**	−0.0111**
	(0.0243)	(0.0242)	(0.0243)	(0.0048)	(0.0048)	(0.0049)
Manager	0.0836***	0.0836***	0.0836***	−0.0106***	−0.0106***	−0.0106***
	(0.0068)	(0.0068)	(0.0068)	(0.0011)	(0.0011)	(0.0011)
BigInv	0.0609***	0.0607***	0.0611***	−0.0044**	−0.0044**	−0.0044**
	(0.0088)	(0.0088)	(0.0088)	(0.0020)	(0.0020)	(0.0020)
Q	0.0032***	0.0029**	0.0031***	0.00025	0.00025	0.00026
	(0.0012)	(0.0012)	(0.0012)	(0.0002)	(0.0002)	(0.0002)
Tat	−0.0335***	−0.0333***	−0.0336***	−0.0064***	−0.0063***	−0.0063***
	(0.0025)	(0.0025)	(0.0025)	(0.0006)	(0.0006)	(0.0006)
Size	−0.0330***	−0.0341***	−0.0334***	−0.0028***	−0.0028***	−0.0028***
	(0.0023)	(0.0023)	(0.0023)	(0.0005)	(0.0005)	(0.0005)
Constant	0.5322***	0.5175***	0.5298***	0.0422***	0.0412***	0.0424***
	(0.0276)	(0.0274)	(0.0276)	(0.0052)	(0.0052)	(0.0053)
Year	控制	控制	控制	控制	控制	控制
Indus	控制	控制	控制	控制	控制	控制
Soe	控制	控制	控制	控制	控制	控制
Adj-R^2	0.2200	0.2195	0.2204	0.1575	0.1574	0.1576

注：***、**、* 分别表示在1%、5%、10%的水平上显著。

六、异质性机构投资者

前文关于机构投资者与企业金融化之间的分析主要是基于机构投资者整体指标，没有考虑机构投资者的异质性，关于机构投资者的许多研究文献表明，异质性机构投资者对企业经营管理活动的影响不同。李善民等（2011）将机构投资者划分为积极型和消极型，研究发现，消极型机构投资者在改善企业的盈余管理能力方面比积极型机构投资者具有显著优势。李争光等（2014）认为，在提高企业绩效方面，稳定型机构投资者比交易型机构投资者更能够发挥作用。

根据已有相关研究,本章认为稳定性不同的机构投资者参与公司治理规范企业经营活动的倾向存在差异,进而导致其持股比例与企业金融化水平之间的相关关系存在差异。吕闪闪(2018)认为,一些机构投资者会积极参与企业经营,并对企业管理层进行监督,也有一些机构投资者并不会积极参与公司治理,反而更加关注信息搜集和交易利润。稳定型机构投资者相比于交易型机构投资者持股期限更长,更注重企业的长远发展,对上市公司的监督成本会随着持股时间的延长而降低,因而更可能监督和影响企业管理活动。交易型机构投资者持股期限较短,相比于稳定型机构投资者,更看重股票价格变动带来的短期收益,更倾向于赚取买卖价差,其持股行为主要出于投机目的,不注重监督企业管理活动。

(一)稳定性划分

本章借鉴牛建波等(2013)的研究,从稳定性角度对投资者进行异质性划分,具体计算方法为:

$$\left\{ \begin{array}{l} \mathrm{SD}_{i,t} = \dfrac{\mathrm{Inv\_Share}_{i,t}}{\mathrm{STD}(\mathrm{Inv\_Share}_{i,t-1}, \mathrm{Inv\_Share}_{i,t-2}, \mathrm{Inv\_Share}_{i,t-3})} \\[2mm] \mathrm{Ins}_t = \begin{cases} 1, \mathrm{SD}_{i,t} \geq \mathrm{Median}_{i,t}\left(\mathrm{SD}_{i,t}\right) \\ 0, \text{其他} \end{cases} \end{array} \right\} \qquad (7\text{-}6)$$

式中,$\mathrm{Inv\_Share}_{i,t}$代表公司 i 在 t 时期机构投资者持股比例;$\mathrm{STD}(\mathrm{Inv\_Share}_{i,t-1}, \mathrm{Inv\_Share}_{i,t-2}, \mathrm{Inv\_Share}_{i,t-3})$表示公司 i 通过 $t-1, t-2, t-3$ 三年机构投资者持股比例计算得到的标准差;$\mathrm{SD}_{i,t}$表示公司 i 在 t 时期机构投资者持股比例与公司 i 在 $t-1, t-2, t-3$ 三年时间内机构投资者持股比例标准差之间的比值;$\mathrm{Median}_{i,t}(\mathrm{SD}_{i,t})$表示 t 时期公司 i 所在行业 $\mathrm{SD}_{i,t}$ 的中位数。$\mathrm{Inv\_d}$ 为虚拟变量,用以衡量机构投资者的稳定性,当 $\mathrm{Inv\_d}$ 取值为 1 时,代表在这一时期 t 持股公司 i 为稳定型机构投资者;当 $\mathrm{Inv\_d}$ 取值为 0 时,代表在这一时期 t 持股公司 i 为交易型机构投资者。

(二)特征分析

为了探究稳定型和交易型两类异质性机构投资者的影响,根据虚拟变量 Inv_d 的取值将总样本分为两个子样本,表7-10是两个子样本特征分析结果, 并对组间均值和中位数进行了差异性检验。从差异性检验结果来看,两个子样本在除短期金融资产配置规模以外的变量上均存在显著差异,这说明稳定性不同的两个子样本之间存在显著差异。

表7-10　子样本差异性检验

变量	交易型		稳定型		差异性检验	
	均值	中位数	均值	中位数	均值	中位数
Fin_Short	0.200	0.168	0.201	0.170	−0.000	1.252
Fin_Long	0.012	0.000	0.010	0.000	0.003**	0.498
Debt	0.038	0.004	0.044	0.009	−0.006***	18.304**
Equity	0.027	0.002	0.039	0.004	−0.011***	41.727***
Inv_Share	0.036	0.021	0.100	0.085	−0.064***	23.383***
Risk	0.048	0.046	0.057	0.054	−0.009***	48.81***
Roa	0.039	0.034	0.052	0.044	−0.013***	125.404***
Manager	0.078	0.000	0.066	0.000	0.012***	11.015***
BigInv	0.145	0.116	0.158	0.126	−0.013***	18.304***
Q	2.010	1.619	2.125	1.693	−0.116***	14.638**
Tat	0.647	0.541	0.694	0.583	−0.047***	38.395***
Size	9.661	9.610	9.872	9.808	−0.211***	336.509***

注:***、** 分别表示在1%、5%的水平上显著。

(三)回归分析

本章分别对交易型机构投资者和稳定型机构投资者两个子样本进行回归,回归结果见表7-11和表7-13。

表7-12和表7-14是两个子样本组间主要回归系数的差异性检验结果。根据回归结果,机构投资者稳定性对机构投资者持股比例与企业金融化水平之间的相关关系存在显著影响。

根据不同稳定性机构投资者、企业融资与短期金融资产配置回归结果,交易型机构投资者样本机构投资者持股比例与企业短期金融资产配置规模之间显著正相关,而稳定型机构投资者样本内系数并没有表现出显著性,且二者系数存在显著差异;就交互项回归系数而言,除了交易型机构投资者样本内股权融资规模与机构投资者持股比例交互项系数没有表现出显著性外,其余系数均显著,且系数之间并不存在显著差异。

综合以上回归结果,本章认为,机构投资者稳定性会直接影响机构投资者持股比例与企业短期金融资产配置规模之间的相关关系,交易型机构投资者持股后会倾向于提高企业短期金融资产配置规模;机构投资者稳定性对机构投资者、企业融资以及企业短期金融资产配置三者之间的相关关系并不存在显著影响。

表7-11　不同稳定性机构投资者、企业融资与短期金融资产配置回归结果

变量	Fin_Short					
	交易型			稳定型		
Debt	−0.3433*** (0.0302)		−0.3427*** (0.0302)	−0.3688*** (0.0320)		−0.3623*** (0.0323)
Equity		0.0670* (0.0371)	0.0680* (0.0367)		0.0227 (0.0476)	0.0422 (0.0474)
Inv_Share	0.0833* (0.0482)	0.0976** (0.0470)	0.0924** (0.0440)	−0.0048 (0.0262)	−0.0296 (0.0268)	−0.0399 (0.0270)
Debt* Inv_Share	0.1206** (0.0503)		0.1259** (0.0503)	0.1229*** (0.0353)		0.1212*** (0.0359)
Equity* Inv_Share		0.0166 (0.0493)	0.0094 (0.0489)		0.1152** (0.0525)	0.0887* (0.0523)
Risk	0.0822*** (0.0308)	0.0784** (0.0320)	0.0925*** (0.0320)	0.1219*** (0.0304)	0.1402*** (0.0309)	0.1440*** (0.0306)
Roa	0.4014*** (0.0434)	0.4384*** (0.0440)	0.3862*** (0.0438)	0.3004*** (0.0439)	0.3324*** (0.0441)	0.2837*** (0.0441)
Manager	0.0075 (0.0150)	0.0059 (0.0151)	0.0059 (0.0150)	0.0083 (0.0152)	0.0080 (0.0153)	0.0033 (0.0153)
BigInv	0.0752*** (0.0176)	0.0779*** (0.0180)	0.0750*** (0.0176)	0.0425*** (0.0157)	0.0489*** (0.0160)	0.0432*** (0.0157)
Q	0.0097*** (0.0023)	0.0097*** (0.0049)	0.0100*** (0.0023)	0.0131*** (0.0019)	0.0145*** (0.0020)	0.0142*** (0.0019)

续表

变量	Fin_Short					
	交易型			稳定型		
Tat	−0.0160***	−0.0095**	−0.0158***	−0.0243***	−0.0168***	−0.0237***
	(0.0050)	(0.0047)	(0.0050)	(0.0043)	(0.0043)	(0.0043)
Size	−0.0133**	−0.0274***	−0.0138***	−0.0070*	−0.0172***	−0.0065
	(0.0053)	(0.0051)	(0.0053)	(0.0042)	(0.0042)	(0.0045)
Constant	0.3060***	0.4224***	0.3101***	0.3215***	0.4026***	0.3138
	(0.0591)	(0.0577)	(0.0591)	(0.0516)	(0.0511)	(0.0516)
Year	控制	控制	控制	控制	控制	控制
Indus	控制	控制	控制	控制	控制	控制
Soe	控制	控制	控制	控制	控制	控制
N	5415	5415	5415	5629	5629	5629
Adj-R^2	0.2056	0.1910	0.2073	0.2186	0.2096	0.2249

注:***、**、* 分别表示在1%、5%、10%的水平上显著。

表7-12　组间主要回归系数无似相关检验结果

变量	p 值			是否存在显著差异		
Debt	0.6941		0.6782	否		否
Equity		0.7173	0.5667		否	否
Inv_Share	0.0816	0.0876	0.0679	是*	是*	是*
Debt* Inv_Share	0.9182		0.8929	否		否
Equity* Inv_Share		0.5024	0.4511		否	否

注:***、**、* 分别表示在1%、5%、10%的水平上显著。

　　根据不同稳定性机构投资者、企业融资与长期金融资产配置回归结果,两个子样本内机构投资者持股比例与企业长期金融资产配置规模之间均呈负相关关系,虽然稳定型机构投资者回归系数低于交易型机构投资者回归系数,但无似相关检验显示二者系数并不存在显著差异,说明机构投资者稳定性不同并不会直接影响机构投资者持股比例与企业长期金融资产配置规模之间的相关关系;就交互项回归系数而言,交易型机构投资者样本内企业债务融资与机构投资者持股水平交互项系数显著为负,且根据无似相关检验结果,债务融资规模与机构投资者持股比例交互项系数在两个样本中的回归结果存在显著差异。

综合以上回归结果,相较于稳定型机构投资者,当企业机构投资者类型为交易型时,债务融资规模与企业长期金融资产配置之间的正相关性更低,交易型机构投资者相比于稳定型机构投资者更能起到规范企业长期金融资产配置行为的作用。

表7-13 不同稳定性机构投资者、企业融资与长期金融资产配置回归结果

变量	Fin_Long					
	交易型			稳定型		
Debt	0.0230**		0.0231**	0.0102		0.0091
	(0.0108)		(0.0109)	(0.0087)		(0.0087)
Equity		−0.0043	−0.0048		0.0080	0.0082
		(0.0064)	(0.0064)		(0.0104)	(0.0105)
Inv_Share	−0.0057	−0.0155*	−0.0062	−0.0175***	−0.0137**	−0.0152**
	(0.0102)	(0.0836)	(0.0111)	(0.0066)	(0.0068)	(0.0068)
Debt*Inv_Share	−0.0296**		−0.0299**	0.0064		0.0074
	(0.0127)		(0.0127)	(0.0083)		(0.0083)
Equity*Inv_Share		0.0030	0.0037*		−0.0139	−0.0139
		(0.0087)	(0.0087)		(0.0108)	(0.0108)
Risk	0.0051	0.0059	0.0048	−0.0074	−0.0079	−0.0080
	(0.0078)	(0.0080)	(0.0080)	(0.0069)	(0.0069)	(0.0069)
Roa	0.0219**	0.0202**	0.0226**	0.0105	0.0082	0.0107
	(0.0094)	(0.0095)	(0.0095)	(0.0097)	(0.0096)	(0.0097)
Manager	−0.0174***	−0.073***	−0.0173***	−0.0078***	−0.0078***	−0.0075***
	(0.0029)	(0.0029)	(0.0029)	(0.0028)	(0.0028)	(0.0029)
BigInv	−0.0036	−0.0037	−0.0035	−0.0029	−0.0033	−0.0028
	(0.0048)	(0.0048)	(0.0047)	(0.0041)	(0.0041)	(0.0041)
Q	−0.0017***	−0.0017***	−0.0017***	−0.00021	−0.00026	−0.00024
	(0.00038)	(0.0004)	(0.00038)	(0.00032)	(0.00033)	(0.00033)
Tat	−0.0098***	−0.0100***	−0.0098***	−0.0084***	−0.0088***	−0.0085***
	(0.0013)	(0.0013)	(0.0013)	(0.0013)	(0.0013)	(0.0013)
Size	−0.0080***	−0.0074***	−0.0080***	−0.0041***	−0.0035***	−0.0041***
	(0.0013)	(0.0012)	(0.0013)	(0.00091)	(0.0008)	(0.0009)
Constant	0.0892***	0.0845***	0.0888***	0.0443***	0.0393***	0.0440***
	(0.0123)	(0.0120)	(0.0124)	(0.0086)	(0.0081)	(0.0086)
Year	控制	控制	控制	控制	控制	控制

续表

变量	Fin_Long					
	交易型			稳定型		
Indus	控制	控制	控制	控制	控制	控制
Soe	控制	控制	控制	控制	控制	控制
N	5415	5415	5415	5629	5629	5629
Adj-R^2	0.2160	0.2146	0.2161	0.1824	0.1819	0.1828

注:***、**、* 分别表示在1%、5%、10%的水平上显著。

表7-14 组间主要回归系数无似相关检验结果

变量	p 值			是否存在显著差异		
Debt	0.4087		0.4148	否		否
Equity		0.8424	0.8741		否	否
Inv_Share	0.1258	0.1126	0.1184	否	否	否
Debt* Inv_Share	0.0017		0.0017	是***		是***
Equity* Inv_Share		0.5340	0.6136		否	否

注:***、**、* 分别表示在1%、5%、10%的水平上显著。

第六节 本章小结

一、研究结论

本章以2010—2019年A股上市公司为研究样本,并根据期限长短使用企业短期金融资产配置规模和长期金融资产配置规模两个指标衡量企业金融化水平,实证检验了机构投资者、企业融资与企业金融化之间的关系。通过理论分析与实证检验,本章得出以下结论。

第一,企业融资方式不同会影响企业金融化水平。具体而言,企业的债务融资规模越大,基于资金可得性以及经营风险角度考虑,企业短期金融资产配置比例越低,长期金融资产配置比例越高;企业股权融资规模越大,基于企业股东最大化自身价值目标考虑,企业长期金融资产配置比例越低,短期金融资产配置比例越高。

第二,机构投资者持股比例会影响企业金融化水平,机构投资者持股比例越高,企业短期金融资产持有比例越高,长期金融资产配置比例越低。同时,根据企业内是否存在持股比例在5%以上的机构投资者区分企业内是否存在大机构投资者,回归结果显示,相较于不存在大机构投资者股东的企业,存在大机构投资者股东的企业内短期金融资产规模更高,长期金融资产配置规模更低。

第三,机构投资者持股不仅会直接影响企业金融化水平,还会影响企业融资与企业金融化水平之间相关关系。机构投资者持股比例越高,越可能通过参与公司治理以及缓解企业面临的融资约束提高企业外部资金可得性,进而降低企业债务融资规模与企业金融资产配置之间的相关关系。机构投资者持股并不会影响企业股权融资规模与企业长期金融资产配置行为之间的相关关系,但机构投资者持股比例越高,股权融资规模与企业短期金融资产配置行为之间的正相关性越显著。

第四,机构投资者稳定性不同,对机构投资者与企业金融化之间的相关关系存在显著影响。在直接影响渠道方面,交易型机构投资者持股会倾向于提高企业短期金融资产配置规模;在间接影响渠道方面,企业机构投资者类型为交易型时,债务融资规模与企业长期金融资产配置之间的正相关性更低。

二、政策建议

金融发展与经济增长之间相辅相成,金融发展可以服务实体经济发展,实体企业适度金融化可以盘活企业资金,有利于企业发展;而过度金融化则会对实体经济发展造成严重后果,不利于整个社会价值创造。企业适当配置金融资产,可以起到"蓄水池"作用,但是,如果企业基于投资替代动机而持有大量金融资产,则会挤出实体投资,不利于实体企业发展,增大经济过度金融化的风险。为了防止实体企业过度金融化对企业经营发展造成不利影响,本章提出以下建议。

第一,机构投资者有更强的信息搜集能力和分析能力,可以发挥更大的作用。机构投资者在参与金融活动过程时,其目标在于追求自身价值最大化,且随着机构投资者持股比例的提高,其更有可能参与公司治理过程,提高企业信息披露质量,缓解信息不对称,进而规范企业金融资产配置行为。因此,要完善相关金融市场机制和公司内部治理机制,为机构投资者参与企业日常经营活动创造有利的外部条件,充分发挥机构投资者在公司治理过程中的积极作用和专业性,规范企业日常生产和经营活动,使金融发展更好地服务于实体经济发展,助力实体企业更加注重主营业务经营和未来的可持续发展,提高企业价值。

第二,不同企业在金融资产配置比例上存在较大差异,企业自身对其配置金融资产的行为难以形成有效约束和监督,对此,政府应当根据不同行业、不同地区经济发展特点,制定出台不同政策,协调行业内、地区内不同企业金融化水平,并建立有效的外部监管机制,在发挥金融服务实体经济发展作用的基础上,防止实体企业过度金融化。首先,对于金融化水平较高的行业和地区,政府应当建立严格的监管措施,如限制企业融资规模和投资比例,防止企业过度金融化,甚至影响整个市场的健康发展。其次,对于金融化水平较低的传统制造行业,政府一方面可以通过减税降费等方式降低企业运营成本,扶持实体企业发展;另一方面可以采取适当措施鼓励其适当配置金融资产,积极参与金融市场,让金融为传统制造业发展赋能。

三、未来展望

本章在现有的关于企业金融化以及机构投资者研究的基础上,研究了企业融资与企业金融化、机构投资者与企业金融化之间的关系,并进一步探究了机构投资者、企业融资与企业金融化三者之间的关系,梳理了机构投资者影响企业金融资产配置决策的直接和间接途径。但由于篇幅和自身水平能力有限,本章研究还存在一些不足,未来可以在以下两个方面做进一步研究完善。

第一,本章仅从机构投资者稳定性角度考虑机构投资者异质性的影响,而不同机构投资者在资金来源、投资偏好等方面均存在明显差异。在本章的研究中,将基金、银行、信托、保险等金融机构统称为机构投资者,没有考虑这些金融机构在经营特点和投资偏好等方面的差异。异质性机构投资者的行为方式不同,在公司治理中发挥的作用也有差异,因而会对公司经营活动产生不同影响。因此,后续研究可以在机构投资者异质性的基础上做进一步探究。

第二,在企业金融化水平的度量上,本章从存量角度,采用企业配置金融资产规模占总资产比重这一指标进行衡量,部分学者则从利润分配和资金去向角度,从流量指标角度衡量企业金融化水平。后续学者们可以在已有研究的基础上,探究采用多种指标衡量企业金融化水平,增强本章相关研究结论的稳健性与准确性。

第八章:高管过度自信、机构投资者与投资效率

　　根据委托—代理理论(Berle等,1932),在所有权与经营权相分离的企业中,股东和管理层之间利益不一致并存在信息不对称的情况。高管在企业决策中具有一定的话语权,其个人特征会影响企业的投资水平。传统经济学大多建立在"理性人假设"的基础上。基于行为主义理论,人都是有限理性的,公司高管比普通员工更容易存在过度自信等认知偏差。Malmendier等(2008)发现过度自信的管理层在并购时容易低估风险、高估回报,造成过度投资。因此,公司须制定合理的监督机制发挥高管在公司治理中的积极作用。

　　在产权明晰的股份制公司中,投资者可以按照自己占有股权的比例分配利润,享受权益。基于股东积极主义理论,机构投资者能够利用其在资产和信息等方面的优势,通过改善公司治理水平或者出售股票的方式来监督企业内部运营。过度自信的公司高管由于受到机构投资者的监督,投资风格可能会变得比较谨慎,从而改善公司投资效率。不同类型的机构投资者的投资动机和治理水平存在差异。在我国金融市场改革开放的进程中,应不断促进机构投资者多元化发展,努力建设多层次的资本市场体系。结合我国实际情况,研究机构投资者对管理层的监督作用,具有一定的现实意义。

第一节 文献综述

一、企业投资效率

(一)宏观层面

首先,在政府干预和产业政策方面,研究发现,为实现财政收入、解决就业问题、维持社会稳定等政策目标,政府有可能直接干预企业投资,也有可能采取特殊的补贴政策影响企业投资(Frye et al.,1997);白俊等(2014)认为在国有企业中,政府的政策性负担和管理层权力寻租均会导致企业过度投资;王克敏等(2017)发现,由于政府与企业信息不对称,产业政策会导致企业过度投资;才国伟等(2018)发现,具有较大政治敏感性和政治关联度的国有企业和大企业的投资变化行为比其他企业更明显;刘进等(2019)发现,政府补助能缓解企业投资不足。其次,在货币政策和不确定性方面,Kiyotaki等(1997)发现,信贷供给周期会影响企业决策;喻坤等(2014)发现,频繁的货币政策冲击使非国有企业面临更强的融资约束,降低了非国有企业投资效率;刘海明等(2017)发现,信贷供给周期会影响企业投资效率;饶品贵等(2017)发现,经济政策不确定性升高会导致企业投资下降。

(二)微观层面

首先,在内部控制和会计信息治理方面,研究发现,高质量的内部控制有助于提高财务报告质量(Ashbaugh-Skaife et al.,2008),增强投资者对公司的信心,避免因融资成本过高而出现投资不足;Biddle等(2009)发现,财务信息质量会影响公司投资;袁振超等(2018)发现,会计信息可比性越高,投资效率越高。其次,在董事会结构和管理层特征方面,刘慧龙等(2012)发现,独立董事可以抑制大股东利益输送造成的投资不足;武立东等(2016)发现,董事会成员地位差异过高会加重企业投资不足;Hambrick等(1984)发现,基于高层梯队理论,团队内部成员个体差异和团队特征会对企业投资决策产生影响;姚立杰等(2020)发现,随着管理层能力的提高,企业投资效率显著提升,主要体现在资金配置效率和信息透明度上。

二、高管过度自信与企业投资效率

高管过度自信与企业投资效率的关系受到了学界的广泛关注。与普通员工相比,公司高管更容易表现出过度自信(Langer, 1975; Weinstein, 1980)。Weinstein (1980)发现,人们会对自己参与的项目过分乐观。Roll(1986)认为,过度自信的管理者会过度肯定自己的能力,高估自己的成功概率。研究发现,管理层背景特征与企业过度投资行为有关(姜付秀等, 2009)。过度自信的管理者在并购时经常高估目标企业价值、并购活动后的收益以及产生的协同效应,长期看来往往绩效欠佳(Roll, 1986; Doukas et al., 2007)。当公司自由现金流充足时,过度自信的管理者会因高估收益、低估风险,造成投资过度;当公司内部现金流不足时,他们会高估外部融资成本,放弃净现值为正的投资机会,造成投资不足(Heaton, 2002; Malmendier et al., 2008)。

国内研究也发现,高管过度自信会影响企业投资效率。吴世农等(2008)认为,管理层过度自信和学习行为会影响连续并购的绩效变化。傅强等(2008)研究发现,过度自信的管理者会驱动并购。黄启新(2017)指出,过度自信的管理层往往低估项目的风险、高估项目的回报,使得企业过度投资。

三、高管过度自信、机构投资者与投资效率

有效监督理论认为机构投资者可以提高企业价值。机构投资者拥有专业的分析能力、信息搜集能力和资源整合能力,可以通过监督管理层和大股东、提供发展战略建议和相关资源、降低企业和外部投资者信息沟通的成本、优化企业融资渠道、促进企业创新等路径增强企业内部治理能力(Black, 1992; Weisbach et al.,1998; Sunil et al., 2000; 李维安等, 2008)。研究发现,机构投资者可以有效抑制管理者的过度自信,影响公司投资效率,提高公司业绩(温军等, 2012; 吴先聪等, 2016)。

不同的机构投资者具有不同的特点,会对企业产生不同的影响。稳定型机构投资者比交易型机构投资者更能提高会计稳健性,进而改善企业投资效率(吴良海等,2017)。压力抵制型机构投资者比压力敏感型机构投资者更能抑制过度投资和投资不足(蒋红芸等,2019)。独立型机构投资者正向调节政府补助抑制非效率投资,而非独立型机构投资者反之(刘进等,2019)。

Bushee(2007)认为,持股比例集中的和周转率较低的机构投资者会投入较多的资源和精力研究被投资公司,从而更有动力和能力约束管理层的行为,以获得长期收益。一般来说,持股比例低的机构投资者治理成本较高、监督难度较大,持股比例高的机构投资者更有可能参与公司治理,从而促进公司业绩的改善。

美国上市公司股权分散,只披露持股5%及以上的股东,大量文献将披露持股5%及以上的股东定义为Blockholder。Block机构投资者拥有公司的大量股票,可以通过行使其投票权和威胁出售其股票对股价产生负面影响,从而影响公司决策。在新兴市场中,大量研究发现Block机构投资者具有监督作用。韩国的研究者发现机构持股者能够有效地施加监督影响,提高被投资公司的专有公司治理评分(CGS)分数。具体来说,相对于国外同行,国内Block机构投资者在盈余管理较低的公司和股票流动性较低的公司能够起到监督作用(Lee et al.,2020)。巴西的研究者发现,在所有权高度集中、投资者法律保护不力的框架下,Block机构投资者可以通过强化公司治理制度和影响董事会构成,直接执行管理监督(Crisòstomo et al.,2020)。马来西亚的研究者发现,在股权高度集中、监管框架薄弱的背景下,Block机构投资者能够通过降低代理成本提高公司股票的贝塔系数,降低企业利润波动水平(Ahmad et al.,2020)。

综上所述,委托—代理问题导致管理者的个人因素对企业决策产生一定影响。根据行为金融理论,过度自信的高管在投资时会高估收益、低估风险,导致企业投资效率降低。相较于个人投资者,机构投资者更容易获得管理层信息,掌握企业最新动态,并根据自身优势对信息进行处理,提出专业的指导意见。机构投资者可以通过"用手或脚投票"的方式制约管理层,在一定程度上提高企业投资效率。

以往文献主要根据机构投资者与被投资公司是否存在联系,将机构投资者分为压力敏感型机构投资者与压力抵制型机构投资者;或者根据机构投资者持股稳定性,将机构投资者分为稳定型机构投资者和交易型机构投资者。此外,以往文献在讨论企业性质时,一般只考虑是否是国有企业,并没有对企业的治理情况进行具体的考量。

考虑到不同机构投资者在投资动机和能力上存在区别,而且不同企业所处政治环境和投资环境不同,本章将对机构投资者持股比例异质性进行讨论,在区分企业特征的基础上进行细化研究。

第二节　理论分析与研究假设

一、高管过度自信与投资效率

在所有权和经营权分离的现代企业中,经理人和股东之间的信息不对称可能会降低企业经营效率。按照行为金融理论,高管并不一定是"理性行为人",相较于普通员工,他们更容易存在过度自信的认知偏差,这种认知偏差可能会影响企业投资决策。过度自信的管理层容易低估项目的风险、高估项目的回报,导致过度投资。此外,过度自信的管理层会因为项目的NPV没有达到他们的预期而放弃这些项目,导致公司投资不足。基于此,本章提出假设H8-1:

假设H8-1:高管过度自信与公司非效率投资具有显著的正相关性。

二、高管过度自信、机构投资者与投资效率

相较于个人投资者,机构投资者更容易获得企业内部动态,缓解投资各方与管理层的信息不对称,提出专业的指导意见。随着投资比例的增加,机构投资者能够通过"用手或脚投票"对管理层产生较大影响,从而在一定程度上提高企业投资效率。基于此,本章提出假设H8-2:

假设H8-2:机构投资者可以抑制高管过度自信带来的非效率投资。

不同类型的机构投资者有着不同的持股动机,对企业投资效率的作用也有所不同。本章从持股比例高低的角度分析机构投资者异质性带来的影响。

首先,在治理动机方面,持股比例高的机构投资者相对来说会占用比较多的资金,机会成本更高,他们更有动力监督管理层以提高资源配置的效率。其次,在治理能力方面,持股比例高的机构投资者一般更注重长期效益,积累了比较丰富的管理经验,能够制衡控股股东和高管的行为。最后,在治理成本方面,与持股比例低的机构投资者相比,持股比例高的机构投资者更容易接近股东和管理层,信息更透明,监督成本更低,由于积极参与治理带来的边际效益更高。基于此,本章提出假设H8-3:

假设H8-3:持股比例高的机构投资者对高管过度自信带来的非效率投资的约束作用更强。

三、高管过度自信带来的非效率投资

机构投资者对企业金融投资的监督与企业内部环境紧密相关。内部控制影响公司投资效率(李万福等,2011)。假如机构通过监督影响企业投资,则机构投资者对治理水平较差的公司的非效率投资的抑制作用更明显。

在企业产权性质方面,国有企业高管在做投资决策时可能会考虑政治因素,企业的政策性负担和管理层权力寻租均会导致企业过度投资(白俊等,2014)。刘进等(2019)发现政府补助能缓解企业投资不足,而国有企业更容易受到产业政策的影响。由于"信贷歧视"的存在,国有企业更容易获得贷款。综上,如果机构投资者发挥了监督作用,这种作用在国有企业中更强。

在股权集中度方面,股权集中度决定着实际控制权的归属,对企业投资行为会产生重要影响。当股权较集中时,大股东因为持股比例较高,获取的投资收益以及承担的投资成本和风险都会较高,会有更强烈的动机监督高管的投资行为。综上,如果机构投资者发挥了监督作用,这种作用在股权集中度低的公司中更强。

在管理层持股方面,Jensen等(1976)提出,随着管理层持股比例的增加,其损害公司即股东利益的自利行为会先减少再增加。Wu等(2005)发现,管理层持股增加会降低其过度投资行为。综上,如果机构投资者发挥了监督作用,这种作用在管理层持股低的公司中更强。

在关联交易方面,李增泉等(2005)认为,我国有企业关联交易可能是管理层进行盈余管理的工具。有研究发现,机构投资者持股能显著减少公司关联交易行为(McConnell et al., 1990;王琨等, 2005)。如果机构投资者发挥了监督作用,这种作用在关联交易多的公司中更强。基于此,本章提出以下假设:

假设H8-4:机构投资者抑制高管过度自信带来的企业非效率投资的表现与治理环境有关,这种监督作用在内部治理较差的公司中更明显。

第三节　研究设计

一、样本选择与数据来源

本章选取2010—2019年我国沪深A股上市公司的数据,并按以下标准进行筛选:①剔除ST、ST*、PT股;②剔除同时发行A股、B股、H股交叉持股的企业;③剔除数据缺失样本;④剔除属于证监会2012年版行业分类中金融行业的上市公司样本;⑤对数据进行1%和99%的缩尾处理。最终得到样本实际观测数值22586个。本章数据来自Wind数据库国泰安CSMAR数据库,使用Stata16.0进行数据处理和实证研究。

(二)研究模型设定

根据上述理论分析框架,本章的主体思路为从机构投资者参与公司治理的角度出发,分析其对我国上市公司高管过度自信与企业投资效率的影响,在区分机构投资者异质性和公司异质性的基础上进行进一步的研究,丰富研究成果。

企业投资效率(Inv)是本章的因变量。本章借鉴Biddle等(2009)、刘慧龙等(2014)的方法,根据 Biddle 模型残差项的正负将投资效率分为过度投资和投资不足,分别对 Over-Inv(过度投资)、Under-Inv(投资不足)两种情况进行讨论,以使结论更加全面。

高管过度自信(Confb)是本章的自变量。Hambrick(1997)指出,当管理层能力较强时,其自身认可程度也较高,同时企业可能会提供更高的薪酬。本章借鉴以往文献,用管理层相对薪酬来衡量其过度自信程度。

机构投资者异质性为本章的调节变量。本章选用机构投资者持股比例反映机构持股情况。

为了验证假设 H8-1,本章构建模型(8-1):

$$\text{Inv/Over} - \text{Inv/Under} - \text{Inv} = \beta_0 + \beta_1\text{Confb} + \sum\text{Control} + \text{Ind} + \text{Year} + \varepsilon \quad (8-1)$$

为了验证假设 H8-2,本章构建模型(8-2):

$$\text{Inv/Over} - \text{Inv/Under} - \text{Inv} = \beta_0 + \beta_1\text{Confb} + \beta_2\text{Dinst} + \beta_3\text{Confb}*\text{Dinfb}*\text{Dinst} +$$
$$\sum\text{Control} + \text{Ind} + \text{Year} + \varepsilon \quad (8-2)$$

如果模型整体通过显著性检验且 Confb*Dinst 前的系数显著为负,则说明机构投资者持股对高管过度自信导致的非效率投资在一定程度上起到抑制作用,假设 H8-2 得以初步证明。考虑机构投资者异质性,本章将继续在区分机构投资者的基础上进行研究以验证假设 H8-3。为了验证假设 H8-4,本章在模型(8-2)的基础上对公司进行分组回归。

三、主要变量说明和定义

(一)企业投资效率

非投资效率(Inv)为本章的因变量。本章参考 Biddle(2009)的方法构建了投资效率模型来衡量企业的正常投资水平,采用其残差的绝对值来衡量投资效率,残差绝对值越大,投资效率越低。构建的模型如下

$$\text{Invest}_t = \beta_0 + \beta_1\text{Growth}_{t-1} + \zeta \quad (8-3)$$

式中,Invest 为新增投资,Invest=(资本支出+并购支出-出售长期资产收入-折旧)/总资产,Growth 表示公司总资产增长率。根据残差正负将投资分为过

度投资(Over-Inv)和投资不足(Under-Inv)。

(二)高管过度自信

高管过度自信(Confb)为本章的自变量。本章采用高管相对薪酬来衡量高管过度自信程度。薪酬最高的前三位高管薪酬之和/所有董监高薪酬之和的值大于所在行业董监高薪酬的中位数取1,否则取0。这前三位高管中可能包括上市公司年报中披露的公司董事会成员、总经理、总裁、副总经理、副总裁、财务总监、董事会秘书以及监事会成员等。按照CSMAR数据库中取得的年度薪酬计算。

(三)机构投资者异质性

机构投资者异质性(Block)为本章的调节变量。本章选用机构投资者持股比例反映机构持股情况,其中机构投资者持股比例为基金、QFII、券商、保险、社保基金、信托、财务公司、银行的持股比例加总。Blockholder一般指持股比例超过5%的投资者,这部分投资者持有公司的股权越多,越关注公司的发展,对公司的治理也越有话语权。考虑到我国投资银行的股票市场仍不发达,且散户和小型机构投资者占主导地位,本章借鉴朱燕建(2017)的分类方法,选择3%作为界线,以持股比例在3%以上的基金公司作为Block机构投资者。

(四)控制变量

为排除管理层其他特征对研究的干扰,本章在控制变量中引入了管理层持股比例(Yr)、管理层性别(Gender)、管理层是否两职合一(Duality)、管理层是否存在政治关联(Political)等变量,以控制管理层其他特征对企业投资效率的影响。借鉴现有文献,引入企业规模(Size)、企业资本结构(Lev)等作为其他控制变量,并对行业(Ind)与年度(Year)变量进行控制。各变量的具体说明详见表8-1。

表8-1　主要变量符号及定义

变量符号		变量名称	变量定义
因变量	Inv	企业投资效率	Biddle模型残差的绝对值
	Over-Inv	过度投资	Biddle模型的残差为正的值
	Under-Inv	投资不足	Biddle模型的残差为负的值的绝对值
自变量	Confb	高管过度自信	薪酬最高的前三位高管薪酬之和/所有董监高薪酬之和的值大于所在行业董监高薪酬的中位数取1，否则取0
调节变量	Dinst	机构投资者持股比例	企业机构投资者拥有股数所占的比重
	Block	Block机构投资者投资比例	持股超过3%的机构投资者持股比例之和
控制变量	Size	企业规模	企业期末总资产的自然对数
	Lev	企业资本结构	企业期末总负债/期末总资产
	Growth	企业成长性	总资产增长率
	ROA	企业盈利能力	总资产回报率
	Top1	第一大股东持股比例	企业第一大股东拥有股数所占的比重
	Yr	管理层持股比例	管理层拥有股数所占的比重
	Gender	管理层性别	最高管理层性别为男性时取1，否则取0
	Duality	管理层是否两职合一	管理层两职合一时为1，否则为0
	Political	管理层是否具有政治关联	管理层具有政治关联背景时为1，否则为0
	State	企业性质	国有企业为1，非国有企业为0
	Ind	行业虚拟变量	控制
	Year	年度虚拟变量	控制

四、变量描述性统计

　　为排除极端值的影响，本章对公司层面的连续型变量进行1%和99%水平上的缩尾处理。全样本的描述性统计结果如表8-2所示。

　　从全样本的描述性统计结果中可看出，我国A股上市公司平均非效率投资为0.037。变量Confb均值为0.479，说明我国上市公司高管存在一定程度的过度自信。机构投资者持股比例介于0到0.891之间，方差较大，说明我国机构投资者正处在发展阶段。Block机构投资者持股比例均值为0.009,说明我国持股比例大于3%的机构投资者占比不高。

表8-2　全样本描述性统计

变量	n	Min	Max	Mean	P25	P50	P75	SD
Inv	22586	0.000	0.233	0.037	0.012	0.027	0.049	0.037
Confb	22586	0.000	1.000	0.479	0.000	0.000	1.000	0.500
Dinst	22586	0.000	0.891	0.387	0.196	0.394	0.566	0.231
Block	22586	0.000	0.208	0.009	0.000	0.000	0.000	0.026
Stable	18742	0.000	1.000	0.504	0.000	1.000	1.000	0.500
Size	22586	19.505	26.369	22.150	21.232	21.979	22.869	1.272
Lev	22586	0.032	0.925	0.431	0.264	0.424	0.589	0.208
Growth	22586	−0.441	4.655	0.190	0.016	0.097	0.224	0.417
Roa	22586	−0.458	0.231	0.040	0.014	0.038	0.069	0.064
Top1	22586	0.083	0.758	0.344	0.228	0.323	0.444	0.148
Yr	22586	0.000	0.704	0.134	0.000	0.004	0.248	0.199
Gender	22586	0.000	1.000	0.938	1.000	1.000	1.000	0.241
Duality	22586	0.000	1.000	0.264	0.000	0.000	1.000	0.441
Political	22586	0.000	1.000	0.346	0.000	0.000	1.000	0.476
State	22586	0.000	1.000	0.352	0.000	0.000	1.000	0.478

五、相关性分析

本章还计算了各主要变量之间的相关系数,受篇幅所限,没有在此呈现。企业非效率投资和高管过度自信的度量指标呈现出显著的正相关关系,这在一定程度上说明在初始样本数据中,上市公司高管过度自信会导致企业非效率投资。变量机构投资者持股比例与公司非效率投资之间呈现显著负相关。下面还需对模型进行进一步的验证和定量分析。相关性矩阵排除了变量之间的多重共线性问题。

第四节　经验结果与分析

一、高管过度自信与企业投资效率

表8-4反映了高管过度自信与企业投资效率的回归结果。根据表8-4,高管过度自信与企业非效率投资、过度投资和投资不足在1%的水平上均显著正相关,回归结果与预测一致。该结果意味着高管过度自信程度越高,越有可能导致企业非效率投资。一方面,过度自信的高管会过高地估计项目的收益,过低地估计项目的风险,造成过度投资;另一方面,由于自身偏好和擅长领域的不同,过度自信的高管会放弃一些净现值为正但是没有达到他们预期收益的项目,造成投资不足。研究假设H8-1成立。

表8-4　高管过度自信与企业投资效率

变量	（1）Inv	（2）Over_Inv	（3）Under_Inv
Confb	0.002***	0.003***	0.002***
	（4.015）	（3.299）	（3.072）
Size	−0.003***	−0.003***	−0.005***
	（−12.746）	（−5.744）	（−11.864）
Lev	0.011***	0.016***	0.010***
	（6.821）	（3.953）	（4.561）
Growth	0.016***	0.030***	0.007***
	（16.252）	（10.652）	（5.428）
Roa	−0.017***	−0.013	−0.034***
	（−3.355）	（−1.090）	（−4.243）
Top1	0.004***	0.003	0.003
	（2.687）	（1.069）	（1.410）
Yr	0.001	0.008***	−0.022***
	（0.623）	（2.692）	（−11.630）
Gender	0.001	0.003*	−0.001
	（0.961）	（1.665）	（−1.130）
Duality	−0.000	0.000	−0.002***
	（−0.608）	（0.309）	（−3.187）

续表

变量	（1）	（2）	（3）
	Inv	Over_Inv	Under_Inv
Political	0.002***	0.003***	−0.000
	（2.890）	（3.059）	（−0.213）
State	−0.006***	−0.010***	−0.002***
	（−9.836）	（−8.583）	（−3.002）
Constant	0.110***	0.111***	0.133***
	（18.906）	（9.168）	（16.411）
Industry	Yes	Yes	Yes
Year	Yes	Yes	Yes
N	22586	9958	12628
Adj. R^2	0.084	0.120	0.067
F	47.409	24.721	27.457

注：表中汇报的回归系数均为标准化系数，括号内是估计量的标准差。*、**和***表示估计系数分别在10%、5%和1%的水平上显著。

在控制变量方面，企业规模（Size）的系数均在1%的水平上显著为负，说明随着企业规模的增大，内部管理制度可能越完善，投资效率越高。企业资本结构（Lev）的系数均在1%的水平上显著为正，说明高负债率使得企业存在较大的偿债压力，在投资时可能会过于激进或过于谨慎。企业成长性（Growth）的系数在1%的水平上显著为正，说明当企业处于快速成长期时，有着较强烈的扩张动机，而且更容易得到外部融资，从而获得更多的投资机会，投资效率可能并不是那么高。

二、高管过度自信、机构投资者与投资效率

首先对高管过度自信、机构投资者持股比例与企业非效率投资进行回归，讨论机构投资者持股比例是否会影响高管过度自信带来的企业非效率投资。然后在该结果的基础上，根据机构投资者持股比例的高低，对机构投资者进行分类，重点考虑 Block 机构投资者的监督作用。

表8-5给出了高管过度自信、机构投资者与企业投资效率之间的关系。高管过度自信和机构投资者持股比例的交乘项与非效率投资在5%的水平上

显著负相关,高管过度自信和机构投资者持股的交乘项与过度投资在1%的水平上显著负相关。这说明机构投资者能够抑制高管过度自信带来的非效率投资,主要体现在对过度投资的抑制上。机构投资者拥有技术、资金、信息、人才等方面的优势,能通过"用手投票"或者"用脚投票"的方式监督高管的过度自信行为,提高企业投资效率,假设H8-2得到验证。

表8-6给出了高管过度自信、Block机构投资者与企业投资效率之间的关系。高管过度自信与Block机构投资者持股的交乘项与企业非效率投资在5%的水平上显著负相关。这说明Block机构投资者能够抑制高管过度自信带来的非效率投资。Block机构投资者持有超过3%的企业股份,专注于监督和影响他们所持有股份的公司,更看重企业的长期价值,对公司治理有着更强的影响能力,可以监督高管的投资行为,假设H8-3得到验证。

表8-5　高管过度自信、机构投资者与企业投资效率

变量	(1)	(2)	(3)
	Inv	Over_Inv	Under_Inv
Confb	0.004***	0.008***	0.001
	(3.653)	(4.156)	(0.777)
Dinst	0.002	0.005*	−0.007***
	(1.074)	(1.692)	(−3.578)
Confb*Dinst	−0.004**	−0.012***	0.002
	(−2.066)	(−3.171)	(1.060)
Size	−0.003***	−0.003***	−0.004***
	(−12.418)	(−5.596)	(−11.076)
Lev	0.011***	0.016***	0.010***
	(6.816)	(3.948)	(4.520)
Growth	0.016***	0.030***	0.007***
	(16.254)	(10.671)	(5.381)
Roa	−0.017***	0.013	−0.032***
	(−3.320)	(−1.110)	(−3.969)
Top1	0.005**	0.004	0.006**
	(2.534)	(1.085)	(2.426)
Yr	0.001	0.008**	−0.025***
	(0.550)	(2.478)	(−11.804)

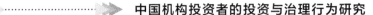

续表

变量	（1）	（2）	（3）
	Inv	Over_Inv	Under_Inv
Gender	0.001	0.003*	−0.001
	（0.984）	（1.715）	（−1.148）
Duality	−0.000	0.000	−0.002***
	（−0.732）	（0.108）	（−3.271）
Political	0.001***	0.003***	−0.000
	（2.862）	（3.014）	（−0.196）
State	−0.006***	−0.010***	−0.002***
	（−9.881）	（−8.717）	（−2.741）
Constant	0.109***	0.109***	0.129***
	（18.501）	（8.873）	（15.779）
Industry	Yes	Yes	Yes
Year	Yes	Yes	Yes
N	22586	9958	12628
Adj. R^2	0.084	0.121	0.068
F	45.200	23.573	26.251

注：表中汇报的回归系数均为标准化系数，括号内是估计量的标准差。*、**和***分别表示在10%、5%
和1%的水平上显著。

表8-6　高管过度自信、Block机构投资者与企业投资效率

变量	（1）	（2）	（3）
	Inv	Over_Inv	Under_Inv
Confb	0.002***	0.004***	0.002***
	（4.481）	（3.569）	（3.010）
Block	0.009	0.026	−0.057***
	（0.693）	（1.192）	（−3.361）
Confb*Block	−0.039**	−0.044	−0.008
	（−2.291）	（−1.392）	（−0.365）
Size	−0.003***	−0.003***	−0.005***
	（−13.420）	（−6.256）	（−15.289）
Lev	0.011***	0.016***	0.011***
	（7.389）	（4.811）	（5.845）
Growth	0.016***	0.030***	0.007***
	（26.239）	（25.437）	（9.409）

续表

变量	(1)	(2)	(3)
	Inv	Over_Inv	Under_Inv
Roa	−0.016***	−0.013	−0.031***
	(−3.793)	(−1.436)	(−6.198)
Top1	0.004**	0.003	0.002
	(2.507)	(1.042)	(0.969)
Yr	0.001	0.008***	−0.022***
	(0.762)	(3.066)	(−11.193)
Gender	0.001	0.003*	−0.001
	(0.991)	(1.652)	(−1.153)
Duality	−0.000	0.000	−0.002***
	(−0.599)	(0.338)	(−3.167)
Political	0.001***	0.003***	−0.000
	(2.927)	(3.070)	(−0.304)
State	−0.006***	−0.010***	−0.002***
	(−9.243)	(−7.869)	(−2.904)
Constant	0.110***	0.110***	0.134***
	(19.817)	(9.676)	(20.224)
Industry	Yes	Yes	Yes
Year	Yes	Yes	Yes
N	22586	9958	12628
Adj. R^2	0.084	0.120	0.068
F	51.727	34.090	23.628

注:表中汇报的回归系数均为标准化系数,括号内是估计量的标准差。*、**和***分别表示在10%、5%和1%的水平上显著。

三、非效率投资:监督渠道

(一)公司产权性质异质性分析

在我国,国有企业和民营企业在投资主体、责任对象、责任心态、政策调控等方面存在巨大的差异。首先,国有企业的领导层、监察层的所有者精神往往没有民营企业强烈,内部控制上更有可能存在缺陷。其次,国有企业承担着更多的社会责任,在投资时需要考虑社会效益,管理层同时担任政府官员,可能会由于政绩等因素造成非效率投资。此外,国有企业在信贷上存在一定的优势,也有可能通过产业政策获得一定的资金支持,存在较低的融资约束,资金成本比较低,更有可能出现过度投资。

本章假设,在其他条件一定时,相较于非国有企业,机构投资者抑制由于高管过度自信导致的非效率投资的作用在国有企业中更强。表8-7结果显示,在国有企业中,Block机构投资者和高管过度自信的交乘项与非效率投资、过度投资的系数在5%的水平上均显著为负;在非国有企业中,Block机构投资者和高管过度自信的交乘项与非效率投资的系数在10%的水平上显著为负。研究结果与假设一致。

表8-7 高管过度自信、Block机构投资者与企业投资效率(国有企业/非国有企业)

变量	国有企业			非国有企业		
	Inv	Over_Inv	Under_Inv	Inv	Over_Inv	Under_Inv
Confb	0.001 (0.745)	0.001 (0.370)	0.001 (1.190)	0.003*** (4.783)	0.005*** (3.756)	0.003*** (2.977)
Block	−0.012 (−0.676)	0.022 (0.697)	−0.068*** (−4.630)	0.022 (1.334)	0.026 (1.021)	−0.046*** (−2.790)
Confb*Block	−0.056** (−2.405)	−0.104** (−2.322)	−0.006 (−0.285)	−0.038* (−1.751)	−0.025 (−0.653)	−0.016 (−0.764)
Size	−0.003*** (−8.699)	−0.002** (−2.312)	−0.004*** (−8.997)	−0.004*** (−8.815)	−0.004*** (−4.822)	−0.006*** (−8.045)
Lev	0.009*** (3.539)	0.002 (0.347)	0.010*** (3.220)	0.013*** (5.586)	0.020*** (3.998)	0.012*** (3.578)
Growth	0.013*** (6.885)	0.042*** (5.383)	0.005** (2.460)	0.016*** (14.574)	0.028*** (9.406)	0.008*** (4.917)
Roa	−0.026*** (−2.879)	−0.039* (−1.916)	−0.017 (−1.230)	−0.013** (−2.057)	−0.008 (−0.614)	−0.031*** (−3.074)
Top1	0.006** (2.372)	−0.003 (−0.545)	0.014*** (5.160)	0.003 (1.172)	0.005 (1.344)	−0.007** (−2.156)
Yr	−0.020** (−2.047)	−0.011 (−0.539)	−0.039*** (−4.058)	0.002 (1.015)	0.008** (2.525)	−0.021*** (−10.195)
Gender	−0.001 (−0.539)	−0.003 (−1.116)	0.000 (0.054)	0.002 (1.331)	0.005** (2.299)	−0.002 (−1.138)
Duality	−0.001 (−1.066)	0.001 (0.453)	−0.002* (−1.732)	−0.000 (−0.674)	−0.000 (−0.202)	−0.002*** (−2.647)

续表

变量	国有企业			非国有企业		
	Inv	Over_Inv	Under_Inv	Inv	Over_Inv	Under_Inv
Political	0.000	0.003**	−0.001	0.002***	0.003**	0.000
	(0.466)	(2.118)	(−0.672)	(3.045)	(2.291)	(0.443)
Constant	0.101***	0.080***	0.120***	0.111***	0.118***	0.150***
	(13.228)	(5.456)	(11.883)	(12.392)	(6.779)	(10.843)
Industry	Yes	Yes	Yes	Yes	Yes	Yes
Year	Yes	Yes	Yes	Yes	Yes	Yes
N	7956	2726	5230	14630	7232	7398
Adj. R^2	0.104	0.159	0.111	0.068	0.095	0.058
F	21.309	8.083	22.657	25.630	14.864	13.543

注：表中汇报的回归系数均为标准化系数，括号内是估计量的标准差。*、**和***分别表示在10%、5%和1%的水平上显著。

（二）公司股权集中度异质性分析

股权集中度的高低影响股东的治理意愿。首先，当企业股权分散时，股东在监督管理层时存在搭便车心理，从而对管理层的监督作用整体来说比较弱。在股权集中度较低的企业中，普通股东参与治理的成本较高，但是对应的投资收益并没有很高，承担的风险也没有很高，所以一般没有强烈的参与公司治理的动机。由于没有具有较大控制权的股东，股东与管理者之间的代理问题缺少监管，内部人控制问题会比较严重。此外，当企业股权较为分散时，相对来说增加了外部融资的比例，为企业进行大型收购兼并重组提供了有利的条件，也有可能会导致过度投资。

本章根据股权集中度的行业中位数，将样本分为股权集中度高/低两组。本章假设，股权集中度低于行业中位数的公司，公司治理水平较差，机构投资者对企业非效率的抑制作用较强。表8-8结果显示，当企业股权集中度较低时，Block机构投资者和高管过度自信的交乘项与非效率投资的系数在10%的水平上显著为负。实证结果与假设一致。

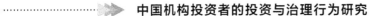

表8-8　高管过度自信、Block型机构投资者与企业投资效率（股权集中度高/低）

变量	股权集中度高			股权集中度低		
	Inv	Over_Inv	Under_Inv	Inv	Over_Inv	Under_Inv
Confb	0.003***	0.003**	0.003***	0.002**	0.004***	0.001
	(3.898)	(2.207)	(3.646)	(2.431)	(2.785)	(1.123)
Block	0.009	0.029	−0.054**	0.010	0.021	−0.049**
	(0.444)	(0.786)	(−2.259)	(0.596)	(0.760)	(−2.051)
Confb*Block	−0.041	−0.029	−0.026	−0.037*	−0.051	−0.003
	(−1.515)	(−0.574)	(−0.805)	(−1.674)	(−1.248)	(−0.100)
Size	−0.003***	−0.004***	−0.003***	−0.004***	−0.003***	−0.007***
	(−8.599)	(−4.798)	(−7.225)	(−10.310)	(−3.749)	(−13.959)
Lev	0.013***	0.020***	0.007***	0.010***	0.012***	0.013***
	(5.804)	(4.111)	(2.932)	(4.622)	(2.645)	(4.939)
Growth	0.017***	0.028***	0.011***	0.015***	0.032***	0.004***
	(20.734)	(17.543)	(11.649)	(16.644)	(18.405)	(3.037)
Roa	−0.015**	−0.013	−0.043***	−0.016***	−0.015	−0.016**
	(−2.273)	(−0.967)	(−5.907)	(−2.828)	(−1.193)	(−2.326)
Top1	0.007*	−0.003	0.012***	0.017***	0.029***	0.008
	(1.921)	(−0.379)	(3.213)	(3.206)	(2.765)	(1.240)
Yr	0.003*	0.008**	−0.014***	−0.001	0.007*	−0.028***
	(1.661)	(2.370)	(−6.010)	(−0.636)	(1.717)	(−8.922)
Gender	0.000	0.002	−0.002	0.002	0.005	−0.001
	(0.284)	(0.744)	(−1.330)	(1.087)	(1.623)	(−0.520)
Duality	0.000	0.000	−0.001	−0.001	−0.000	−0.003**
	(0.585)	(0.264)	(−1.307)	(−1.271)	(−0.049)	(−2.379)
Political	0.001*	0.003**	−0.001*	0.002**	0.003*	0.001
	(1.698)	(2.447)	(−1.772)	(2.414)	(1.947)	(0.764)
State	−0.004***	−0.011***	0.002**	−0.007***	−0.010***	−0.006***
	(−4.828)	(−6.025)	(2.440)	(−8.079)	(−5.186)	(−5.490)
Constant	0.103***	0.123***	0.091***	0.113***	0.091***	0.174***
	(13.344)	(7.687)	(10.790)	(13.773)	(5.436)	(16.547)
Industry	Yes	Yes	Yes	Yes	Yes	Yes
Year	Yes	Yes	Yes	Yes	Yes	Yes
N	11254	5023	6231	11332	4935	6397
Adj. R^2	0.099	0.128	0.087	0.073	0.114	0.070
F	31.100	18.938	15.438	22.785	16.533	12.782

注：表中汇报的回归系数均为标准化系数，括号内是估计量的标准差。*、**和***分别表示在10%、5%和1%的水平上显著。

(三)公司高管持股比例异质性分析

为了缓解委托—代理问题,企业通过制定合理的薪酬计划以激励高管更好地发挥他们的才干。根据不完全契约理论,这种薪酬契约可能是不完备的,并不一定能起到很好的激励和约束作用。近年来我国上市公司"天价薪酬"和"零薪酬"的乱象层出不穷,这种高管薪酬与公司业绩脱钩的现象显然背离了最优的激励设计原理。股权激励尤其是股票期权激励制度曾在美国等国家的新经济增长过程中发挥过巨大的作用,近年来也得到了我国国有企业的广泛接纳。通过持有公司股权,管理者的治理能力对公司绩效的影响将得到非常直接的反馈。随着高管持股比例的增加,他们能从市场中获得更高的个人能力的定价,在工作时会更加努力。

本章根据管理层持股水平的行业中位数,将样本分为管理层持股比例高/低两组。本章假设,管理层持股水平低于行业中位数的公司,公司治理水平较差,机构投资者对企业非效率的抑制作用较强。表8-9结果显示,当高管持股比例较低时,Block机构投资者和高管过度自信的交乘项与非效率投资、过度投资的系数在5%的水平上显著为负。实证结果与假设一致。

表8-9　高管过度自信、Block机构投资者与企业投资效率(高管持股比例高/低)

变量	高管持股比例高			高管持股比例低		
	Inv	Over_Inv	Under_Inv	Inv	Over_Inv	Under_Inv
Confb	0.002***	0.004***	−0.000	0.002***	0.003*	0.003***
	(2.877)	(3.134)	(−0.128)	(3.120)	(1.697)	(3.371)
Block	0.018	0.028	−0.048**	−0.004	0.021	−0.067**
	(1.078)	(0.996)	(−2.328)	(−0.231)	(0.591)	(−2.522)
Confb*Block	−0.029	0.003	0.001	−0.051**	−0.126**	−0.004
	(−1.254)	(0.087)	(0.036)	(−1.992)	(−2.449)	(−0.111)
Size	−0.002***	−0.004***	−0.002***	−0.004***	−0.003***	−0.006***
	(−5.081)	(−4.723)	(−4.276)	(−12.299)	(−3.675)	(−13.327)
Lev	0.013***	0.026***	0.000	0.008***	0.004	0.014***
	(5.176)	(5.629)	(0.011)	(4.203)	(0.889)	(5.719)
Growth	0.017***	0.029***	0.007***	0.014***	0.031***	0.007***
	(19.766)	(18.415)	(7.527)	(17.024)	(17.493)	(6.257)

续表

变量	高管持股比例高			高管持股比例低		
	Inv	Over_Inv	Under_Inv	Inv	Over_Inv	Under_Inv
Roa	−0.005	0.010	−0.038***	−0.030***	−0.046***	−0.024***
	(−0.814)	(0.847)	(−5.980)	(−4.990)	(−3.118)	(−3.239)
Top1	0.004	0.006	−0.001	0.004*	−0.001	0.003
	(1.356)	(1.206)	(−0.224)	(1.751)	(−0.253)	(1.040)
Yr	0.008***	0.010***	−0.011***	−0.004	0.016	−0.027***
	(3.610)	(2.798)	(−4.356)	(−0.620)	(1.266)	(−3.096)
Gender	−0.001	−0.000	−0.004***	0.004***	0.009***	0.002
	(−0.810)	(−0.038)	(−2.822)	(2.760)	(2.956)	(1.257)
Duality	0.000	−0.000	−0.001	−0.001	0.001	−0.004***
	(0.123)	(−0.088)	(−1.220)	(−1.141)	(0.522)	(−3.106)
Political	0.002**	0.003**	−0.000	0.001*	0.004**	0.000
	(2.499)	(2.027)	(−0.346)	(1.861)	(2.357)	(0.513)
State	−0.006***	−0.008***	−0.003**	−0.007***	−0.012***	−0.003***
	(−5.030)	(−3.403)	(−2.347)	(−8.871)	(−7.088)	(−3.482)
Constant	0.086***	0.120***	0.085***	0.118***	0.093***	0.148***
	(9.150)	(7.145)	(8.389)	(17.054)	(5.835)	(16.465)
Industry	Yes	Yes	Yes	Yes	Yes	Yes
Year	Yes	Yes	Yes	Yes	Yes	Yes
N	11246	5904	5342	11340	4054	7286
Adj. R^2	0.080	0.107	0.054	0.094	0.134	0.072
F	24.694	18.341	8.504	29.773	16.336	14.864

注：表中汇报的回归系数均为标准化系数，括号内是估计量的标准差。*、**和***分别表示在10%、5%和1%的水平上显著。

(四)公司关联交易异质性分析

第一类代理问题发生在股东和管理者之间，而第二类代理问题则发生在控股股东与中小股东之间。关联交易可以发挥避税、构建内部资本市场以缓解融资约束以及获取大股东支持的积极作用，但大股东利用关联交易侵害中小股东权益的事件也频繁发生。首先，控股股东出于自身利益的考虑，可以通过转移公司财产的方式"掏空"公司，侵害中小股东的权益。其次，通过关联交易润饰财务报表，企业可以募集到足够的资金，可能会有更多的资金用于投资新的项目。此外，存在较多关联方的企业，很难在经营和财务决策方面摆脱母公司的影响，这为集团决策层进行关联交易提供了有利环境。

表8-10　高管过度自信、Block机构投资者与企业投资效率（关联交易多/少）

变量	关联交易多			关联交易少		
	Inv	Over_Inv	Under_Inv	Inv	Over_Inv	Under_Inv
Confb	0.003***	0.005***	0.003***	0.001**	0.003**	0.000
	(3.897)	(2.994)	(2.688)	(1.990)	(1.997)	(0.472)
Block	0.008	0.030	−0.045*	0.010	0.021	−0.064***
	(0.433)	(0.880)	(−1.657)	(0.602)	(0.769)	(−3.217)
Confb*Block	−0.065**	−0.072	−0.039	−0.021	−0.017	0.012
	(−2.511)	(−1.454)	(−1.102)	(−0.933)	(−0.430)	(0.466)
Size	−0.004***	−0.003***	−0.005***	−0.003***	−0.003***	−0.004***
	(−10.365)	(−3.977)	(−12.118)	(−8.662)	(−4.756)	(−9.417)
Lev	0.009***	0.017***	0.007**	0.008***	0.012***	0.005*
	(4.122)	(3.411)	(2.441)	(3.383)	(2.632)	(1.891)
Growth	0.014***	0.030***	0.005***	0.018***	0.030***	0.010***
	(17.736)	(18.499)	(4.905)	(19.349)	(16.674)	(9.306)
Roa	−0.010	0.003	−0.027***	−0.022***	−0.028**	−0.033***
	(−1.627)	(0.246)	(−3.709)	(−3.559)	(−2.330)	(−4.866)
Top1	0.010***	0.006	0.009***	−0.001	0.002	−0.006**
	(3.814)	(1.084)	(2.724)	(−0.272)	(0.414)	(−2.173)
Yr	−0.000	0.011**	−0.030***	0.003	0.007**	−0.014***
	(−0.021)	(2.560)	(−9.218)	(1.535)	(2.044)	(−6.275)
Gender	0.001	0.004	−0.002	0.002	0.003	−0.001
	(0.410)	(1.414)	(−0.861)	(1.194)	(1.043)	(−0.761)
Duality	−0.002**	−0.002	−0.003***	0.001	0.002	−0.001
	(−2.163)	(−1.115)	(−2.961)	(1.321)	(1.509)	(−1.084)
Political	0.001	0.001	0.000	0.002***	0.004***	−0.001
	(0.825)	(0.628)	(0.403)	(3.320)	(3.537)	(−0.974)
State	−0.007***	−0.013***	−0.004***	−0.004***	−0.008***	0.000
	(−8.378)	(−6.761)	(−3.878)	(−4.699)	(−4.409)	(0.296)
Constant	0.123***	0.113***	0.157***	0.099***	0.107***	0.113***
	(15.183)	(6.515)	(15.475)	(13.086)	(7.083)	(13.677)
Industry	Yes	Yes	Yes	Yes	Yes	Yes
Year	Yes	Yes	Yes	Yes	Yes	Yes
N	11254	4680	6574	11332	5278	6054

变量	关联交易多			关联交易少		
	Inv	Over_Inv	Under_Inv	Inv	Over_Inv	Under_Inv
Adj. R^2	0.086	0.129	0.070	0.086	0.110	0.071
F	26.822	17.919	13.137	27.163	16.972	12.204

注：表中汇报的回归系数均为标准化系数，括号内是估计量的标准差。*、**和***分别表示在10%、5%和1%的水平上显著。

本章从关联交易密度来度量关联交易，以关联交易规模占总资产的比例来表示，根据关联交易的行业中位数分为关联交易多/少两组。本章假设，关联交易多于行业中位数的公司，公司治理水平较差，机构投资者对企业非效率的抑制作用较强。表8-10结果显示，当企业关联交易较多时，Block机构投资者和高管过度自信的交乘项与非效率投资在5%的水平上显著为负。实证结果与假设一致。

四、稳健性检验

为了使得结果更加稳健，本章采用Richardson(2006)的模型(详见表8-11)，更换非效率投资的度量指标进行检验。回归模型中的残差项就是非效率投资(Inv)的观测值，若残差大于0，表示过度投资；若残差小于0，则表示投资不足。残差的绝对值越大，表明企业非效率投资越严重。

表8-11　Richardson模型变量符号及定义

变量符号	变量名称	变量定义
Invest	新增资本投资	(购建固定资产、无形资产和其他长期资产所支付的现金净额+购买和处置子公司及其他营业单位所支付的现金净额-处置固定资产、无形资产和其他长期资产而收回的现金净额)/期末总资产
Growth	成长性	销售收入的增长率
Lev	资产负债率	期末负债总额/资产总额
Cash	现金比	现金及现金等价物/期末总资产
Age	企业年龄	上市年限的自然对数
Size	企业规模	企业期末总资产的自然对数
Return	股票回报率	用考虑现金红利的月个股回报率计算

$$\text{Invest}_t = \beta_0 + \beta_1 \text{Growth}_{t-1} + \beta_2 \text{Lev}_{t-1} + \beta_3 \text{Cash}_{t-1} + \beta_4 \text{Age}_{t-1} + \beta_5 \text{Size}_{t-1} +$$
$$\beta_6 \text{Returns}_{t-1} + \beta_7 \text{Invest}_{t-1} + \zeta \qquad (8\text{-}4)$$

限于篇幅,此处仅放置高管过度自信、机构投资者与企业投资效率和高管过度自信、Block 机构投资者与企业投资效率的回归结果(见表 8-12、表 8-13)。机构投资者和高管过度自信的交乘项与非效率投资、过度投资和投资不足的系数分别在 1%、1% 和 10% 的水平上显著为负,回归结果与前文一致。Block 机构投资者和高管过度自信的交乘项与过度投资在 5% 的水平上显著为负,回归结果与前文一致。回归结果说明机构投资者持股可以抑制高管过度自信带来的非效率投资,其中持股比例大于 3% 的 Block 机构投资者可以起到很好的监督效果。

表8-12　高管过度自信、机构投资者与企业投资效率(更换投资效率衡量指标)

变量	(1)	(2)	(3)
	Inv	Over_Inv	Under_Inv
Confb	0.007***	0.011***	0.004***
	(5.081)	(3.708)	(3.876)
Dinst	0.006**	0.017***	0.003
	(2.521)	(3.187)	(1.637)
Confb*Dinst	−0.010***	−0.024***	−0.004*
	(−3.731)	(−3.661)	(−1.680)
Size	−0.003***	−0.003***	−0.003***
	(−8.282)	(−3.773)	(−8.700)
Lev	−0.011***	0.001	−0.008***
	(−4.081)	(0.155)	(−4.394)
Growth	0.089***	0.126***	0.003
	(19.902)	(21.353)	(1.455)
Roa	−0.077***	−0.089***	0.003
	(−9.060)	(−4.956)	(0.532)
Top1	0.003	−0.001	0.001
	(1.135)	(−0.089)	(0.475)
Yr	−0.003	0.003	0.000
	(−0.974)	(0.428)	(0.224)
Gender	0.003**	0.004	0.000
	(2.058)	(1.197)	(0.174)

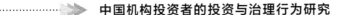

续表

变量	（1）	（2）	（3）
	Inv	Over_Inv	Under_Inv
Duality	−0.000	−0.001	0.000
	（−0.436）	（−0.332）	（0.174）
Political	0.001	0.002	0.001
	（1.438）	（0.990）	（1.453）
State	−0.009***	−0.011***	−0.009***
	（−11.354）	（−6.206）	（−12.945）
Constant	0.103***	0.094***	0.102***
	（12.987）	（5.302）	（14.758）
Industry	Yes	Yes	Yes
Year	Yes	Yes	Yes
N	20425	7542	12883
Adj-R^2	0.340	0.506	0.090
F	40.328	28.931	31.904

注：表中汇报的回归系数均为标准化系数，括号内是估计量的标准差。*、**和***分别表示在10%、5%和1%水平上显著。

表8-13　高管过度自信、Block机构投资者与企业投资效率（更换投资效率衡量指标）

变量	（1）	（2）	（3）
	Inv	Over_Inv	Under_Inv
Confb	0.003***	0.003*	0.003***
	（4.063）	（1.886）	（4.379）
Block	−0.025	0.001	−0.024
	（−1.482）	（0.027）	（−1.593）
Confb*Block	−0.029	−0.127**	0.025
	（−1.220）	（−2.410）	（1.268）
Size	−0.003***	−0.003***	−0.003***
	（−8.818）	（−3.681）	（−9.366）
Lev	−0.011***	0.001	−0.008***
	（−4.925）	（0.217）	（−4.753）
Growth	0.089***	0.126***	0.003**
	（93.687）	（81.046）	（2.253）
Roa	−0.074***	−0.081***	0.004
	（−12.620）	（−5.532）	（0.878）

续表

变量	(1)	(2)	(3)
	Inv	Over_Inv	Under_Inv
Top1	0.003	0.001	0.002
	(1.214)	(0.232)	(0.804)
Yr	−0.003	−0.000	−0.000
	(−1.486)	(−0.024)	(−0.187)
Gender	0.003**	0.004	0.000
	(1.999)	(1.213)	(0.175)
Duality	−0.000	−0.000	0.000
	(−0.180)	(−0.099)	(0.251)
Political	0.001	0.001	0.001
	(1.488)	(0.959)	(1.537)
State	−0.009***	−0.011***	−0.009***
	(−10.954)	(−5.993)	(−12.515)
Constant	0.105***	0.094***	0.102***
	(13.753)	(5.410)	(16.028)
Industry	Yes	Yes	Yes
Year	Yes	Yes	Yes
N	20425	7542	12883
Adj-R^2	0.340	0.505	0.089
F	263.500	193.519	32.650

注:表中汇报的回归系数均为标准化系数,括号内是估计量的标准差。*、**和***分别表示在10%、5%和1%的水平上显著。

第五节　本章小结

一、研究结论

企业投资效率的高低不仅影响企业价值,更关乎国家经济发展水平。企业高管作为企业经营活动的主导者,他们的决策对企业的投资效率将产生很大的影响。根据行为金融理论,高管的决策行为很容易受到过度自信等心理偏差的影响。由于委托—代理问题的存在,管理层的决策可能与公司价值最大化发生偏离,因此需要建立合适的监督机制,提高高管的投资决策水平。

我国当前大力发展机构投资者,着力构建高水平、多层次的金融体系。机构投资者有着较强的专业能力,能够对公司的投资决策提供指导,随着其持股比例的增加,对公司管理层也能产生一定的影响。本章利用2010—2019年我国沪深A股上市公司的样本数据,从机构投资者参与公司治理的视角,对上市公司中的高管过度自信与企业投资效率的关系进行了研究,并在此基础上区分机构投资者异质性,重点分析了Block机构投资者的作用,并从四个维度对企业治理水平进行分组,探究了机构投资者对高管过度自信导致非效率投资的监督渠道。通过理论分析与实证检验,本章得到以下结论。

第一,高管过度自信会降低企业的投资效率。由于认知偏差,过度自信的管理层更容易高估收益、低估风险,从而造成过度投资或是投资不足。

第二,机构投资者能够抑制高管过度自信带来的企业非效率投资。总体来说,Block机构投资者由于持股比例更高,有更强的治理动机、更低的治理成本和更好的治理能力,抑制作用更显著。

第三,考虑我国国情,机构投资者对高管过度自信导致的非效率投资的调节作用主要体现在国有企业中。机构投资者通过监督抑制企业金融投资,且监督作用在治理水平较差、较强的公司中更明显,如股权集中度低、高管持股比例低、关联交易多的公司。

二、政策建议

基于上述研究结论,本章提出如下建议:

第一,完善高管激励制度和选拔制度,从而提高管理层决策水平。特别要完善国有企业的改革机制,减轻"一把手"专权、错位政绩观等带来的负面影响。

第二,完善内部控制和信息披露制度,通过监督机制提升管理层的表现。

第三,改善机构投资者投资环境,完善QFII、养老基金等机构投资者的准入制度,建立对机构投资者的评级与审查机制,避免其短视行为对市场的扰动对市场造成不良影响。鼓励机构投资者积极参与公司治理,提供专业的决策支持,提高企业决策水平,从而提升企业长期价值,促进经济发展。

第九章　机构投资者、定向增发与长期业绩

第一节　研究概述

一、研究背景

和英、美等国家相比,定向增发在我国起步较晚,但是其具有发行门槛低、融资成本低、发行程序简单、发行后不会立刻给公司股价带来变化等优势,在一定程度上已经取代配股和公开增发,在再融资市场上受到了我国上市公司的追捧。参与定向增发的投资者一般具有资本实力雄厚、抗风险能力相对较强等特征。为了保护投资者,定向增发的准入门槛较高。发行的特定对象除了个人、上市公司大股东之外,主要还有合格机构投资者。

在定向增发的起步阶段,大股东曾是认购定向增发的主力军。有不少学者肯定了大股东在定向增发中的正面影响,但是大股东损害公司价值的行为,例如掏空行为、利益侵占行为等却也屡见不鲜。近年来,在上市公司定向增发中,机构投资者已经成为除大股东及其关联方之外最重要的参与主体,其踊跃程度甚至超过了大股东。尽管在我国定向增发的发展过程中,定增乱象频发,曾被质疑是上市公司"圈钱"的工具,但定向增发对促进实体经济发展和维护资本市场的积极作用是不可否认的。上市公司进行定向增发,无非是看中了定向增发具备的优势,以期在获得成本较低的资金之余能提升公司的业绩和自身价值。不同于一般的散户投资者,机构投资者通常被认为资金量更大、专

业性更强,并有助于提高被投资公司的治理。在我国定向增发规模不断扩大、机构投资者参与力度不断提升的过程中,机构投资者只是简单地利用其投资组合公司的信息,还是积极参与外部公司监督,提升公司后期业绩?

基于此背景,本章重点研究上市公司定向增发引入机构投资者后对公司长期业绩的影响,能对已有的研究形成补充,有助于进一步探究机构投资者的治理角色,拓展机构投资者的研究领域;同时,为上市公司在定向增发时选择认购对象提供一定的参考,引导上市公司根据自身情况有序进行定向增发,也可以为监管层出台政策、引导机构投资者重视被投资公司的长期发展提供建议。

二、研究意义

(一)理论意义

第一,现有文献主要集中于探讨上市公司的大股东在定向增发中的掏空行为、利益侵占行为等损害公司价值的行为。但是,近年来,机构投资者积极投身于上市公司定向增发中,本章研究有助于我们进一步理解机构投资者在定向增发中所扮演的角色,理解其在新兴资本市场中的作用,有利于充实有关定向增发和机构投资者治理层面的文献。

第二,丰富了理论层面的解释。本章在以往学者的基础上进行了总结,加入了监督理论、股权制衡理论、公司治理理论,并在区分上市公司定向增发目的和所有权性质的基础上,进一步分析机构投资者的治理作用。这丰富了在定向增发中,机构投资者影响上市公司业绩理论机制,对完善相关理论解释具有一定的意义。

(二)实践意义

本章研究对我国上市公司做出定向增发决策、机构投资者认购定向增发股份以及监管层制定相关政策具有一定的启示意义。

第一,可以为上市公司根据自身的特征、定向增发目的选取发行对象做出指导,提升企业的业绩。

第二,可以为机构投资者通过认购上市公司定向增发股份参与上市公司经营决策和监督治理提供意见。

第三,可以为监管层制定一些政策引导机构投资者的长期投资提供参考。

三、研究创新点

第一,机构投资者和公司治理一直是学者们研究的议题。本章以上市公司定向增发为研究对象,探究机构投资者通过定向增发进入上市公司后,能否发挥外部监督机制作用,从而对定向增发后的公司业绩产生正面影响。此外,笔者认为即使是在定向增发中,机构投资者的影响也会存在不同程度的差异。本章结合不同增发目的和不同所有权性质进行进一步的分析。通过引入交互项,探究在定向增发中,机构投资者对业绩的影响程度是否因增发目的和所有权性质的不同而存在差异,拓展了公司治理机构中投资者效应的研究领域。

第二,在关于定向增发长期表现的研究中,大多数学者将市场收益作为度量指标,但是笔者认为我国市场有效性尚缺,而且有些公司选择定向增发的目的是提高资产质量和拓展市场,因此在研究中使用了一些经营业绩的会计指标来衡量长期表现。

第三,丰富了有关定向增发领域的研究成果。目前国内外已有的相关文献主要集中在公告效应、大股东掏空行为、折价率以及长期绩效方面,对机构投资者这一定向增发对象的研究较少。因此,本章将机构投资者和定向增发目的、定向增发上市公司产权性质结合起来研究,能够对已有的研究形成补充,拓展并丰富了该领域的研究成果。

第二节　制度背景和文献综述

一、定向增发政策与现状

(一)我国定向增发的发展历程

定向增发不同于面向公众公开发行股票,它是向少数投资者发行股票的行为。回顾我国定向增发的政策演变以及发展历程,可以将其多年来的发展分为起步、迅速发展、政策收紧、再次松绑四个阶段,图9-1反映了近年来定向增发融资规模的变化。

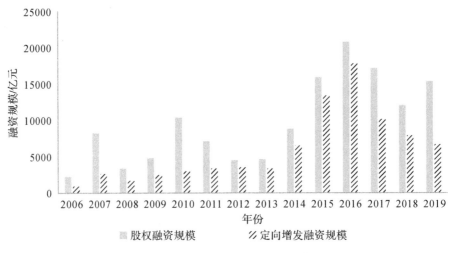

图9-1　2006—2019年我国上市公司融资规模变化

2006—2011年是定向增发起步阶段。2005年的股权分置改革使得我国资本市场在近一年内的再融资功能陷入停滞状态。为了完善和健全我国资本市场的各项制度,非公开发行开始得到认可并实行。次年,为了进一步规范上市公司的定向增发,证监会又发布了非公开发行的实施细则。此时我国定向增发政策初步成形。2007—2011年,平均每年有138家左右的上市公司采用定向增发,定向增发募集资金金额在2686亿元左右。

2012—2016年是定向增发迅速发展阶段。证监会于2011年8月正式发布了两份修订版的非公开发行文件,旨在进一步规范上市公司定向增发,并支持上市公司利用定向增发逐渐进行并购重组,完成产业的整合和升级。因此,这期间,定向增发市场实现了快速崛起,定向增发的上市公司数目从150家迅速上升到800家上下,每年定向增发募集金额也从0.3万亿元快速攀升到1.8万亿元。

2017—2019年是定向增发政策收紧阶段。证监会于2017年发布了一系列新的文件旨在对定向增发规定进行调整,该系列规定对上市公司定向增发起到了一定的限制,不仅使得原先在定价过程中存在的较高利差空间消失,还增加了投资者必须持有股份的锁定期。其间,定向增发市场中平均每年的上市公司降至336家左右,每年定向增发募集金额也下降到0.8万亿元左右。相关政策的收紧使定向增发的热度大幅下降,上市公司和投资者也相继望而却步。

2020年,定向增发再次松绑。2月新发布的再融资新规让上市公司又重新燃起希望,该规定从发行对象等多维度进行了宽松化的调整,旨在扩大资本市场直接融资的比重。

从2006年到2020年,定向增发再融资新规的不断调整和发展显示了我国资本市场向着专业化、市场化不断变革,进一步提升了上市公司再融资的便利性和制度包容性。

(二)我国上市公司定向增发的分类

1. 基于发行对象的分类

我国上市公司的定向增发仅针对少数合格的投资者。根据Wind的数据统计口径,发行对象可分为大股东、个人和合格机构投资者这几类。大股东一般是指在公司里拥有较多股份可以形成控制,能影响相关决策制定和执行的内部股东。本章梳理了相关发行对象数据之后,从增发项目数量、募集金额等角度进行归纳统计(结果见表9-1)。发现上市公司定向增发中有机构投资者参与的项目数量占所有项目数量的77.21%,而有大股东及其关联方参与认购的项目数量占所有项目数量的44.02%。不难发现,近些年来机构投资者越来越积极地参与到上市公司的定向增发中,并且其参与的踊跃程度已然胜过了上市公司大股东和关联方。

表9-1　2006—2019年我国A股上市公司定向增发对象分类统计

定向增发对象	定增项目/个	比例/%	总募集金额/亿元	平均募集金额/亿元
机构投资者	2144	49.97	35097.91	16.37
大股东及其关联方	720	16.78	16799.58	23.33
大股东及其关联方和机构投资者	1169	27.24	30617.27	26.19

续表

定向增发对象	定增项目/个	比例/%	总募集金额/亿元	平均募集金额/亿元
境内外自然人	250	5.83	1213.29	4.85
其他	8	0.19	228.52	28.57
合计	4291	100.00	83956.57	19.57

2. 基于发行目的分类

在股权再融资方式中,定向增发对上市公司的盈利能力等要求较低,并且它的发行流程简单、认购方式多样化、融资速度较快,因此很受上市公司的喜爱。本章根据定向增发的实质并结合实际发行情况,将其归纳总结为三大类。

第一,收购资产类。以收购资产为目的的定向增发主要指上市公司通过定向增发新股获得对其他资产的控制权,其收购的资产可能与其自身来自同一个行业,也有可能来自完全不同的领域。其中,当收购的资产达到一定比例时,须按照重大资产重组办法执行。因此,当收购的资产来自新兴领域时,上市公司可能会完成传统产业业务模式和业务内容的变革,实现产业的转型升级,使自己的核心竞争力提升,最有可能发生"质"的变化。但是,如果其收购的资产盈利能力较差,则会对上市公司业绩带来不利影响。

第二,项目融资类。以项目融资为目的的定向增发主要指上市公司为特定的募投项目进行融资。在此类定向增发中,上市公司已经对资金的投向和期限安排做出了明确规定。上市公司主要的募投项目方向一般包括扩大产能、开发与主业关联度较高的新产品新业务、建立和主业相配套的物流销售项目等,不会与公司原有的主营业务相差太大,因此很难发生"质"的变化,更多的是量变的积累,其未来的发展空间也不如收购资产类定向增发。

第三,补充流动资金类。上市公司发行补充流动资金类定向增发一般是为了增加营运资金以及抵偿债务等。此类型的定向增发属于财务类融资,不会为公司未来的业务带来实质性的变化。当上市公司陷入债务困境,补充流动资金类定向增发能够为其节省大量财务成本,从而对公司的业绩产生直接的影响。但是,若该类定向增发的发行对象为大股东,则反映了公司大股东对公司未来发展的支持。

表9-2归纳统计了2006—2019年我国A股上市公司实施定向增发的情况,可以看出以收购资产为目的的定向增发项目数量占到了58.35%,是最高的,并且将该类定向增发进行进一步区分,其中又有87.34%的项目构成了并购重组,12.66%的项目未构成并购重组。以项目融资为目的的定向增发次之,占35.03%,最后是以补充流动资金为目的的定向增发,仅占6.62%。

表9-2 2006—2019年我国A股上市公司定向增发目的分类统计

项目类型		项目数量/个	比例/%	总募集金额/亿元	平均募集金额/亿元
收购资产类	构成重组	2187	50.97	43996.53	20.12
	不构成重组	317	7.38	8392.75	26.48
项目融资类	−	1503	35.03	22729.75	15.12
补充流动资金	−	284	6.62	8837.54	31.12
合计	−	4291	100.00	83956.57	19.57

二、我国机构投资者整体概况

(一)我国机构投资者的发展现状

目前,关于如何界定机构投资者并没有一个清晰的概念。但在现实中,机构投资者不同于散户,是指拥有强大资本基础的金融机构,其明确目的是通过投资活动创造资本收益,属于特殊的法人机构。他们将小额资金集中管理、集中投资,在控制风险的基础上期望实现收益最大化。机构投资者通常被认为具有较雄厚的资本实力、较高的专业性,能参与公司治理等。

从1980年开始,美国的机构投资者纷纷入市。多个学术研究表明,机构投资者在美国等发达国家发挥了积极作用,对解决公司治理难题有着重要作用。相比之下,我国的机构投资者较为年轻。在1998年之后,我国第一批真正意义上的证券投资基金才开始交易,紧接着各类封闭式基金相继成立,到2000年之后各类机构投资者才开始成长,管理份额开始不断扩大。此后的20多年里,各类基金相继入市,在一定程度上有利于稳定市场、改善投资者结构。

2001—2019年,我国机构投资者数量急速扩张,其中机构投资者持股比例变化如图9-2所示。2019年底,我国机构投资者持有的股票流通市值达到30.25万亿元人民币,占流通总市值的62.58%,他们的身影出现在3750只股票当中。虽然机构投资者的规模蓬勃发展,但是在上市公司中,机构投资者持有的股份数量相对而言仍是较少的。

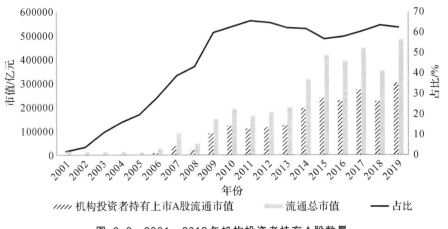

图 9-2　2001—2019年机构投资者持有A股数量

(二)机构投资者的概念界定

本章所指机构投资者主要指信托、保险、基金等境内外合格的机构投资者。近年来,有些研究根据机构投资者自身特征,将其分为财务机构投资者和战略机构投资者。但是笔者通过梳理近年来实施定向增发公司的定向增发目的后发现,纯粹为了引入战略机构投资者而实施定向增发的上市公司非常少。①财务机构投资者虽然通常被认为较为看重项目的短期收益,在参与上市公司定向增发后,基本上不会直接参与公司治理,往往在一年的锁定期过后逐渐抛售减持股份获得收益。但是其作为专业的投资者,有较为雄厚的资本基础和较为稳健的投研能力。战略机构投资者参与认购,说明其注重公司未来

---

① 在通过定向增发引入战略投资者的情形下,根据相关规定存在三年的股份禁售期,因此在一些实际的定向增发过程中,上市公司并没有选择披露这部分机构投资者。

的市场前景。在股份锁定期内会通过与上市公司签署战略投资协议、向上市公司派出管理人员、为其提供相应的辅助资源等方式进行合作,帮助提升治理能力和经营能力。

在本章的定向增发窗口期内,披露的引入战略机构投资者的数量很少。一方面,考虑到即使是财务机构投资者,因为存在一年的锁定期,也会较为看重上市公司自身的经营能力和发展情况;另一方面,考虑到机构投资者在折价率逐渐降低的基础上,靠竞价认购了新股之后,为了获得更多的收益,也会将公司自身的增长作为重要的参考要素(王乐,2017)。因此,本章认为在定向增发中,两类机构投资者的利益在一定程度上趋同,并没有进行进一步的划分。

三、文献综述

(一)关于机构投资者影响公司业绩的文献综述

要探究机构投资者在参与定向增发后对公司业绩的影响,离不开机构投资者对公司治理机制的发挥。当所有权和控制权分开时,管理者可能会为了一己私利而舍弃股东的利益。这些代理问题导致了低效的运营和资源分配。目前该现象在上市公司中广泛存在,理论和经验都指出监督是最有效的一种解决方式。机构投资者作为第三方力量,在投资方向研判的专业度、灵敏度上都要优于散户,在公司治理中起的作用也更大,有足够的能力和动力通过积极监督等方式改善公司治理,从而最大化公司价值。

有效监督理论认为,机构投资者是最重要的外部治理机制之一。其能够发挥股东积极主义,对公司管理层进行监督,强化企业内部监督机制,并改善公司股权结构,抑制企业盈余管理,提高公司绩效。机构投资者通常被认为是公司治理的关键组成部分,其通过明确的行动来监督和约束经理(Bushee,2007)。机构投资者对公司的监督行为既可以公开进行,也可以发生在私底下,在实现其投资公司治理结构的预期改善方面非常成功(Weisbach et al.,1998;Becht et al.,2009)。并且,随着时间的推移,加强机构投资者对股东的监督将会通过提高效率和降低代理成本来提升公司价值和绩效(DeAngelo et al.,2008;Grinstein et al.,2005)。Cornett等(2007)指出,机构投资者是美国公司的多数股东。他们越来越倾向于利用自己的所有权给予管理层压力,要求他们为股东的最大利益行事。很多学者的研究发现,机构投资者在公司中的持股比例对公司价值有着重要影响,两者呈现明显的正向关系。由于投资后短时间内无法退出,机构在上市公司中拥有股份的数量越多,为了保护自身资本的价值(薄仙慧等,2009),其外部监管力度越大(Black et al.,1994),更有可能对内部股东的一些不利行为产生威胁,抑制损害公司价值行为的发生。同时,随着话语权的提升,他们更有意愿参与对公司日常经营行为的监督,对公司价值和绩效发挥显著的正向效应(McConnell et al.,1990;林树等,2013)。孙红梅等(2015)发现,机构的持股可以增加对公司高管的激励强度,从而使得三者的利益与企业价值最大化目标相一致。赵国宇等(2020)从公司治理的激励和监督两方面入手,也得出了相同的结论。

也有一种观点指出,机构投资者只能定位于"旁观者"的角色。Daily等(1996)发现,以异常股价回报率、资产回报率或股本回报率衡量的公司绩效与机构投资者整体所有权之间没有显著关系。Holderness等(1988)则认为这是机构投资者在公司中无法享有足够的投票表决权所导致的。Graves等(1990)指出,当前盛行的短期考核制度不利于机构的长期投资行为。Robert等(2003)质疑了英国机构投资者在监督和执行治理中扮演更积极角色的可行性,认为其会受到管理者的层层压力。Mitsuru Mizuno(2010)采取调查问卷的方式发现,无论机构投资者采用何种形式的治理方式,公司绩效都几乎没有差异。他解释称,机构投资者倾向于投资责任感和透明度高的公司,而这些公司本身治理良好,因此投资后不会发生明显改变。

还有一种折中的观点,认为机构投资者不是具有相同目标和行为的同质群体,他们对公司业绩的影响是不确定的(范海峰等,2009)。这方面最早的研究是由Brickley等(1988)完成的,他们在区分机构投资者是否与公司存在利益联结之后(Kochhar et al.,1996),发现压力敏感的机构投资者对公司管理层和业绩的影响很小(David et al.,1998;钱露,2010;伊志宏等,2010;朱卫东等,2016)。Almanzan等(2005)发现只有一部分机构投资者能起到积极监督作用,并且所处公司的环境会影响其监督的积极性。此外,有学者指出,只有独立的长期集中持股的机构投资者与公司绩效相关(徐寿福等,2013)。这些机构会进行长期的投资组合调整,而不是为了短期收益进行交易,并且只会在结果非常糟糕之前卖出(Chen et al.,2007)。李争光等(2014)在区分机构持股的变动程度后提出,只有稳定型的机构有更强的动机监督管理层行为和企业日常的经营活动。

(二)关于实行定向增发影响公司业绩的文献综述

定向增发对于那些规模不大并且信息高度不对称的公司来说是筹措资金的重要渠道(Chemmanur et al.,1999;Cronqvist et al.,2005)。

目前的研究一致表明,美国股票市场对上市公司私募出售股份的公告反响积极(Wruck et al.,1989;Alli et al.,1993;Hertzel et al.,1993;Hertzel et al.,1998;Goh et al.,1999)。但是从长期表现来看,虽然有研究表明私募发行要好于公开发行(Hertzel et al.,1998),可是更多的研究认为业绩表现不容乐观(Hertzel et al.,2002)。Chou等(2009)进一步用投资者的过度乐观预期和管理层的过度投资对这一现象进行了解释。对美国境外私募的研究主要集中在私募对股票价格的影响上,并且没有得出一致的结论。Kato等(1993)和Wu等(2005)分别以日本和我国香港地区的上市公司为样本进行了研究。他们都发现定向增发对股票价格有正向影响。然而,Chen等(2002)在使用新加坡公司的样本进行研究时发现,定向增发对股价有负面影响。此外,Huang等(2012)还提出了一个新的观点,认为公司治理的不同会对该结果产生差异性影响。因此其通过研究我国台湾地区股市的私募发行后发现,增发后的经营绩效能否得到改善与董事会构成有关,即代理问题越严重的董事会,越有可能从减少定向增发所产生的代理问题中获得利益,绩效提高就越明显,因为它通过私募发行创建了一个外部的监督者。Xu等(2017)通过研究也得出了相似的结论,认为公司治理对定向增发存在影响。

与美国上市公司在定向增发后业绩表现不佳的统一结论不太一样,我国学者的研究结论存在分歧。徐寿福等(2011)认为定向增发后管理层缺乏谨慎过度投资以及认购对象大股东的自利行为是造成长期业绩不理想的重要因素。耿建新等(2011)则认为这是由于投资者事先对公司的募投项目过分乐观导致的。肖万等(2013)认为股权融资属于软约束性质,他们对定向增发后三年的绩效研究表明,定向增发在长期无法改善公司绩效。吴璇等(2017)发现上市公司为了向机构投资者增发股份,在发行当年对报表进行了修饰,导致增发后经营绩效下降。还有一部分学者认为定向增发对公司业绩有正向影响。邓路等(2011)验证了定向增发后两年内公司的业绩都比较优异。张梦媛等(2011)发现增发有利于企业调节资本情况,从而改善资产负债情况。陈一晓(2013)发现定向增发后的股票价格显示其并没有为上市公司创造价值,但是财务指标显示业绩得到了提升,而这种改善主要得益于营业利润的提高。黄兴李(2017)研究发现定向增发能够为上市公司带来财富增值。

进一步梳理发现,Wruck等(2009)通过研究证实,当有新的外部投资者参与认购股份时,公司的业绩表现会优于大股东认购的表现。机构投资者足够理性,其参与定向增发应面临一年以上的禁止抛售期,在这样的情况下其投资动机较弱,有意愿参与积极监督(Renna,2015)。王莉健(2015)从大股东和机构投资者的监督和合谋角度出发,发现机构投资者认股增发股份的数量越多,其对上市公司的监督动力越强,越能限制大股东的行为,长期绩效表现也更好。佟岩等(2015)通过研究发现,定向增发中有机构投资者认购的更有利于企业后续重新配置内部资源,能够带来更好的财富效应。定向增发中,机构投资者确实能够在一定程度上限制大股东损害公司价值的行为(郑云鹰等,2016;佟岩等,2019;章卫东等,2019)。He等(2019)考察了2005—2013年中国机构投资者对私募发行企业绩效的影响,发现机构在事先的持股数量越高,发行后对企业绩效的正向作用越大。他们认为这可以由机构事前的所有权来解释,机构投资者在选择业绩更好的企业时拥有更多私人信息,这与Chemmanur等(2009)的研究结论相吻合。

(三)文献评述

通过国内外有关机构投资者影响公司业绩的文献综述可以看出,学者之间的研究观点存在分歧,观点主要集中在机构投资者积极监督主义、消极主义以及异质性三方面。本章认为产生这种情况的原因主要是我国机构投资者的发展起步较晚,机构投资者在上市公司中所占股份数量的多少、持有时间的长短、所处公司环境的不同等都会影响其治理效果,从而使其对公司业绩的影响存在差异。

现有关于美国上市公司私募发行后长期业绩不容乐观的结论基本得到学者们的认同。但是对于美国境外,包括我国上市公司定向增发后的长期业绩表现并未得到学术界的一致认可,既有业绩得到改善的结论,也有业绩不及预期的结论。笔者认为这是由已有研究选取的定向增发样本区间、实证研究方法以及公司业绩衡量变量不同所导致的。通过归纳也可发现,认为业绩下滑的文献中往往使用上市公司股价的市场表现作为衡量变量,认为业绩改善的文献中则通常以上市公司会计层面的指标作为衡量变量。此外,文献中普遍认为定向增发中机构投资者的存在,能为公司后期的业绩表现带来促进效应。

通过梳理,本章发现现有文献存在以下三个不足之处:第一,仅有少数学者研究了机构投资者在上市公司定向增发中的角色。尽管不少文献围绕大股东这一增发对象展开探讨,在这一研究领域已经相对完善,但是机构投资者作为在我国这个新兴市场中逐渐崛起的投资者,较少有考察他们在公司定向增发中影响的文献。第二,在关于定向增发长期表现的研究中,大多数学者将市场收益作为度量指标,但是笔者认为我国市场有效性尚缺,而且有些公司选择定向增发的目的是提高资产质量和对市场前景的信心,可以使用一些经营业绩的会计指标来衡量长期表现。第三,已有研究中关于定向增发中机构投资者的影响,大多停留在一些相关关系的判定之上,对机构投资者在其中影响方向的不同并没有进行更深入的研究,使得研究范围不够全面,同时缺乏一些系统性的研究成果,还存在进一步的研究空间。

本章的创新点在于:从机构投资者的角度出发,研究其在定向增发中的作用,是否可以发挥外部监督机制,对之后的业绩改善起到帮助。这有助于我们理解新兴国家资本市场参与者的动机。此外,笔者认为,即使是在定向增发中,机构投资者的影响也会存在不同程度的差异。本章将结合上市公司不同的定向增发目的、控股权性质等展开进一步分析。通过引入交互项,研究在不同目的的增发中,机构投资者对公司业绩的影响是否存在交互效应;不同所有权性质的公司定向增发,机构投资者对公司业绩的影响是否也存在交互效应。

第三节 理论分析和研究假设

本章主要从以下几个方面来进行分析和研究:首先,探究上市公司定向增发中引入机构投资者这一对象对公司后期业绩表现的影响;其次,研究在定向增发中,机构投资者对不同增发目的的公司业绩影响程度的差异,即是否存在交互效应;最后,研究在定向增发中,机构投资者对不同所有权性质的公司业绩影响程度的差异,即是否存在交互效应。

一、机构投资者认购与定向增发公司业绩

一旦机构投资者认购上市公司增发新股成为其股东之后,两者的利益大体上相同,在一定程度有意愿参与公司治理,能够制约上市公司管理层的利己行为,为公司经营管理出谋划策,为其提升业绩贡献一部分资源,从而缓解部分代理问题。但是,如果机构投资者购买定向增发股份使用的并非自有资金,而是以募集资金投入时,机构投资者自身又成了受托人。此时在双重身份造成的压力下,机构投资者为达到自身利益最大化,可能会出现与内部股东合谋的行为,例如通过与大股东签订某些补偿协议或条款的方式进行兜底等。

监督理论认为,定向增发有利于上市公司引入外部投资者来监督管理层,从而缓解代理冲突。Wruck等(1989)提出定向增发中新进入的投资者有充足的动机监督上市公司活动,而定向增发的折价即作为该监督成本的激励机制,后来该监督理论也成为各个学者在研究定向增发时的重要理论依据。若定向增发面向机构投资者,并且其认购的股份较多,他们会像内部股东一样了解公司运营、业绩和盈利能力(He et al.,2019)。当参与的机构投资者数量较多时,他们有更强有力的话语权,考虑到对自身利益的保护,能在一定程度上构成对大股东的监督。此外,定向增发中的大股东和机构投资者面临着一至三年的

股份锁定期,这从某种角度来说也不得不使他们更加注重被投资公司的长期利益,他们比普通的散户及中小投资者更关注上市公司的资产质量和市场前景。

股权制衡理论认为机构投资者通过定向增发进入公司后,能在一定程度上加强上市公司内部的相互制约,改善公司的股权结构。同时,相对中小股东,机构投资者的持股有集中优势,若机构投资者认购的比例较大,也就比较容易建立公司内部制约机制,达到一个平衡。

在上市公司定向增发中,大股东可能会通过操纵停牌的时间段来影响定价。通常理论上认为,大股东认购上市公司定向增发往往意味着公司股价得到低估,其积极认购定向增发股份说明其对公司未来的发展前景较为看好。但是过往学者的研究成果表明,大股东参与上市公司定向增发存在掏空公司并在临近解禁时出售套现、改变募集资金用途、侵占中小股东权益等损害公司价值等动机。机构投资者的存在可以和公司内部股东相互制约,减少大股东不利于公司价值的行为(佟岩等,2019)。对于机构投资者而言,参与上市公司定向增发不仅可以享受到公司快速发展带来的好处,同时也能以较低的成本参与公司的利益分配。机构投资者参与定向增发后面临至少一年的禁止抛售期,退出机制较为严格。在此期间,其与上市公司的利益保持一致,这将使其更关注上市公司的发展情况,能够通过积极参加股东大会等方式对公司经营活动进行监督,最终好的公司治理会带来公司业绩的改善。基于此,本章提出假设H9-1:

假设H9-1:相比定向增发引入大股东及其关联方,只引入机构投资者更能改善公司治理,进而提升公司绩效。

二、定向增发目的、机构投资者与定向增发公司业绩

本章按照定向增发的实质将定向增发目的分为收购资产类定向增发、项目融资类定向增发以及补充流动资金类定向增发。

在现实情况中,上市公司为了补充流动资金而进行定向增发筹措资金的情况较少。一方面,以补充流动资金为目的释放了企业现金流量不足的负面

信号;另一方面,其实质可能是为了降低公司的财务风险,从而用成本较高的股权资本替代成本较低的债务资本。因此,本章认为即使有机构投资者参与了认购,其参与后续治理的意愿也较为薄弱。

在以项目融资为目的的定向增发中,其募投项目一般比较明确,但也存在因市场环境变化、技术不成熟、预期收益变化等在增发后随意改变募投项目、资金用途等现象。根据监督理论,机构投资者的进入会对公司后续的资金使用情况和经营情况进行监督。

在收购资产类定向增发中,一部分可能满足条件构成并购重组,但是无论是否构成并购重组,上市公司在做出收购资产的决策与谈判时都是由公司内部掌握多数信息。一方面,机构投资者在做出是否认购上市公司定向增发新股的决策时,会凭借自己的专业能力和职业判断对发行公开资料进行分析。在这个过程中,机构投资者起了一个导向的作用。凭借其在选股方面的卓越知识,专业且优秀的机构投资者能反映出实施定向增发上市公司的收购质地与市场前景,对此项定向增发收购活动能否为公司实现经济利益进行更加客观、更加理性的判断。在定向增发后,机构投资者也会出于获利目的对公司行为进行干预,促使管理层积极有效地完成收购方案,促使公司经营绩效的提高。另一方面,以收购资产为主要目的,可能使上市公司完成产业的转型升级,机构投资者的参与能够为上市公司带来更多的治理意见。因此,本章认为相比于以其他目的的定向增发,以收购资产为目的的定向增发中,机构投资者认购新股后参与公司治理的动机最强并且可发挥能力的空间最大。基于此,提出本章的假设H9-2:

假设H9-2:相比于其他类型的定向增发,收购资产类定向增发引入机构投资者更能提升公司业绩。

三、所有权、机构投资者与定向增发公司业绩

根据本章的统计,2006—2016年,我国国有控股上市公司共发生1480次定向增发,占增发比例的45.18%。民营控股上市公司共发生1796次定向增发,占增发比例的54.82%,可见定向增发不管是在国有上市公司还是在民营

上市公司中都较为普遍。在我国,国有上市公司和民营上市公司在内部监督体系、资本结构、绩效考核指标等方面存在着较大差异。机构投资者参与公司治理从本质上来看是外部人对公司内部人的一种监督,但也受到一些环境要素的制约,例如公司的产权性质、公司的股权结构、特定地区的政治经济文化等。这些因素都会影响机构投资者的监督成本,从而影响其治理效率。

国有上市公司的终极控制人对上市公司没有剩余索取权,其并不以盈利为唯一目标,还需要兼顾诸多的社会责任、政企关系、政治目标等(Shirley et al.,2000),而民营上市公司的盈利意识、市值管理意识等更为强烈。国有上市公司的股权集中在政府手中,企业治理不乏行政干预,外部股东例如机构投资者与之抗衡的能力有限。国有企业尤其是地方国有企业的内部控制较差(夏立军等,2005;黄兴栾等,2009),外部投资者囿于股权限制,治理话语权较弱,很难对其产生约束。在国有上市公司中,终极控制人对企业的管理往往要经过层层环节,对企业的监督作用有限,可能会造成内部控制现象严重。此外,国有企业一般具有民营企业不具备的资源禀赋,例如政策倾斜和银行优惠贷款等。较低的违约可能性使其更容易获得银行的借贷(方军雄,2007)。就算企业的治理情况较差,股东依然可以获得较为可观的收益,这就使得外部机构投资者可能会放弃积极监督而选择坐享其成。相比之下,民营上市公司从政府获得的政策支持力度较低,融资工具也较为有限,这反而可能促使其更加注重提高业务能力以及经营效率等,外部机构投资者的治理动机也更强。

在国有控股上市公司定向增发中,机构投资者虽然有意愿对上市公司进行监督和治理,但是机构投资者不仅受到国有大股东的掣肘,可能还会被内部人控制所制约,一定程度上限制了其治理作用的发挥,很难对公司治理以及投资者保护产生积极影响。因此,本章认为,相比于国有控股企业,民营控股企业通过定向增发引入机构投资者更能够强化其对企业的治理效应和对经理人的监督。基于此,提出本章的假设H9-3:

假设H9-3:相比于国有上市公司,民营上市公司定向增发引入机构投资者对公司业绩的提升更加显著。

第四节 数据、变量和模型

一、样本选择和数据来源

本章中,上市公司的定向增发发行资料,包括发行日期、发行对象、增发数量、实际募集总额、增发目的、公司实际控制人类型、所属行业等数据,主要从Wind数据库获得;其他各类财务数据主要从国泰安CSMAR数据库获得。

本章以2006—2016年为时间窗口,利用A股市场上市公司定向增发的数据进行研究。选择使用这个时间段的样本数据,主要基于两个原因:第一,根据规定,我国从2006年才开始定向增发。第二,由于上市公司实施定向增发后进行募投项目的开发需要一定的时间,短期内红利可能无法得到完全释放。因此,本章选择研究上市公司定向增发当年及后三年内业绩情况,而当前只能获取样本公司2019年的数据,因此样本期截止到2016年。为了使样本更加有效,本章进行了如下筛选:

第一,剔除银行、券商、保险等金融机构,得到3189个样本数据。

第二,为了避免在观察期内上市公司的其他融资方式干扰经营业绩,参考徐寿福(2009)、章卫东等(2020)等学者的做法,对在观察期内进行多次定向增发的上市公司,仅保留首次定向增发,得到1743个样本数据。

第三,根据往年信息剔除ST类公司,得到1610个样本数据。

第四,剔除单独向自然人以及换股公司股东定向增发的样本,得到1604个样本数据。

第五,剔除数据缺失或者无法获得的公司,得到1352个样本数据。

经过筛选,一共选取1352家样本公司,表9-3、表9-4和表9-5分别为处理后的样本数据按照定向增发认购对象分布、按照定向增发目的分布以及按照上市公司产权性质分布。

表9-3 样本数据按定向增发认购对象分布

（单位：个）

变量	2008年	2009年	2010年	2011年	2012年	2013年	2014年	2015年	2016年	总计
仅有机构投资者	22	24	47	48	25	63	104	133	134	600
其他	54	48	55	62	60	82	97	168	126	752
实施定向增发公司总计	76	72	102	110	85	145	201	301	260	1352

表9-4 样本数据按定向增发目的分布

（单位：个）

变量	2008年	2009年	2010年	2011年	2012年	2013年	2014年	2015年	2016年	总计
补充流动资金类	–	1	–	–	3	11	11	42	25	93
项目融资类	32	33	67	64	40	78	65	88	133	600
收购资产类	44	38	35	46	42	58	125	171	102	659
实施定向增发公司总计	76	72	102	110	85	145	201	301	260	1352

表9-5 样本数据按产权性质分布

（单位：个）

变量	2008年	2009年	2010年	2011年	2012年	2013年	2014年	2015年	2016年	总计
民营上市公司	21	21	36	55	35	64	128	203	197	760
国有上市公司	55	51	66	55	50	81	73	98	63	592
实施定向增发公司总计	76	72	102	110	85	145	201	301	260	1352

二、指标选取及变量定义

（一）被解释变量

参考过往学者的研究，市场回报率和经营业绩都可以用来衡量公司长期业绩。目前并没有研究指出两个指标哪个更具说服力。考虑到过去一些文献已从市场回报率角度入手，那么本章从经营业绩的角度入手，选择利用定向增发当年及后三年（t、$t+1$、$t+2$ 和 $t+3$）的会计指标——净资产收益率、总资产收益率及销售净利润率作为度量指标。净资产收益率能够衡量上市公司定向增发的效率，并能直接衡量资源使用效益（储一昀等，2017）；销售净利润率则反映了企业获取销售收入的能力。被解释变量净资产收益率（Roe）具体指净利润/

股东权益平均余额,总资产收益率(Roa)指净利润/资产平均余额,销售净利润率(NPS)指净利润/销售收入。

(二)解释变量

根据研究假设,本章一共设计了三个解释变量:认购对象、控股权性质以及定向增发目的。

Object代表认购对象,为虚拟变量。若仅有机构投资者认购了定向增发股票,赋值为1;否则为0。

Purpose代表定向增发的目的,为虚拟变量。若以收购资产为目的,赋值为1;否则为0。

Ownership代表定向增发公司的所有权性质,为虚拟变量。若公司所有权性质为国有,赋值为1;否则为0。

(三)控制变量

根据国内外学者的相关研究(Grinstein,2005;徐寿福,2009;佟岩,2015;刘超,2019;章卫东等,2020),本章选取的控制变量:上一年净资产收益率(ROE_{t-1})、资产负债率(LEV)、公司成长能力(Growth)、公司规模(lnSize)、定向增发规模(lnIssuance)以及第一大股东持股比例(Top1)。

本章所涉及 Insize 的变量名称以及具体指标构建见表9-6。

表9-6 主要变量定义

变量类型	变量含义	变量符号	变量定义
被解释变量	销售净利润率	NPS_t	净利润/销售收入
	净资产收益率	ROE_i	净利润/股东权益平均余额
	总资产收益率	ROA_i	净利润/总资产平均余额
解释变量	认购对象	Object	仅有机构投资者参与为1,否则为0
	定向增发目的	Purpose	收购资产类为1,否则为0
	所有权性质	Ownership	定向增发公司为国有则为1,否则为0
控制变量	净资产收益率	ROE_{t-1}	$t-1$年的净资产收益率
	资产负债率	LEV	$t-1$年的公司总负债/总资产
	公司成长能力	Growth	$t-1$年的营业收入的增长率

续表

变量类型	变量含义	变量符号	变量定义
	公司规模	lnSize	$t-1$年公司总资产的自然对数
	定向增发规模	lnIssuance	定向增发新股募集资金的自然对数
控制变量	第一大股东持股比例	Top1	$t-1$年的第一大股东持股数量/总股数
	行业	Industry	控制
	时间	Year	控制

三、模型设计

为了检验假设 H9-1,即上市公司定向增发中仅有机构投资者认购时对公司长期业绩有正向影响,构建了模型 9-1,核心解释变量为认购对象(Object),具体公式为

$$ROE_i/ROA_i/NPS_i = \beta_0 + \beta_1 Object + \beta_2 ROE_{t-1} + \beta_3 LEV + \beta_4 \ln Size$$
$$+\beta_5 Growth + \beta_6 \ln Issuance + \beta_7 Top1 + \zeta_1 \tag{9-1}$$

为了检验假设 H9-2,即在定向增发中,机构投资者对公司后期业绩的影响程度因增发目的的不同而存在差异,构建了模型 9-2,核心解释变量为认购对象与定向增发目的的交叉项(Object×Purpose)。根据假设 H9-2,预计 β_3 为正,具体公式为

$$ROE_i/ROA_i/NPS_i = \beta_0 + \beta_1 Object + \beta_2 Purpose + \beta_3 Object \times Purpose$$
$$+\beta_4 ROE_{t-1} + \beta_5 LEV + \beta_6 \ln Size + \beta_7 Growth + \beta_8 \ln Issuance + \beta_9 Top1 + \zeta_2$$

$$\tag{9-2}$$

为了检验假设 H9-3,即在定向增发中,机构投资者对公司后期业绩的影响程度因公司所有权性质的不同而存在差异,构建了模型 9-3,核心解释变量为认购对象与产权性质的交叉项(Object×Ownership)。根据假设 H9-3,预计 β_3 为负,具体公式为

$$ROE_i/ROA_i/NPS_i = \beta_0 + \beta_1 Object + \beta_2 Ownership + \beta_3 Object \times Ownership$$
$$+\beta_4 ROE_{t-1} + \beta_5 LEV + \beta_6 \ln Size + \beta_7 Growth + \beta_8 \ln Issuance + \beta_9 Top1 + \zeta_3$$

$$\tag{9-3}$$

第五节　实证分析

一、描述性统计和相关性分析

（一）描述性统计

样本筛选之后，对数据进行缩尾处理。表9-7报告了所有主要变量的描述性统计结果。

表9-7　变量的描述性统计

变量	Observations	Mean	Median	Std.	Min	Max
ROE_t	1352	0.104	0.087	0.103	−0.203	0.511
ROE_{t-1}	1352	0.071	0.085	0.165	−0.887	0.424
NPS_t	1352	0.098	0.083	0.104	−0.235	0.483
NPS_{t-1}	1352	0.067	0.066	0.138	−0.672	0.385
ROA_t	1352	0.077	0.067	0.061	−0.077	0.318
ROA_{t-1}	1352	0.064	0.062	0.063	−0.161	0.258
LEV	1352	0.465	0.464	0.211	0.052	0.941
Growth	1352	0.175	0.139	0.312	−0.600	1.562
lnSize	1352	21.507	21.334	1.102	19.224	25.221
lnIssuance	1352	20.525	7.270	1.028	18.008	23.298
Top1	1352	0.356	0.344	0.144	0.098	0.704
Object	1352	0.443	0	0.497	0	1
Purpose	1352	0.487	0	0.452	0	1
Ownership	1352	0.438	0	0.496	0	1

从表9-7可以看出，上市公司定向增发认购对象（Object）的均值为0.443，说明在所有实施定向增发的样本公司中，约有44.3%的公司仅有机构投资者认购。定向增发上市公司的所有权性质（Ownership）均值为0.438，说明所有实施定向增发的样本公司中，约有43.8%的公司为国有，56.2%的公司为民营。定向增发目的（Purpose）的均值为0.487，说明所有样本公司中，有48.7%的上市公司实施定向增发的目的为收购资产。公司成长性（Growth）数据显示大部

分实施定向增发的公司成长性较好。定向增发公司发行规模自然对数（lnIssuance）的均值为20.525，中位数为7.270，标准差为1.028，说明大部分公司的发行规模较大，并且各个公司之间的募集金额相差不大。公司规模自然对数显示实施定向增发上市公司的规模总体较为接近。

公司业绩的描述性统计显示，ROE、ROA和NPS在定向增发前后确实存在较大的差异，在定向增发前一年（$t-1$）的均值分别为7.1%、6.4%和6.7%，t年的均值分别为10.4%、7.7%和9.8%。大致可以看出，在本章的样本数据中，上市公司的业绩相比于上一年，确实于定向增发当年有所改善。这与过往学者研究全体样本的结果较为一致。当然分析描述性统计的结果还无法完全说明定向增发中机构投资者在其中所扮演的角色，因此还需要进行后续的实证检验来分析和判断。

（二）相关性分析

为了避免多重共线性对实证研究的影响，需要对重要的自变量和控制变量进行相关性检验，从而提高回归结果的可靠性。表9-8报告了本章中重要变量的相关性系数。数据显示，资产负债率（Lev）和公司规模的自然对数（lnSize）之间的相关系数较大，为0.433，但仍小于0.5。这两个财务变量之间往往是共同变化的，也比较符合一贯的理解。这两个变量分别控制了不同的影响因素，综合考虑后续的回归结果之后，认为这两个变量具有较强的解释力度，即使相关度较高，也不会影响后续的实证结果，仍保留这两个控制变量。

本章还利用VIF进行了进一步的判断。变量中最大的VIF为1.60，远低于10。综合以上的判断，本章模型没有多重共线性问题。同时，可以从表9-8中看出，机构投资者认购（Object）与公司业绩（ROE）之间的相关系数为正，这初步揭示了机构投资者认购对定向增发上市公司的总体影响方向，但仍需要进行进一步的回归分析来验证。

表9-8 模型的Pearson相关性检验

变量	ROE$_t$	ROE$_{t-1}$	Object	Ownership	Purpose	LEV	Growth	lnsize	lnIssuance
ROE$_t$	1.000								
ROE$_{t-1}$	−0.018	1.000							
Object	0.060	0.021	1.000						
Ownership	−0.024	−0.047	−0.146	1.000					
Purpose	0.013	−0.007	0.030	−0.163	1.000				
LEV	−0.007	−0.165	−0.106	0.280	−0.321	1.000			
Growth	0.012	0.016	0.030	0.028	−0.024	−0.012	1.000		
lnsize	−0.072	0.101	−0.067	0.261	−0.224	0.433	−0.001	1.000	
lnIssuance	0.247	−0.035	−0.065	0.091	0.067	0.094	−0.009	0.244	1.000
Top1	0.020	0.044	0.066	0.068	−0.062	0.025	−0.031	0.212	0.089

二、实证结果分析

(一)机构投资者认购与定向增发公司业绩

模型(9-1)主要用来验证上市公司定向增发中是否仅有机构投资者认购对公司长期业绩的影响。回归结果见表9-9、表9-10和表9-11。

从模型(9-1)的回归结果来看,方程的拟合程度较好,模型具有一定的解释力度。并且不管被解释变量为ROE、ROA还是NPS,在t年和$t+1$年,模型中认购对象(Object)的回归系数均为正。这与假设H9-1相符合,即仅面向机构投资者定向增发,上市公司的业绩要好于向其他类投资者一起认购的上市公司业绩。这说明若定向增发只引入机构投资者,其会凭借自己的专业能力参与公司的决策和治理,从而对公司的经营管理产生积极影响,对大股东的自利行为进行监督和制衡,能够发挥潜在的约束作用。而若同时向机构投资者和大股东及其关联方一起增发,机构投资者持有的股份数量可能较少,话语权、决策权不及大股东及其关联方,导致发挥公司治理能力的空间受到限制,因此不利于上市公司定向增发后的业绩。同时我们可以看出,机构投资者对公司绩效的影响在认购当年便开始表现显著,并且随着时间的延续这种影响能力逐渐减弱,定向增发后第三年认购对象的相关系数已不显著。本章推测这很

可能与机构投资者持有定向增发股份的期限有关。机构投资者认购定向增发
股份后至少一年无法进行减持和抛售。因此,其在认购当年及认购后第一、二
年,出于逐利动机,倾向于关注公司的发展情况,对公司后续募投项目的发展
较为重视,能够积极发挥其治理作用。但是在持有限售股份两到三年之后,机
构投资者陆续退出上市公司,对公司治理的积极影响逐渐减弱。

表9-9 机构投资者认购与定向增发公司业绩(ROE)的回归结果

变量	(1)	(2)	(3)	(4)
	ROE_t	ROE_{t+1}	ROE_{t+2}	ROE_{t+3}
Object	0.0189***	0.0100**	0.0091*	0.008
	(3.54)	(2.21)	(1.66)	(1.12)
ROE_{t-1}	0.0905***	0.0974***	0.0894***	0.0454*
	(5.19)	(6.56)	(4.59)	(1.83)
LEV	0.0552***	0.0202	0.0145	−0.0347
	(3.57)	(1.53)	(0.84)	(−1.58)
Growth	0.0144*	0.0113	0.0205**	0.0007
	(1.65)	(1.51)	(2.10)	(0.05)
lnSize	−0.0210***	−0.0094***	−0.0058*	−0.0071*
	(−7.04)	(−3.70)	(−1.73)	(−1.67)
lnIssuance	0.0016***	0.0009***	0.0008***	0.0006***
	(11.35)	(7.77)	(5.08)	(3.20)
Top1	0.0090	0.0055	0.0052	−0.0044
	(0.48)	(0.34)	(0.25)	(−0.17)
Constant	0.4808***	0.2492***	0.1879***	−0.0745
	(7.69)	(4.68)	(2.69)	(−0.84)
Iudustry	Yes	Yes	Yes	Yes
Year	Yes	Yes	Yes	Yes
Observations	1352	1352	1352	1352
R^2	0.190	0.144	0.101	0.056

注:括号内的数值为 t 值,*、**、***分别表示在10%、5%和1%的水平上显著。

表9-10 机构投资者认购与定向增发公司业绩(ROA)的回归结果

变量	(1) ROA$_t$	(2) ROA$_{t+1}$	(3) ROA$_{t+2}$	(4) ROA$_{t+3}$
Object	0.0100***	0.0065**	0.0046	0.0026
	(3.40)	(2.44)	(1.48)	(0.66)
ROA$_{t-1}$	0.3473***	0.232***	0.164***	0.166***
	(13.24)	(9.75)	(5.90)	(4.71)
LEV	0.0104	−0.0013	−0.0017	−0.0194*
	(1.19)	(−0.16)	(−0.18)	(−1.65)
Growth	0.0014	0.0016	0.0052	−0.00593
	(0.29)	(0.35)	(1.00)	(−0.90)
lnSize	−0.0180***	−0.0082***	−0.0048***	0.0015
	(−11.02)	(−5.54)	(−2.78)	(0.67)
lnIssuance	0.0011***	0.0005***	0.0004***	0.0003***
	(13.60)	(7.64)	(5.57)	(3.37)
Top1	0.0040	−0.0012	0.0019	0.00258
	(0.39)	(−0.13)	(0.18)	(0.19)
Constant	0.418***	0.209***	0.141***	0.0055
	(12.25)	(6.74)	(3.89)	(0.12)
Iudustry	Yes	Yes	Yes	Yes
Year	Yes	Yes	Yes	Yes
R^2	0.296	0.182	0.116	0.075

注:括号内的数值为t值,*、**、***分别表示在10%、5%和1%的水平上显著。

表9-11 机构投资者认购与定向增发公司业绩(NPS)的回归结果

变量	(1) NPS$_t$	(2) NPS$_{t+1}$	(3) NPS$_{t+2}$	(4) NPS$_{t+3}$
Object	0.0172***	0.0127**	0.0061	0.0097
	(3.41)	(2.22)	(0.79)	(0.88)
NPS$_{t-1}$	0.222***	0.239***	0.143***	0.119***
	(10.71)	(10.21)	(4.57)	(2.64)
LEV	−0.0905***	−0.0451**	−0.0490**	−0.126***
	(−5.78)	(−2.55)	(−2.08)	(−3.70)
Growth	0.0136*	0.0178*	0.0180	0.0005
	(1.66)	(1.92)	(1.46)	(0.03)
lnSize	−0.0132***	−0.0201***	−0.0097**	0.0119*
	(−4.63)	(−6.25)	(−2.25)	(1.92)

续表

变量	(1) NPS$_t$	(2) NPS$_{t+1}$	(3) NPS$_{t+2}$	(4) NPS$_{t+3}$
lnIssuance	0.0008***	0.0009***	0.0007***	0.0005
	(5.88)	(6.28)	(3.72)	(1.56)
Top1	0.0019	−0.0106	−0.0087	0.0277
	(0.11)	(−0.53)	(−0.33)	(0.72)
Constant	0.368***	0.484***	0.290***	−0.146
	(6.20)	(7.21)	(3.25)	(−1.13)
Iudustry	Yes	Yes	Yes	Yes
Year	Yes	Yes	Yes	Yes
R^2	0.280	0.248	0.124	0.064

注:括号内的数值为 t 值,*、**、***分别表示在10%、5%和1%的水平上显著。

2. 定向增发目的、机构投资者与公司业绩

模型(9-2)用来进一步验证不同增发目的的上市公司引入机构投资者后对公司业绩的影响是否存在差异。回归结果见表9-12、表9-13和表9-14。

表9-12　定向增发目的、机构投资者认购与定向增发公司业绩(ROE)的回归结果

变量	(1) ROE$_t$	(2) ROE$_{t+1}$	(3) ROE$_{t+2}$	(4) ROE$_{t+3}$
Object	0.015***	0.009*	0.010	0.012
	(2.59)	(1.90)	(1.50)	(1.48)
Purpose	0.030***	0.026***	0.020**	0.005
	(3.68)	(3.80)	(2.23)	(0.42)
Object*Purpose	0.018*	0.012*	0.002	−0.016
	(1.85)	(1.69)	(0.17)	(−1.18)
ROE$_{t-1}$	0.100***	0.109***	0.097***	0.043*
	(5.72)	(7.36)	(4.97)	(1.73)
LEV	0.068***	0.032**	0.023	−0.034
	(4.38)	(2.41)	(1.36)	(−1.52)
Growth	0.018**	0.012*	0.021**	−0.000
	(2.05)	(1.68)	(2.15)	(−0.02)
lnSize	−0.013***	−0.006**	−0.003	0.006
	(−4.29)	(−2.19)	(−1.01)	(1.37)

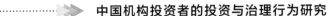

续表

变量	(1) ROE$_t$	(2) ROE$_{t+1}$	(3) ROE$_{t+2}$	(4) ROE$_{t+3}$
lnIssuance	0.001***	0.001***	0.001***	0.001***
	(8.20)	(5.82)	(4.04)	(3.31)
Top1	0.012	0.005	0.005	−0.006
	(0.67)	(0.34)	(0.22)	(−0.23)
Constant	0.296***	0.159***	0.130*	−0.052
	(4.74)	(2.91)	(1.80)	(−0.56)
Iudustry	Yes	Yes	Yes	Yes
Year	Yes	Yes	Yes	Yes
R^2	0.200	0.169	0.108	0.057

注:括号内的数值为 t 值,*、**、***分别表示在10%、5%和1%的水平上显著。

表9-13　定向增发目的、机构投资者认购与定向增发公司业绩(ROA)的回归结果

变量	(1) ROA$_t$	(2) ROA$_{t+1}$	(3) ROA$_{t+2}$	(4) ROA$_{t+3}$
Object	0.011**	0.009**	0.006*	0.006
	(2.28)	(2.05)	(1.66)	(1.23)
Purpose	0.012***	0.010**	0.011**	0.005
	(2.72)	(2.03)	(2.12)	(0.82)
Object*Purpose	0.010**	0.011*	0.004	0.002
	(2.11)	(1.89)	(0.63)	(1.37)
ROA$_{t-1}$	0.360***	0.246***	0.171***	0.155***
	(13.68)	(10.35)	(6.11)	(4.36)
LEV	−0.017*	−0.006	−0.002	0.005
	(−1.88)	(−0.71)	(−0.17)	(0.09)
Growth	0.002	0.002	0.005	−0.006
	(0.33)	(0.39)	(0.95)	(−0.96)
lnSize	−0.017***	−0.007***	−0.004**	0.001
	(−10.40)	(−4.83)	(−2.37)	(0.38)
lnIssuance	0.001***	0.000***	0.000***	0.000***
	(12.96)	(6.93)	(5.21)	(3.67)
Top1	0.005	−0.001	0.001	0.001
	(0.45)	(−0.08)	(0.10)	(0.10)
Constant	0.396***	0.184***	0.125***	0.022
	(11.45)	(5.87)	(3.39)	(0.46)

续表

变量	（1）	（2）	（3）	（4）
	ROA_t	ROA_{t+1}	ROA_{t+2}	ROA_{t+3}
Iudustry	Yes	Yes	Yes	Yes
Year	Yes	Yes	Yes	Yes
R^2	0.304	0.195	0.119	0.079

注:括号内的数值为t值,*、**、***分别表示在10%、5%和1%的水平上显著。

从模型(9-2)的实证结果来看,不管因变量是净资产收益率(ROE)、总资产收益率(ROA)还是销售净利润率(NPS),定向增发目的(Purpose)的系数均为正,说明以收购资产为目的的上市公司在增发后的业绩要好于其他类型的上市公司。这可能是因为以收购资产为目的更容易使公司发生"质"的变化,提升业绩和价值。核心被解释变量机构投资者与定向增发目的的交互项(Object*Purpose)的系数显著为正,说明机构投资者对业绩的影响程度确实会因增发目的的不同而存在差异。在上市公司定向增发中机构投资者对公司业绩的促进作用在以收购资产为目的的公司中更为明显。这与假设H9-2基本相符。相比于其他类型的上市公司,收购资产类公司通过定向增发引入机构投资者更能提升公司绩效。这是因为在收购资产类定向增发中,一方面,机构投资者的参与起到了导向的作用,其更有能力选择优秀的公司进行投资。在定向增发后,机构投资者也会出于获利目标对上市公司实行干预,促使管理层积极有效地完成收购方案,从而使公司经营绩效得到提高。另一方面,以收购资产为目的,可能使上市公司完成产业的转型升级,机构投资者的参与能够为上市公司带来更多的治理意见。其参与认购后参与公司治理的动机最强并且可发挥能力的空间最大,带动了公司绩效的改善。此外,我们也看到机构投资者随着时间的推移对上市公司定向增发业绩的影响逐渐减弱,在定向增发后两到三年,机构投资者(Object)的系数相较于之前不再显著,这与模型(9-1)的回归结果存在相似之处。

（三）所有权性质、机构投资者认购与定向增发公司业绩

为了进一步验证机构投资者对公司后期业绩的影响程度因公司所有权性质的不同而存在差异，通过模型三进行回归检验，回归结果见表9-15、表9-16和表9-17。

表9-14　定向增发目的、机构投资者认购与定向增发公司业绩（NPS）的回归结果

变量	(1)	(2)	(3)	(4)
	NPS_t	NPS_{t+1}	NPS_{t+2}	NPS_{t+3}
Object	0.013**	0.012	0.002	0.014
	(2.33)	(1.48)	(0.24)	(1.16)
Purpose	0.007	0.012	0.005	−0.013
	(0.90)	(1.34)	(0.44)	(−0.77)
Object*Purpose	0.017*	0.019*	0.015	−0.023
	(1.83)	(1.84)	(1.11)	(−1.15)
NPS_{t-1}	0.227***	0.246***	0.146***	0.110**
	(10.82)	(10.39)	(4.62)	(2.44)
LEV	−0.085***	−0.038**	−0.045*	−0.135***
	(−5.38)	(−2.11)	(−1.89)	(−3.93)
Growth	0.015*	0.020**	0.019	−0.002
	(1.84)	(2.13)	(1.55)	(−0.09)
lnSize	−0.009***	−0.015***	−0.005	0.008
	(−3.07)	(−4.53)	(−1.27)	(1.30)
lnIssuance	0.000***	0.000***	0.000**	0.001**
	(3.47)	(3.72)	(2.08)	(2.15)
Top1	0.005	−0.007	−0.005	0.026
	(0.31)	(−0.34)	(−0.19)	(0.67)
Constant	0.272***	0.363***	0.200**	−0.062
	(4.53)	(5.36)	(2.21)	(−0.46)
Iudustry	Yes	Yes	Yes	Yes
Year	Yes	Yes	Yes	Yes
R^2	0.277	0.247	0.122	0.068

注：括号内的数值为t值，*、**、***分别表示在10%、5%和1%的水平上显著。

从模型三的回归结果来看，不管因变量是净资产收益率（ROE）、总资产收益率（ROA）还是销售净利润率（NPS），核心被解释变量机构投资者与产权性

质的交互项（Object*Ownership）的系数 β_3 都小于 0，这说明在定向增发中机构投资者对公司业绩的正向影响程度在民营上市公司中更为明显。这与假设 H9-3 基本相符，即相比于国有控股企业，民营控股企业定向增发引入机构投资者对公司业绩的提升更加显著。这是因为国有上市公司定向增发引入的机构投资者即使拥有较强的治理与监督动机，但是由于国有上市公司的控股股东拥有较大控制权，行政干预色彩较强，加上国有上市公司控制链条较长，所有者缺位，易形成内部人控制，对此机构投资者也心有余而力不足，无法对公司的经营和治理发挥实质性的作用。同时，表 9-15、表 9-16 和表 9-17 的回归结果中也出现了和前文相类似的情况，即产权性质的影响随着定向增发时间的延续而逐渐减弱。在定向增发实施当年与定向增发后一年，Object*Ownership 的系数较为显著，但定向增发后第二年与第三年，系数虽仍小于 0 却均不能通过显著性检验。这也进一步说明，机构投资者对公司业绩的影响随着时间的推移以及机构投资者的逐步退出而愈渐减弱。

表 9-15　所有权性质、机构投资者认购与定向增发公司业绩（ROE）的回归结果

变量	(1)	(2)	(3)	(4)
	ROE_t	ROE_{t+1}	ROE_{t+2}	ROE_{t+3}
Object	0.022***	0.011**	0.010*	0.011
	(3.99)	(2.05)	(1.71)	(1.40)
Ownership	0.009	−0.010	−0.002	0.011
	(1.00)	(−1.24)	(−0.15)	(0.83)
Object*Ownership	−0.018*	−0.007*	−0.006	−0.015
	(−1.93)	(−1.69)	(−0.57)	(−1.15)
ROE_{t-1}	0.091***	0.095***	0.090***	0.048*
	(5.25)	(6.43)	(4.57)	(1.93)
LEV	0.057***	0.023*	0.017	−0.033
	(3.72)	(1.73)	(0.95)	(−1.47)
Growth	0.014	0.010	0.020**	0.001
	(1.64)	(1.39)	(2.01)	(0.01)
lnSize	−0.020***	−0.008***	−0.005	0.007
	(−6.98)	(−3.33)	(−1.52)	(1.62)
lnIssuance	0.002***	0.001***	0.001***	0.001***
	(11.35)	(7.83)	(5.06)	(3.15)

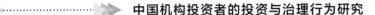

续表

变量	(1) ROE$_t$	(2) ROE$_{t+1}$	(3) ROE$_{t+2}$	(4) ROE$_{t+3}$
Top1	0.007 (0.36)	0.006 (0.35)	0.004 (0.20)	−0.007 (−0.27)
Constant	0.453*** (7.69)	0.227*** (4.51)	0.179** (2.53)	−0.076 (−0.84)
Iudustry	Yes	Yes	Yes	Yes
Year	Yes	Yes	Yes	Yes
R^2	0.195	0.148	0.102	0.057

注:括号内的数值为 t 值,*、**、***分别表示在10%、5%和1%的水平上显著。

表9-16 所有权性质、机构投资者认购与定向增发公司业绩(ROA)的回归结果

变量	(1) ROA$_t$	(2) ROA$_{t+1}$	(3) ROA$_{t+2}$	(4) ROA$_{t+3}$
Object	0.013*** (4.14)	0.007** (2.31)	0.004 (1.34)	0.004 (0.88)
Ownership	0.008 (1.50)	0.001 (0.25)	0.001 (0.26)	0.004 (0.61)
Object*Ownership	−0.013*** (−2.62)	−0.008* (−1.65)	−0.007 (−1.24)	−0.006 (−0.94)
ROA$_{t-1}$	0.341*** (13.05)	0.233*** (10.35)	0.168*** (6.38)	0.170*** (4.83)
LEV	0.009 (1.10)	0.004 (0.52)	0.001 (0.07)	−0.018 (−1.52)
Growth	0.002 (0.37)	−0.000 (−0.32)	0.000 (0.06)	−0.006 (−0.95)
lnSize	−0.016*** (−10.61)	−0.006*** (−4.39)	−0.003* (−1.78)	0.001 (0.57)
lnIssuance	0.001*** (13.49)	0.000*** (6.07)	0.000*** (4.15)	0.000*** (3.36)
Top1	0.002 (0.17)	0.001 (0.07)	0.002 (0.21)	0.002 (0.12)
Constant	0.384*** (11.95)	0.163*** (5.39)	0.096*** (2.72)	0.010 (0.24)
Iudustry	Yes	Yes	Yes	Yes
Year	Yes	Yes	Yes	Yes
R^2	0.300	0.159	0.093	0.075

表9-17 所有权性质、机构投资者认购与定向增发公司业绩(NPS)的回归结果

变量	(1)	(2)	(3)	(4)
	NPS_t	NPS_{t+1}	NPS_{t+2}	NPS_{t+3}
Object	0.020**	0.014**	0.008	0.013
	(2.58)	(2.35)	(1.01)	(1.14)
Ownership	0.016	−0.001	0.008	0.024
	(1.57)	(−0.11)	(0.57)	(1.27)
Object*Ownership	−0.027**	−0.012*	−0.012	−0.013
	(−2.34)	(−1.71)	(−0.89)	(−0.66)
NPS_{t-1}	0.224***	0.240***	0.146***	0.127***
	(10.69)	(10.18)	(4.63)	(2.79)
LEV	−0.091***	−0.039**	−0.045*	−0.124***
	(−5.76)	(−2.24)	(−1.92)	(−3.66)
Growth	0.013	0.016*	0.018	0.002
	(1.58)	(1.77)	(1.42)	(0.09)
lnSize	−0.013***	−0.019***	−0.010**	0.010
	(−4.47)	(−5.89)	(−2.24)	(1.59)
lnIssuance	0.001***	0.001***	0.001***	0.000
	(5.53)	(6.25)	(3.69)	(1.54)
Top1	0.003	−0.012	−0.011	0.026
	(0.17)	(−0.62)	(−0.39)	(0.67)
Constant	0.362***	0.471***	0.291***	−0.121
	(5.99)	(6.96)	(3.22)	(−0.93)
Iudustry	Yes	Yes	Yes	Yes
Year	Yes	Yes	Yes	Yes
R^2	0.278	0.250	0.124	0.065

三、稳健性检验

考虑到本章模型的变量中可能存在互为因果关系,需要利用PSM倾向得分匹配法进行稳健性检验。处理组为有机构投资者认购的定向增发,控制组为没有机构投资者认购的定向增发。为了使配对后的两组公司控制变量没有显著差别,在PSM中选择的匹配变量分别为定向增发前一年的净资产收益率(ROE_{t-1})、资产负债率(Lev)、公司成长性(Growth)、公司规模(lnSize)、定向增发规模(LnIssuance)和第一大股东持股比例(Top1)。采用Logit模型对Institution进行回归,进行最邻近匹配后得到了545个新样本。然后用倾向得分匹配

之后生成的新的样本数据再次进行上文模型的回归,匹配方程为

$$\text{Institution} = \beta_0 + \beta_1 \text{ROE}_{t-1} + \beta_2 \text{LEV} + \beta_3 \text{Growth} + \beta_4 \text{lnSize} + \beta_5 \text{lnIssuance}$$
$$+ \beta_6 \text{Top1} + \text{Year} + \text{Industry} + \zeta \qquad (9-5)$$

为了确保 PSM 后的两组样本在其他维度上无显著差异,进行了平衡性检验,结果见表9-18。可以看出,在匹配前 ROE_{t-1} 存在差异,匹配之后则无明显差异。

表9-18　PSM前后平衡性检验

变量		Mean		t-test	
		Treated	Crontrol	t	$p>|t|$
Roe_{t-1}	不匹配	0.0783	0.0520	2.58	0.010
	匹配	0.0776	0.0874	−1.51	0.132
LEV	不匹配	0.4652	0.4642	0.08	0.938
	匹配	0.4635	0.4585	0.53	0.597
Growth	不匹配	0.1793	0.1652	0.73	0.467
	匹配	0.1796	0.2152	−2.35	0.019
lnsize	不匹配	21.50	21.52	−0.18	0.854
	匹配	21.51	21.46	0.98	0.329
lnIssuance	不匹配	14.24	15.68	−1.12	0.261
	匹配	14.26	13.02	1.38	0.169
Top1	不匹配	0.3570	0.3539	0.35	0.727
	匹配	0.3564	0.3538	0.40	0.688

用匹配后重新生成的数据进行回归,回归结果见表9-19,与上文基准回归结果基本一致,可以看出定向增发中有机构投资者参与认购的上市公司在之后的业绩表现更佳。

表9-19　基于PSM的机构投资者认购与定向增发公司业绩的稳健性检验

变量	(1)	(2)	(3)	(4)
	ROE_t	ROE_{t+1}	ROE_{t+2}	ROE_{t+3}
Institution	0.023***	0.013**	0.002	−0.001
	(3.34)	(2.09)	(0.20)	(−0.04)
ROE_{t-1}	0.093***	0.081***	0.100***	0.074**
	(4.17)	(4.18)	(4.11)	(2.21)

续表

变量	(1)	(2)	(3)	(4)
	ROE$_t$	ROE$_{t+1}$	ROE$_{t+2}$	ROE$_{t+3}$
LEV	0.060***	0.018	0.023	0.011
	(2.86)	(0.98)	(1.05)	(0.37)
Growth	−0.020***	−0.008**	−0.007	0.008
	(−4.80)	(−2.28)	(−1.54)	(1.34)
lnSize	0.002***	0.001***	0.001***	0.001***
	(8.36)	(6.37)	(5.27)	(2.90)
lnIssuance	0.009	0.009	0.025*	0.013
	(0.78)	(0.85)	(1.90)	(0.69)
Top1	−0.011	0.002	−0.038	−0.043
	(−0.46)	(0.09)	(−1.38)	(−1.11)
Constant	0.481***	0.216***	0.193**	−0.142
	(5.65)	(2.92)	(2.17)	(−1.15)
Iudustry	Yes	Yes	Yes	Yes
Year	Yes	Yes	Yes	Yes
R^2	0.226	0.148	0.062	0.029

注:括号内的数值为 t 值,*、**、***分别表示在10%、5%和1%的水平上显著。

表9-20 定向增发目的、机构投资者认购与定向增发公司业绩的稳健性检验

变量	(1)	(2)	(3)	(4)
	ROE$_t$	ROE$_{t+1}$	ROE$_{t+2}$	ROE$_{t+3}$
Institution	0.016**	0.013**	0.002	0.011
	(2.15)	(1.98)	(0.22)	(0.95)
Purpose	0.019	0.025**	0.022	0.017
	(1.60)	(2.47)	(1.64)	(0.96)
Institution*Purpose	0.026*	0.015*	−0.008	−0.050
	(1.95)	(1.68)	(−0.51)	(−0.38)
ROE$_{t-1}$	0.104***	0.105***	0.092***	0.063*
	(4.67)	(5.55)	(3.68)	(1.85)
LEV	0.077***	0.039**	0.020	0.002
	(3.71)	(2.25)	(0.86)	(0.07)
Growth	−0.013***	−0.008**	−0.002	0.006
	(−3.43)	(−2.31)	(−0.46)	(0.92)
lnSize	0.001***	0.001***	0.001***	0.001***
	(6.74)	(5.52)	(4.38)	(3.38)

续表

变量	(1)	(2)	(3)	(4)
	ROE_t	ROE_{t+1}	ROE_{t+2}	ROE_{t+3}
lnIssuance	0.014	0.014	0.025*	0.009
	(1.21)	(1.37)	(1.87)	(0.51)
Top1	−0.005	0.005	−0.045	−0.052
	(−0.19)	(0.23)	(−1.61)	(−1.35)
Constant	0.322***	0.198***	0.143	−0.082
	(4.06)	(2.79)	(1.46)	(−0.65)
Iudustry	Yes	Yes	Yes	Yes
Year	Yes	Yes	Yes	Yes
R^2	0.246	0.110	0.147	0.039

在表9-21关于产权性质、机构投资者认购与定向增发公司业绩的稳健性检验中,我们看到在定向增发后第一年,认购对象和产权性质的交叉项系数(Institution*Ownership)不如前文基础回归中的显著。因此推测只有机构投资者认购时更能发挥其对业绩改善的正向作用。

同样用完成匹配后的样本数据对模型(9-2)、模型(9-3)进行进一步的验证,稳健性检验结果见表(9-20)、表(9-21)。可以看出,在定向增发中,机构投资者对公司业绩的影响程度确实会因增发目的的不同和公司所有权性质的不同而存在差异,有交互效应,并且其在以收购资产为目的和民营上市公司中,有更加显著的正面影响。

表9-21 所有权性质、机构投资者认购与定向增发公司业绩的稳健性检验

变量	(1)	(2)	(3)	(4)
	ROE_t	ROE_{t+1}	ROE_{t+2}	ROE_{t+3}
Institution	0.023***	0.012*	0.002	0.005
	(3.19)	(1.92)	(0.29)	(0.45)
Ownership	0.005	−0.006	0.002	0.029
	(0.40)	(−0.47)	(0.15)	(1.42)
Institution*Ownership	−0.017*	−0.009	−0.018	−0.034
	(−1.86)	(−0.77)	(−1.16)	(−1.61)
ROE_{t-1}	0.088***	0.078***	0.095***	0.067**
	(4.04)	(4.09)	(3.97)	(2.03)

续表

变量	（1）	（2）	（3）	（4）
	ROE_t	ROE_{t+1}	ROE_{t+2}	ROE_{t+3}
LEV	0.062***	0.022	0.016	−0.011
	（2.97）	（1.24）	（0.71）	（−0.35）
Growth	−0.016***	−0.004	−0.002	0.011*
	（−4.27）	（−1.38）	（−0.54）	（1.86）
lnSize	0.001***	0.001***	0.001***	0.001**
	（7.93）	（5.39）	（4.37）	（2.54）
lnIssuance	−0.001	−0.000	−0.000	−0.000
	（−1.04）	（−0.69）	（−0.41）	（−0.54）
Top1	−0.013	0.000	−0.047*	−0.068*
	（−0.51）	（0.00）	（−1.67）	（−1.74）
Constant	0.415***	0.157**	0.192**	−0.093
	（5.29）	（2.31）	（2.32）	（−0.82）
Iudustry	Yes	Yes	Yes	Yes
Year	Yes	Yes	Yes	Yes
R^2	0.221	0.139	0.084	0.063

注：括号内的数值为 t 值，*、**、***分别表示在10%、5%和1%的水平上显著。

第六节　本章小结

一、研究结论

本章在国内外学者的研究成果上，从我国资本市场的实践情况出发，阐述了在定向增发中，机构投资者对公司业绩影响的理论机制，并利用我国上市公司定向增发样本进行了实证分析。在理论假设部分，本章认为在定向增发中，机构投资者对后期业绩的影响程度会因增发目的的不同和公司所有权性质的不同而产生差异，存在交互效应。具体的研究结论主要包括以下几个方面。

第一，从回归结果来看，定向增发中机构投资者这一发行对象对公司业绩有着显著影响。仅向机构投资者增发的上市公司的业绩要好于向其他类投资者一起增发的上市公司。这说明若定向增发只引入大股东及其关联方，可能因存在利益侵占、盈余管理、减持套现、改变募集资金用途等不利于公司价值增长的行为,导致对公司后期业绩的改善程度不如只引入机构投资者。而若同时向机构投资者和大股东及其关联方一起增发,机构投资者可能持有的股份数量较少,话语权、决策权仍不及内部股东,虽有强烈的治理动机但是发挥公司治理能力的空间受到限制,因此仅针对机构投资者增发对业绩的促进作用更强。若定向增发仅引入机构投资者,其能够凭借自己的专业能力参与公司的决策和治理,从而对公司的经营管理产生积极影响,对大股东的自利行为进行有效监督和制衡,能够发挥潜在的约束作用。

第二,本章通过在模型中引入认购对象和定向增发目的的交互项,实证检验在定向增发中,机构投资者对公司后期业绩的影响程度因增发目的的不同而存在差异。从回归结果来看,机构投资者在不同定向增发目的的上市公司中发挥的正面影响程度不同,存在交互效应。在收购资产类增发中比其他类增发中机构投资者更能发挥正向促进效应。一方面,这可能是由于参与收购资产类定向增发的机构投资者能反映出实施定向增发上市公司的并购质量与行业前景,在定向增发完成后积极地干预收购行为;另一方面,收购资产类定向增发可能涉及跨行业的业务活动,相对于为了其他目的进行的定向增发,机构投资者在参与认购后对公司治理的动机最强并且可发挥能力的空间最大,带动了公司绩效的改善。

第三,本章通过在模型中引入认购对象和控股权性质交互项的方式,实证检验在定向增发中,机构投资者对公司后期业绩的影响程度因公司所有权性质的不同而存在差异。从回归结果看,机构投资者在不同所有权性质的上市公司中发挥的正面影响程度不同,也存在交互效应。相比于国有上市公司,民营上市公司定向增发引入机构投资者对公司业绩的提升更加显著。这说明在我国,定向增发公司所有权性质的差异也会对机构投资者产生影响。本章认为合理的解释是,因为民营上市公司更加在意获得利润,其面对的融资条件和竞争格局与国有上市公司相比更为残酷和严苛,为了在激烈的竞争环境下生存发展,其更希望能够通过引入机构投资者改善现有的治理环境,依靠机构投资者的专业能力和眼界,为其后续的发展和经营决策提供更加可行的意见和建议,机构投资者有较大的发挥空间。对国有上市公司而言,获得经济利益不是它的唯一目标,它还要兼顾社会责任、政治目标以及政企关系。另外,国有上市公司的最终控制人为政府,其控制链条较长,可能存在严重的内部人控制,机构投资者即使拥有较强的治理能力和治理动机,也无法真正介入公司内部对公司的管理决策产生实质性的影响,限制了其治理能力的发挥。

第四,在三个实证模型的回归结果中,我们发现不论是认购对象不同、定向增发目的不同还是实施定向增发公司的控股权性质不同,机构投资者对上市公司定向增发后业绩的影响程度都会随着时间的延续而日趋减弱。这与机构投资者持有定向增发股份的时间长短相关。从本章的研究结果中可以推测,机构投资者在上市公司定向增发两到三年之后开始逐渐减持股份、退出上市公司,对公司业绩的影响也愈渐减弱。

二、建议

(一)投资者建议

机构投资者可以适当增加认购上市公司定向增发股份的数量。机构投资者之间也可以通过一致协调、商讨来行使股东权利。在确定认购股份前,机构投资者需要对定向增发公司的行业前景、定增项目的性质以及公司基本面等进行综合研判。在目前的定向增发市场中,定向增发项目的发行折价率已经表现出日趋降低的特征。在价差空间不断缩小、接近市价发行时,机构投资者更应理性地看待公司,以价值投资为导向,在持有定向增发股份期间积极发挥监督治理能力,重视企业长期成长带来的价值增值,避免在短期内就抛售股份。此外,机构投资者可以更多地以战略投资者的身份进入上市公司,为公司提供专业意见以及国内外领先的核心技术等。

(二)公司建议

定向增发具有发行门槛低、融资成本低、发行后不会立刻给公司股价带来变化等优势,上市公司非常依赖该种融资方式。如果上市公司实行定向增发是为了收购资产或者实行重组，或者是为了引入战略投资，那么其在融资之外，还能获得一些国内外前沿的资源、技术优势和专业意见，带动企业产业升级，提高企业的核心竞争力、创新能力以及盈利能力等。定向增发决策便有利于公司的稳步经营。因此，上市公司在进行定向增发决策时应当根据资金的使用需要合理安排融资计划，小心谨慎决策，避免让其沦落为上市公司进行"圈钱"的工具。上市公司也要减少在定向增发后多次改变原计划募集资金用途等不理性行为，积极引入专业机构投资者，让其发挥外部监督作用，更好地发挥正向治理效应。

（三）政策建议

我国的资本市场中上市公司自身的稳定性和成熟性还不足，为了避免机构投资者的长期投资仅仅停留在概念化阶段，相关部门还需要进一步强化对我国机构投资者的引导。同时，监管层可以引导制定一些长短期相结合的考核机制，令机构投资者更关注被投资公司的长期发展，避免因薪酬与短期考核绩效相挂钩而放弃一些成长性较好的公司。鼓励QFII等金融机构参与我国上市公司的投资，他们的存在有助于甄别经营业绩较好的公司，推动我国资本市场的发展。

机构投资者虽然拥有较强的信息搜集能力，但与公司内部股东相比仍存在一定的信息缺口。因此，监管层需要深入完善信息披露制度，提高市场透明度，加强对上市公司定向增发预案中有关募集资金用途，募投项目的建设期、回报期，实施定向增发后有关变更募集资金用途等信息的披露监管。

在定向增发中，机构投资者对业绩的影响程度在民营上市公司中更高，对业绩的正向促进效应更强。一部分原因是国有上市公司的委托—代理效率低下，另一部分原因可能是国有上市公司进行定向增发并非市场化现象。因此，应该继续深化国有控股上市公司改革，对其经营管理者实施正向的激励机制，使其在引入机构投资者的情况下能够发挥协同治理作用。

此外，相关部门可以制定上市公司定向增发后的业绩考核指标，提高对定向增发项目以及募集资金用途的审核标准，对在定向增发后业绩严重下滑的公司提高后续实施定向增发的门槛并予以一定程度的处罚措施等。

三、研究不足与展望

第一,上市公司定向增发的增发目的可以细分为好几类。本章受到样本数据的限制,只将其归类为三大类。并且本章的研究结论可能更适用于以收购资产为增发目的的上市公司,并不能代表所有上市公司的行为。这样的分类可能存在不足之处,以后可以对每一个细分类型进行进一步的细分研究。

第二,本章未考虑定向增发中不同机构投资者之间的差异,例如根据其是否为战略投资者再将其细分。因为在本章研究的样本时间区间内,明确定向增发引入的机构投资者为战略投资者的数量极少。因此,待以后样本数量有所扩大时可以进行进一步的研究。

第三,因为一些变量无法进行衡量,针对机构投资者对上市公司定向增发业绩的影响,本章没有进行深入的机制分析,只是通过引入交叉项的方式做了差异分析。这有待后续研究进行补充和完善。

参考文献

中文文献

[1] 白俊,连立帅,2014.国企过度投资溯因政府干预抑或管理层自利[J].会计研究(2):41-48.

[2] 薄仙慧,吴联生,2009.国有控股与机构投资者的治理效应:盈余管理视角[J].经济研究(2):81-91.

[3] 毕金玲,于得水,刘越,2017.机构投资者角色定位:旁观者还是监督者?——基于鑫科材料公司定向增发的案例研究[J].辽宁大学学报(3):89-97.

[4] 卞曰瑭,刘夏群,李金生,2019.基于网络混合学习策略的股市投资者行为演化模型及仿真[J].运筹与管理(11):156-168.

[5] 才国伟,吴华强,徐信忠,2018.政策不确定性对公司投融资行为的影响研究[J].金融研究(3)89-104.

[6] 蔡明荣,任世驰,2014. 企业金融化:一项研究综述[J].财经科学(7):41-51.

[7] 曹丰,鲁冰,李争光,等,2015.机构投资者降低了股价崩盘风险吗?[J].会计研究(11):55-61.

[8] 曹建海,2010.分级基金套利研究[J].现代商业,(36):33-34.

[9] 陈新春,刘阳,罗荣华,2017.机构投资者信息共享会引来黑天鹅吗?——

基金信息网络与极端市场风险[J].金融研究(7):140-155.

[10] 陈亚,2018.企业战略、机构投资者与融资约束[D].大连:东北财经大学.

[11] 陈杨炀,2019.我国公募基金风险调整行为研究——考虑投资者因素的新视角[D].广州:华南理工大学.

[12] 陈一晓,2013.定向增发的行为及绩效研究[J].财会通讯(8):28-30.

[13] 陈怡,2012.统计套利策略在我国分级基金市场的尝试[J].科学技术与工程(3):724-728.

[14] 程小可,李昊洋,高升好,2017. 机构投资者调研与管理层盈余预测方式[J].管理科学(1):131-145.

[15] 程昕,杨朝军,万孝园,2018.机构投资者、信息透明度与股价波动[J].投资研究(6):55-77.

[16] 程永文,朱成科,唐艳,2019.中国开放式基金选股能力与择时行为分析[J].江淮论坛(5):57-62.

[17] 储一昀,仓勇涛,李常安,2017.定向增发中的会计业绩效应与财务分析师信息预示[J].会计研究(3):39-45.

[18] 邓可斌,曾海舰,2014. 中国企业的融资约束:特征现象与成因检验[J].经济研究(2):47-60.

[19] 邓路,王化成,李思飞,2011.上市公司定向增发长期市场表现:过度乐观还是反应不足?[J].中国软科学(6):167-177.

[20] 丁慧,吕长江,黄海杰,2018. 社交媒体、投资者信息获取和解读能力与盈余预期——来自"上证e互动"平台的证据[J].经济研究(1):153-168.

[21] 杜莉,范洪辰,李思飞,2017.投资者情绪对定向增发长期市场表现影响的实证研究[J].中国经济问题(6):98-109.

[22] 杜威望,刘雅芳,2018. 传染的周转率与基金业绩波动关系研究[J].财贸经济(1):70-83.

[23] 范海峰,胡玉明,石水平,2009.机构投资者异质性、公司治理与公司价值——来自中国证券市场的实证证据[J].证券市场导报(10):45-51.

[24] 范海峰,石水平,2016. 财务信息透明度、机构投资者与公司股权融资成

本[J].暨南学报(哲学社会科学版)(4):42-52.

[25] 房艳敏,2015.机构投资者与上市公司违规行为的相关性研究[D].长沙:湖南大学.

[26] 冯志静,2013.定向增发类型对公司长期经营业绩的影响[D].成都:西南财经大学.

[27] 傅强,方文俊,2008.管理者过度自信与并购决策的实证研究[J].商业经济与管理(4):76-80.

[28] 高培涛,2010.机构投资者参与我国上市公司治理的理论与实证研究[D].济南:山东大学.

[29] 耿建新,吕跃金,邹小平,2011.我国上市公司定向增发的长期业绩实证研究[J].审计与经济研究(6):52-58.

[30] 龚红,李燕萍,吴绍棠,2010. 业绩排序对基金管理人投资组合风险选择的影响:基于封闭式基金1998—2008年表现的经验分析[J].世界经济(4):146-160.

[31] 顾馨,李双杰,2012.定向增发对我国上市公司经营绩效的影响[J].企业经济(3):175-178.

[32] 官峰,靳庆鲁,张佩佩,2015.机构投资者与分析师行为——基于定向增发解禁背景[J].财经研究(6):132-144.

[33] 光华,任学敏,2010.一类指数分级基金的定价模型及其杠杆率的分析[J].商业经济(9):34-37.

[34] 郭白滢,李瑾,2019.机构投资者信息共享与股价崩盘风险——基于社会关系网络的分析[J].经济管理(7):171-189.

[35] 郭白滢,周任远,2019.信息互动、投资决策与股票价格——基于机构投资者信息网络的分析[J].金融研究(10):188-206.

[36] 郭骅,2018. 国内公募FOF基金产品资产配置策略研究[D].杭州:浙江大学.

[37] 郭若冰,2016.分级基金折溢价与套利策略研究[D]. 南京:南京大学.

[38] 郭文伟,宋光辉,许林,2010. 中国开放式基金风格择时能力的实证研究

[J]. 统计与决策(8):134-136.

[39] 郭文伟,宋光辉,许林,2011. 风格漂移、现金流波动与基金绩效之关系研究[J].管理评论(12):3-9.

[40] 郭晓冬,柯艳蓉,吴晓晖,2018.坏消息的掩盖与揭露:机构投资者网络中心性与股价崩盘风险[J].经济管理(4):152-169.

[41] 韩燕,赵瑾璐,崔鑫,2015. 基金业绩费率背离与最优费率研究[J]. 经济问题(5):59-63.

[42] 何健亲,2013. 机构持股对非效率投资影响的实证研究——基于中国上市公司融资行为的视角[D].上海:复旦大学.

[43] 何瑛,马珂,2020.机构投资者网络与股价同步性[J].现代财经(天津财经大学学报)(3):35-52.

[44] 贺玲芳,2019. 机构投资者、信息披露质量与股权融资成本[D].成都:西南财经大学.

[45] 侯伟相,2018.基金投资行为与业绩、能力以及净值暴跌风险研究[D].北京:对外经济贸易大学.

[46] 胡奕明,王雪婷,张瑾,2017. 金融资产配置动机:"蓄水池"或"替代"? ——来自中国上市公司的证据[J].经济研究(1):181-194.

[47] 华锋,高子剑,2015. 追本溯源,探究上折分级 B 超额收益的来源[R].方正证券金融工程定期报告.

[48] 滑跃,2017. 非金融化企业金融化程度与影响因素研究[D].北京:首都经济贸易大学.

[49] 黄启新,2017.高管过度自信、机构投资者异质性与过度投资——来自我国上市公司的经验证据[J].财会通讯(12):44-47.

[50] 黄送钦,2018. 中国实体企业金融化及其效应研究——来自中国上市公司的经验证据[D].南京:东南大学.

[51] 黄兴孪,2017.产权性质、定向增发与公司业绩[J].厦门大学学报(哲学社会科学版)(4):114-124.

[52] 黄兴孪,沈维涛,2009.政府干预、内部人控制与上市公司并购绩效[J].经济

管理(6):70-76.

[53] 黄瑜琴,成钧,李心丹,2012.免费的午餐:分级基金溢价的案例研究[J].财贸经济(7):63-69.

[54] 纪圣媛,2019. 机构投资者持股对企业债务融资成本的影响研究[D].北京:北京交通大学.

[55] 江菲,2012. 我国开放式基金的运营费用与基金业绩实证研究[J].华东经济管理(2):158-160.

[56] 江萍,田澍,Cheung Y L,2011. 基金管理公司股权结构与基金绩效研究[J]. 金融研究(6):123-135.

[57] 姜付秀,伊志宏,苏飞,等,2009.管理者背景特征与企业过度投资行为[J].管理世界(1):130-139.

[58] 蒋红芸,李思,2019.内部控制、机构投资者异质性与非效率投资[J].财会通讯(6):109-118.

[59] 蒋文菁,2013.分级基金与股指期货套利研究[D]. 上海:上海交通大学.

[60] 靳永攀,2014.分级基金定价和套利的实证研究[D]. 济南:山东大学.

[61] 李敬端,2012. 分级基金的创新特征、套利分析与投资策略[J]. 改革与开放(10):58-60.

[62] 李林芳,2009. 机构投资者持股与企业投资约束的实证研究[D].成都:西南财经大学.

[63] 李善民,王媛媛,王彩萍,2011.机构投资者持股对上市公司盈余管理影响的实证研究[J].管理评论(7):17-24.

[64] 李顺彬,田珺,2019. 货币政策适度水平、融资约束与企业金融资产配置:对"蓄水池"和"替代"动机的再检验[J].金融经济学研究(2):3-13.

[65] 李万福,林斌,宋璐,2011.内部控制在公司投资中的角色:效率促进还是抑制?[J].管理世界(2)81-99.

[66] 李维安,2009.公司治理学[M].北京:高等教育出版社.

[67] 李维安,李滨,2008.机构投资者介入公司治理效果的实证研究:基于CC-GI~(NK)的经验研究[J].南开管理评论(1):4-14.

[68] 李学峰,张舰,田元泉,等,2011. 我国证券投资基金的隐性激励:测度、机制与契约优化[J].金融研究(10):185-197.

[69] 李越冬,严青,2017.机构持股、终极产权与内部控制缺陷[J].会计研究(5):85-91.

[70] 李增泉,余谦,王晓坤,2005.掏空、支持与并购重组:来自我国上市公司的经验证据[J].经济研究(1):95-105.

[71] 李争光,曹丰,赵西卜,等,2016. 机构投资者异质性、会计稳健性与股权融资成本——来自中国上市公司的经验证据[J].管理评论(7):42-52.

[72] 李争光,赵西卜,曹丰,等,2014.机构投资者异质性与企业绩效——来自中国上市公司的经验证据[J].审计与经济研究(5):77-87.

[73] 李志冰,刘晓宇,2019. 基金业绩归因与投资者行为[J].金融研究(2):188-206.

[74] 梁舒雯,2015. 机构投资者、债务融资与过度投资[D].杭州:浙江工商大学.

[75] 林树,李翔,杨雄胜,等,2009.他们真的是明星吗?——来自中国证券基金市场的经验证据[J].金融研究(5):107-120.

[76] 林树,陈浩,2013.机构投资者能提高公司业绩吗?——基于民营上市公司的经验研究[J].山东社会科学(10):101-105.

[77] 林晚发,2016. 机构投资者与债务资本成本:基于信息不对称视角[J].珞珈管理评论(2):65-82.

[78] 刘超,阮永平,郑凯,2020.定向增发、契约特征与大股东资金占用[J].外国经济与管理(6):126-138.

[79] 刘海明,曹廷求,2017.信贷供给周期对企业投资效率的影响研究——兼论宏观经济不确定条件下的异质性[J].金融研究(12):80-94.

[80] 刘慧龙,吴联生,王亚平,2012.国有企业改制、董事会独立性与投资效率[J].金融研究(9):127-140.

[81] 刘进,殷燕楠,王雷,2019.政府补助、机构投资者与投资效率[J].财会月刊(7):28-37.

[82] 刘京军,苏楚林,2016.传染的资金:基于网络结构的基金资金流量及业绩影响研究[J].管理世界(1):54-65.

[83] 刘京军,徐浩萍,2012. 机构投资者:长期投资者还是短期机会主义者?[J].金融研究(9):141-154.

[84] 刘四娟,2017.上市公司定向增发购买资产中业绩补偿承诺对公司绩效的影响研究[D].广州:华南理工大学.

[85] 刘悦思,2017. 基于重仓股网络的机构投资者行为和业绩研究[D].厦门:厦门大学.

[86] 楼华锋,高子剑,2015.分级基金下折收益全解析[R].方正证券金融工程定期报告.

[87] 鲁春义,丁晓钦,2016. 经济金融化行为的政治经济学分析——一个演化博弈框架[J].财经研究(7):52-62.

[88] 陆振华,2012. 利用股指期货进行对冲套利研究[D]. 上海:上海交通大学.

[89] 栾天虹,袁亚冬,2019. 企业金融化、融资约束与资本性投资[J].南方金融(4):28-36.

[90] 吕闪闪,2018. 机构投资者异质性对企业绩效影响研究:以创业板上市公司为例[D].北京:首都经济贸易大学.

[91] 马刚,2014.分级基金上市份额的折溢价问题研究[J].证券市场导报(8):64-70.

[92] 马榕,李红刚,2018. 基于排名流动性的基金业绩持续性研究[J].北京师范大学学报:自然科学版(4):476-479.

[93] 马子舜,2015.分级基金投资价值与套利策略实证研究[J].新金融(7):53-59.

[94] 木琼莉,2018.机构投资者参与上市公司定向增发的动因及收益研究[D].杭州:浙江大学.

[95] 牛建波,吴超,李胜楠,2013. 机构投资者类型、股权特征和自愿性信息披露[J].管理评论(3):48-59.

[96] 欧阳志刚,李飞,2016. 四因子资产定价模型在中国股市的适用性研究

[J]. 金融经济学研究(6):84-96.

[97] 彭耿,2012. 固定费率与业绩报酬激励机制影响基金风险调整的比较研究[J].软科学(9):44-49.

[98] 彭文平,杨蓝蓝,2013. 业绩评价、职业声誉和基金经理行为异化[J].经济管理(6):81-94.

[99] 彭俞超,黄志刚,2018. 经济"脱实向虚"的成因与治理:理解十九大金融体制改革[J].世界经济(9):3-25.

[100]彭媛,2018.发行对象、资金用途与定向增发后长期业绩[D].北京:中国石油大学.

[101]彭振中,谭小芬,严立业,2010.基金费率结构与基金业绩——理论模型及基于中国的实证研究[J].山西财经大学学报(1):30-35.

[102]钱露,2010.机构投资者持股与公司绩效关系研究——基于中国A股上市公司的证据[J].经济学动态(1):60-63.

[103]仇娟东,何风隽,艾永梅,2011. 金融抑制、金融约束、金融自由化与金融深化的互动关系探讨[J].金融研究(6):55-64.

[104]屈源育,吴卫星,2014.基金家族的造星策略——基于共同持股股票收益率差异视角[J].财经研究(4):103-116.

[105]饶品贵,岳衡,姜国华,2017.经济政策不确定性与企业投资行为研究[J].世界经济(2):27-51.

[106]任海云,2011.公司治理对R&D投入与企业绩效关系调节效应研究[J].管理科学(5):37-47.

[107]单开佳,2010. 开放式分级基金:配对转换抑制折溢价[N].中国证券报(81):8.

[108]山立威,王鹏,2012. 基金业绩排名与基金管理人的冒险行为[J].投资研究(2):15-30.

[109]申宇,赵静梅,何欣,2016.校友关系网络、基金投资业绩与"小圈子"效应[J]. 经济学(季刊)(1):403-428.

[110]盛明泉,汪顺,商玉萍,2018. 金融资产配置与实体企业全要素生产率:

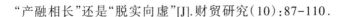
"产融相长"还是"脱实向虚"[J].财贸研究(10):87-110.

[111]施东晖,2001. 证券投资基金的交易行为及其市场影响[J].世界经济(10):26-31.

[112]石美娟,童卫华,2009.机构投资者提升公司价值吗?——来自后股改时期的经验证据[J].金融研究(10):150-161.

[113]史晨昱,刘霞,2005. 从竞赛观点探讨基金管理人人的风险调整行为[J].证券市场导报(2):28-32.

[114]宋贺,房严,常维,2020.我国开放式基金绩效及选股和择时能力研究[J].财务与金融(1):70-79.

[115]宋军,陆旸,2015. 非货币金融资产和经营收益率的U形关系——来自我国上市非金融公司的金融化证据[J].金融研究(6):111-127.

[116]宋雪梅,2019.管理层过度自信、机构投资者异质性与企业投资效率[D].天津:天津财经大学.

[117]孙光国,刘爽,赵健宇,2015. 大机构控制、机构投资者持股与盈余管理[J].公司治理(5):75-84.

[118]孙海涛,王可心,侯月月,2020.大股东股权质押对真实盈余管理的影响——基于企业战略视角[J].会计之友(24):67-74.

[119]孙红梅,黄虹,刘媛,2015.机构投资、高管薪酬与公司业绩研究[J].技术经济与管理研究(1):50-55.

[120]孙平,2017. 金融价值论视域下的中国经济金融化研究[J].经济问题探索(3):178-182.

[121]唐棠,张自力,赵学军,2019."与众不同"的价值:中国公募基金家族反羊群行为与投资能力的关系[J].南方金融(8):28-39.

[122]田唯茜,2019. 环境不确定性、机构投资者持股与股权资本成本[D].郑州:河南财经政法大学.

[123]田雪竹,2019.基于网络视角的机构投资者重仓股与收益的实证研究[J].现代营销(下旬刊)(12):56-57.

[124]佟岩,华晨,宋吉文,2015.定向增发整体上市、机构投资者与短期市场反

应[J].会计研究(10):74-81.

[125]佟岩,谢明智,李思飞,2019.企业成长性与机构投资者行为选择——基于定向增发折价的分析[J].北京理工大学学报(社会科学版)(3):67-75.

[126]屠新曙,朱梦,2010.基金绩效评价的Fama-French三因素模型检验[J].金融经济学研究(1):103-112.

[127]王红建,曹瑜强,杨庆,等,2017.实体企业金融化促进还是抑制了企业创新——基于中国制造业上市公司的经验研究[J].南开管理评论(1):155-166.

[128]王晋忠,张夏青,2017.基金业绩溢出效应及对开放式基金家族造星行为的影响[J].经济理论与经济管理(2):67-77.

[129]王克敏,刘静,李晓溪,2017.产业政策、政府支持与公司投资效率研究[J].管理世界(3):113-124.

[130]王琨,肖星,2005.机构投资者持股与关联方占用的实证研究南开经济评论[J].南开经济评论(8):27-33.

[131]王乐,2017.机构投资者参与现金类定向增发对上市公司业绩影响研究[D].北京:中国财政科学研究院.

[132]王莉婕,2015.定向增发公告效应及长期市场反应研究[J].技术经济与管理研究(5):101-105.

[133]王伟,刘金山,2016.我国股票型开放式基金管理人的投资绩效评价-基于改进的Carhart四因素模型[J].南方金融(2):60-67.

[134]王霞,高翔,2005.我国开放式基金费率模型实证研究[J].金融研究(1):125-137.

[135]王性玉,田建强,2009.基于委托代理理论的基金管理费实证分析[J].管理评论(4):53-57.

[136]王亚平,刘慧龙,吴联生,2009.信息透明度、机构投资者与股价同步性[J].金融研究(12):162-174.

[137]王燕鸣,蒋运冰,2013.薪酬激励、雇佣风险和预期偏差对我国开放式基金风险调整行为的影响[J].管理评论(11):12-22.

[138]魏志华,吴育辉,李常青,2012.机构投资者持股与中国上市公司现金股利政策[J].证券市场导报(10):40-47.

[139]温军,冯根福,2012.异质机构、企业性质与自主创新[J].经济研究(3):53-64.

[140]文春晖,李思龙,郭丽虹,等,2018.过度融资、挤出效应与资本脱实向虚:中国实体上市公司 2007—2015 年的证据[J].经济管理(7):39-55.

[141]翁洪波,吴世农,2007.机构投资者、公司治理与上市公司股利政策[J].中国会计评论(3):367-380.

[142]吴超鹏,吴世农,郑方镳,2008.管理者行为与连续并购绩效的理论与实证研究[J].管理世界(7):126-133.

[143]吴敬仪,2019.我国开放式股票型基金换手率与绩效关系研究[D].厦门:厦门大学.

[144]吴坤轩,2014.分级基金折溢价套利研究[D].上海:上海大学.

[145]吴良海,赵文雪,吕丹丽,等,2017.机构投资者、会计稳健性与企业投资效率:来自中国A股市场的经验证据[J].南京审计大学学报(2):11-19.

[146]吴先聪,吴迪,2016.机构投资者异质性、产权属性及公司治理[J].会计之友(20):80-85.

[147]吴晓晖,郭晓冬,乔政,2019.机构投资者抱团与股价崩盘风险[J].中国工业经济(2):117-135.

[148]吴璇,田高良,李玥婷,2017.定向增发窗口期的公司业绩与股票回报——基于PSM样本的分析[J].云南财经大学学报(2):104-117.

[149]伍燕然,王凯,苏淞,等,2019.有限理性对开放式基金业绩—流量关系的影响[J].管理科学学报(10):106-131.

[150]武立东,江津,王凯,2016.董事会成员地位差异、环境不确定性与企业投资行为[J].管理科学(2)52-65.

[151]夏立军,方轶强,2005.政府控制、治理环境与公司价值——来自中国证券市场的经验证据[J].经济研究(5):40-51.

[152]夏明玉,唐文雯,2009.我国开放式基金费率决定因素实证研究[J].商业

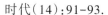

时代(14):91-93.

[153]肖继辉,彭文平,陈书启,2012.基金公司利益输送:基于业绩差异的研究[J].经济学家(9):71-80.

[154]肖继辉,彭文平,2015.锦标赛制度与基金风险调整:理论拓展与经验证据[J].管理科学学报(1):87-98.

[155]肖继辉,彭文平,许佳,等,2016.业绩排名与预期风险调整——考虑报酬激励与解职风险交互影响的新证据[J].经济学(季刊)(4):1177-1204.

[156]肖峻,石劲,2011.基金业绩与资金流量:我国基金市场存在"赎回异象"吗?[J].经济研究(1):112-125.

[157]肖峻,2013.股市周期与基金投资者的选择[J].经济学(季刊)(4):1299-1320.

[158]肖万,宋光辉,2013.定向增发与其整体上市:宣告效应、长期绩效的比较研究[J].河南大学学报(社会科学版)(5):51-57.

[159]肖霄,2018.我国机构投资者持股与上市公司股权融资成本的实证研究[D].西安:西北大学.

[160]肖欣荣,刘健,赵海健,2012.机构投资者行为的传染——基于投资者网络视角[J].管理世界(12):35-45.

[161]肖欣荣,徐俐丽,2015.基金管理人过度自信与个人特征研究——基于中国证券投资基金的数据[J].上海金融(9):81-86.

[162]徐寿福,龚仰树,2011.定向增发与上市公司长期业绩下滑[J].投资研究(10):98-111.

[163]徐寿福,李志军,2013.机构投资者异质性与公司治理:现金股利政策视角[J].投资研究(9):98-111.

[164]许罡,伍文中,2018.公司金融化投资之谜:盈余管理抑或金融套利?[J].证券市场导报(8):20-28.

[165]许年行,于上尧,伊志宏,2013.机构投资者羊群行为与股价崩盘风险[J].管理世界(7):31-43.

[166]薛圣召,管晓永,2011.开放式基金绩效评价的四因素模型实证研究[J].

金融理论探索(1):63-65.

[167]薛爽,郑琦,2010.盈余质量与定向增发股份解锁后机构投资者的减持行为[J].财经研究(11):93-103.

[168]杨海燕,韦德洪,孙健,2012.机构投资者持股能提高上市公司会计信息质量吗?——兼论不同类型机构投资者的差异[J].会计研究(9):16-23.

[169]杨坤,曹晖,宋双杰,2013.基金业绩与资金流量:明星效应与垫底效应[J].管理科学学报(5):29-38.

[170]杨文虎,2009.基金公司影响投资者选择吗?[J].管理评论(12):25-32.

[171]杨莹,2018.我国上市基金业绩排名对基金管理人风险调整行为影响的实证研究[D].北京:首都经济贸易大学.

[172]杨玉龙,吴明明,王璟,等,2016.异质性媒体与资本市场信息效率[J].财经研究(3):83-94.

[173]姚立杰,陈雪颖,周颖,等,2020.管理层能力与投资效率[J].会计研究(4):100-118.

[174]姚颐,刘志远,2009.机构投资者具有监督作用吗?[J].金融研究(6):128-143.

[175]叶会,李善民,2011.大股东地位、产权属性与控制权利益获取——基于大宗股权交易视角分析[J].财经研究(9):134-144.

[176]叶松勤,徐经长,2013.大股东控制与机构投资者的治理效应——基于投资效率视角的实证分析[J].微观结构(5):35-42.

[177]伊志宏,李艳丽,2013.机构投资者的公司治理角色:一个文献综述[J].管理评论(5):60-71.

[178]伊志宏,李艳丽,高伟,2010.异质机构投资者的治理效应:基于高管薪酬视角[J].统计与决策(5):122-125.

[179]于忠泊,田高良,齐保垒,等,2011.媒体关注的公司治理机制——基于盈余管理视角的考察[J].管理世界(9):127-140.

[180]余音,姚彤,张峥,等,2018.期末溢价与基金家族策略——来自中国公募基金市场的证据[J].金融研究(5):154-171.

[181]喻坤,李治国,张晓蓉,等,2014.企业投资效率之谜融资约束假说与货币政策冲击[J].经济研究(5)106-120.

[182]袁亚东,2020.实体企业金融化的动机与经济后果研究——基于金融资产配置结构的分析[D].杭州:浙江工商大学.

[183]袁振超,饶品贵,2018.会计信息可比性与投资效率[J].会计研究(6)39-46.

[184]曾德明,查琦,龚红,2006. 基金特征、管理特性与基金绩效关系的实证研究[J]. 管理学报(3):347-353.

[185]曾德明,周再望,刘颖,2005. 证券投资基金费用与管理质量实证研究[J].财经理论与实践(4):49-52.

[186]张成思,张步昊,2016. 中国实业投资率下降之谜:经济金融化视角[J].经济研究(12):32-47.

[187]张驰,2018.不同目的定向增发对公司业绩影响的研究[D].武汉:华中师范大学.

[188]张涤新,李忠海,2017. 机构投资者对其持股公司绩效的影响研究——基于机构投资者自我保护的视角[J].管理科学学报(5):82-101.

[189]张立新,刘婵璇,2014.我国上市公司定向增发价格及经营绩效——基于机构投资者参与的实证研究[J].国际商务财会(9):60-63.

[190]张良财,2011.分级基金套利研究[J].经济师(11):89-91.

[191]张文博,赖泉勇,杨运泽, 2011.我国开放式基金动态资产配置能力研究——基于H-M-FF3模型的检验[J].时代金融 (5Z):2.

[192]张宗新,缪婧倩,2012. 基金流量与基金投资行为——基于动态面板数据模型的实证研究[J].金融研究(4):110-123.

[193]章卫东,李浩然,鄢翔,等,2020.定向增发机构投资者异质性与公司绩效——来自中国上市公司的经验证据[J].当代财经(2):89-100.

[194]赵国宇,翟秋玲,2020.机构投资者持股、高管激励与大股东掏空抑制[J].金融理论与实践(2):88-96.

[195]赵胜民,闫红蕾,张凯,2016.Fama-French五因子模型比三因子模型更胜一筹吗——来自中国A股市场的经验证据[J]. 南开经济研究(2):41-59.

[196]赵秀娟,汪寿阳,2010.基金管理人在多大程度上影响了基金业绩?——业绩与个人特征的实证检验[J].管理评论(1):3-12.

[197]甄红线,王谨,2016.机构投资者能够缓解融资约束吗?——基于现金价值的视角[J].会计研究(12):51-57.

[198]郑云鹰,曹丽梅,2016.机构投资者的定向增发偏好研究[J].中山大学学报(社会科学版)(2):198-208.

[199]周绍妮,张秋生,胡立新,2017.机构投资者持股能提升国企并购绩效吗?——兼论中国机构投资者的异质性[J].会计研究(6):67-74.

[200]朱勉文,2015.分级基金套利交易研究[D].苏州:苏州大学.

[201]朱卫东,金奇彦,2016.企业异质性、机构投资者持股与企业绩效——基于战略性新兴产业上市公司的经验数据[J].财会月刊,33:9-16.

[202]宗庆庆,左大勇,陈杰,2015.从基金竞次看居高不下的基金费率——基于空间计量模型的研究[J].经济学报(1):61-78.

外文文献:

[1] Acemoglu D, Carvalho V M, Ozdaglar A et al.,2012.The Network origins of aggregate fluctuations[J]. Econometrica(5):1977-2016.

[2] Aggarwal R, Pedro A C S, Jason S, 2015. The role of institutional investors in voting: evidence from the securities lending market[J]. The Journal of Finance(5):2309-2346.

[3] Ahmad I I, Rubi A, 2020. Blockholder ownership as governance mechanism on firm performance: evidence from Malaysia[J]. International Journal of Business Administration, 11(1):27.

[4] Alexander C, Dimitriu A,2005. Indexing and statistical arbitrage:tracking error or cointegration[J].Journal of Portfolio Management(2):50-63.

[5] Alexander E,Tamara N,Gianpaolo P et al., 2018. Trading out of sight: an analysis of Cross-Trading in mutual fund families[J]. Journal of Fi-

nancial Economics(2):359-378.

[6] Allen F, Babus A, 2010. Networks in finance[J].Social Science Electronic Publishing(1):383-419.

[7] Almazan A, Hartzall J C, Starks LT, 2005. Active institutional shareholders and cost of monitoring: evidence from executive compensation[J]. Financial Management: 5-34.

[8] Amihud Y, Goyenko R, 2013. Mutual fund's R2 as predictor of performance[J]. Review of Financial Studies(3):667-694.

[9] Andrew B A, Kingsley F, David R G,2008.Style drift and portfolio management for active Australian equity funds [J]. Australian Journal of Management(3):387-419.

[10] Arrighi G,1994. The long twentieth century: money, power, and the originv of our times[M].London: Verso.

[11] Ashbaugh-Skaife H, Collins D W, Kinney W R et al., 2008. The effect of SOX internal control deficiencies and their remediation on accrual quality[J]. The Accounting Review(1):217-250.

[12] Baker M P, Litov L P, Wachter J A et al.,2010. Can mutual fund managers pick stocks? evidence from their trades prior to earnings announcements[J]. Journal of Financial and Quantitative(5):1111-1131.

[13] Baker, Stein, Wurlger, 2003. When does market matters? stock prices and investment of Equity-Dependent firms [J]. The Quarterly Journal of Economics (3):969-1005.

[14] Ball C A, Chordia T, 2001. True Spreads and equilibrium prices[J]. The Journal of Finance, 56:1801-1835.

[15] Balsam S, Bartov E, Marquardt C, 2002. Accruals management, investor sophistication, and equity valuation: evidence from 10-Q filings[J]. Journal of Accounting Research(4):987-1012.

[16] Barber B M, Odean T, 2008. All that glitters: the effect of attention

and news on the buying behavior of individual and institutional investors [J]. Review of Financial Studies(2):785-818.

[17] Barber B M,1994. Noise trading and prime and score premiums[J]. Journal of Empirical Finance(3):251-278.

[18] Basak S, Pavlova A, Shapiro A, 2007. Optimal asset allocation and risk shifting in money management[J]. Review of Financial Studies(5):1583-1621.

[19] Becht M, Franks J, Mayer C, 2009. Returns to shareholder activism: evidence from a clinical study of the Hermes U.K. Focus Fund[J]. Review of Financial Studies: 3093 - 3130.

[20] Benson K L, Tang G, Tutticci I,2008. The relevance of family characteristics to individual fund flows Australian[J]. Journal of Management(3): 419-443.

[21] Berk J B, Green R C, 2004. Mutual fund flows and performance in rational markets[J]. Journal of Political Economy(6):1269-1295.

[22] Berk J B, Van Binsbergen J H,2014. Measuring skill in the mutual fund industry[R]. Research Papers.

[23] Berle A, Means G,1932. The modern corporation and private property[J]. New York: Macmillan.

[24] Biddle G C, Hilary G, Verdi R S, 2009. How does financial reporting quality relate to investment efficiency? [J]. Journal of Accounting and Economics (2):112-131.

[25] Black B S, Coffee J C, Hail B,1994. Institutional investor behavior under limited regulation[J]. Michigan Law Review,1997 - 2087.

[26] Black B S,1992. Institutional Investors and corporate governance: the case for institutional voice[J].Journal of Applied Corporate Finance(3): 19-32.

[27] Black F,Scholes M, 1973. The pricing of options and corporate liabilities

[J]. The Journal of Business and Psychology(3):637-654.

[28] Bodie Z, Rosansky V I,1980. Risk and return in commodity futures [J]. Financial Analysts Journal(3):27-29.

[29] Brennan M J, Hughes P J,1991. Stock Prices and Supply of Information [J]. Journal of Finance(5):1665-1691.

[30] Brown G, Draper P, Mckenzie E,1977. Consistency of UK pension fund investment performance[J]. Journal of Business Finance & Accounting (3):563-570.

[31] Bushee B J,2001. Do institutional investors prefer near-term earnings over long-run value? [J]. Contemporary Accounting Research (18):207 - 246.

[32] Brown K C, Harlow W V,Starks L T,1996. Of tournaments and tempta- tions: An analysis of managerial incentives in the mutual fund industry [J]. The Journal of Finance, 51:85 - 110.

[33] Bushee B J,2007. Do institutional investors prefer Near-Term earnings over Long-Run value? [J]. Contemporary Accounting Research (18): 207 - 246.

[34] Busse J A, 2001. Another look at mutual fund tournaments[J]. Journal of Financial and Quantitative Analysis(1):53-73.

[35] Cao C, Simin T T, Wang Y, 2013. Do mutual fund managers time mar- ket liquidity[J]. Journal of Financial Markets(2):279-307.

[36] Carhart M M, 1997. On Persistence in mutual fund performance[J]. Jour- nal of Finance(1):57-82.

[37] Carleton W, Nelson J, Weisbach M, 1998. The influence of institutions on corporate governance through private negotiations: Evidence from TIAA-CREF[J]. Journal of Finance , 53:1335 - 1362.

[38] Chan L K C, Chen H-L, Lakonishok J,2002. On mutual fund invest- ment style[J]. Review of Financial Studies (2):1407-1437.

[39] Chemmanur T J, He S, Hu G, 2009. The Role of institutional investors in seasoned equity offerings[J]. Journal of Financial Economics（2）：384-411.

[40] Chen X H, Lai Y J, 2015. On the concentration of mutual fund portfolio holdings: Evidence from Taiwan[J]. Research in International Business and Finance, 33:268-286.

[41] Chen X, Harford J, Li K, 2007. Monitoring: which institutions matter?[J]. Journal of Finance Economics（2）:279-305.

[42] Chevalier J A, Ellison G,1999. Are some mutual fund managers better than others? Cross-Sectional patterns in behavior and performance[J]. The Journal of Finance（3）:875-899.

[43] Chevalier J, Ellison G,1997. Risk taking by mutual funds as a response to incentives[J]. Journal of Political Economy（6）:1167-1200.

[44] Chou D W, Huang P C, Lai C W,2016. New mutual fund managers: why do they alter portfolios[J]. Journal of Business Research（6）:2167-2175.

[45] Chou D, Gombola M, Liu F Y, 2009. Long-Run underperformance follwing private equity placements: the role of growthopportunities[J]. The Quarterly Review of Economics and Finance（3）:1113-1128.

[46] Christoffersen S E K, Sarkissian S, 2011. The demographics of fund turnover[J]. Journal of Financial Intennediation（3）:414-440.

[47] Christoffersen S E K,2001. Why do money fund managers voluntarily waive their fees?[J]. The Journal of Finance（3）:1117-1140.

[48] Clark D J, Riis C,1998. Competition over more than one prize[J]. The American Economic Review（1）:276-289.

[49] Cohen L, Frazzini A, Malloy C, 2008. The small world of investing: board connections and mutual fund returns[J].Journal of Political Economy（5）:951-979.

[50] Cornett M M, Marcus A J, Saunders A et al.,2007. The impact of institutional ownership on corporate operating performance[J]. Journal of Banking and Finance：1771-1794.

[51] Cremers M, Antti P, 2009. How active is your fund manager? a new measure that predicts performance[J]. Review of Financial Studies（22）：3329-3365.

[52] Crisóstomo V L, de Brandão I F, López-Iturriaga F J,2020. Large shareholders' power and the quality of corporate governance: an analysis of Brazilian firms[J]. Research in International Business and Finance,51.

[53] Cronqvist H, Nilsson M,2005. The choice between rights offerings and private equity placements[J]. Journal of Financial Economics（2）:375-407.

[54] Daily C M, Johnson J L, Ellstrand A E et al.,1996.Institutional Investor activism: follow the leaders? [R]. Working Paper, Purdue University.

[55] Daniel K, Hirshleifer D, Subrahmanyam A,1998. Investor psychology and security market under and overreactions[J]. The Journal of Finance （6）:1839-1885.

[56] David K, Chi W, Yüksel H Z,2019. Gross profitability and mutual fund performance[J]. Journal of Banking and Finance（104）:31-49.

[57] David P, Kochhar R, Levitas E,1998. The effect of institutional investors on the level and mix of CEO compensation[J]. Academy of Management Journal: 200-208.

[58] Davis E P, Steil B,2001. Invtitutional Investors [M]. Cambridge：MIT Press.

[59] Doukas J A, Petmezas D, 2007. Acquisitions, overconfident managers and self-contribution bias[J]. European Financial Management （3）.

[60] Droms,W G,Walker D A,1994. Investment performance of international mutual funds[J]. Journal of Financial Resesrch（1）:1-14.

[61] Elton E J, Gruber M J, Blake C R,1996. Survivorship bias and mutual

fund performance[J]. The Review of Financial Studies(9):1097-1120.

[62] Elton E J, Gruber M J, Das S et al.,1993. Efficiency with costly information: a reinterpretation of evidence from managed portfolios[J]. Review of Financial Studies(1):1 - 22.

[63] Elton E J, Gruber M J, Green T C,2007. The impact of mutual fund family membership on investor risk[J]. Journal of Financial and Quantitative Analysis(2):257-277.

[64] Epstein G A, 2006. Financialization and the world economy[M]. Northampton: Edward Elgar Publishing.

[65] Ernst M,1998. Large shareholders as monitors: is there a trade-off between liquidity and control?[J]. Journal of Finance(1):65-98.

[66] Faccio M, Lang H P L, 2002. The ultimate ownership of Western European corporations[J]. Journal of Financial Economics(3):365-395.

[67] Faccio M, Lasfer M A, 2006. Do occupational pension funds monitor companies in which they hold large stakes?[J].Journal of Corporate Finance(1):71-110.

[68] Fama E F, French K R, 1992. The Cross-Section of expected stock returns[J]. Journal of Finance(2):427-465.

[69] Fama E F, French K R, 1993. Common risk factors in returns on stocks and bonds[J]. Journal of Financial Economics(1):3-56.

[70] Fama E F, French K R, 2010. Luck versus skill in the Cross-Section of mutual fund returns[J]. Social Science Electronic Publishing(5):1915-1947.

[71] Fama E F, French K R, 2015. A Five-Factor asset pricing model[J] Journal of Financial Economics(1):1-22.

[72] Fazzari, Steven M, Michael J A,1987. Asymmetric information, financing constraints, and investment [J]. Review of Economics and Statistics(3), 481-487.

[73] Fedenia M, Shafer S, Skiba H, 2013. Information immobility, industry concentration, and institutional investors' performance[J]. Journal of Banking & Finance(6):2140-2159.

[74] Filbeck G, Tompkins D, 2004. Management tenure and risk adjusted performance of mutual funds[J]. The Journal of Investing(2):72-80.

[75] Firth M,1995. The Impact of invtitutional stock holders and managerial interests on the capital structure of firms [J]. Managerial and Decision Economics(2):167-175.

[76] Frye T, Shleifer A,1997. The invisible hand and the grabbing hand[J]. American Economic Review ,87:354-358.

[77] Fuxiu J, Kenneth A, Kim, 2015. Corporate governance in China: a modern perspective[J]. Journal of Corporate Finance, 32:190-216.

[78] Gallo J G, Lockwood L J, Swanson P E,1997. The performance of international bond funds[J]. International Review of Economics & Finance (1):17-35.

[79] Gaspar J M, Massa M, Matos P,2006. Favoritism in mutual fund families? evidence on strategic Cross-Fund subsidization[J]. The Journal of Finance(1):73-104.

[80] Gatev E, Rouwenhorst K G, 2006. Pairs trading: performance of a relative-value arbitrage rule [J]. Social Science Electronic Publishing(3): 797-827.

[81] Giesecke K, Weber S,2004. Cyclical correlations, credit contagion and portfolio losses[J].Journal of Banking & Finance(12):3009-3036

[82] Gil Bazo J, Ruiz Verdú P,2009. The relation between price and performance in the mutual fund industry[J]. Journal of Finance(5):2153-2183.

[83] Giovanni A,1994. The long twentieth century: money, power, and the originv of our times[M]. London: Verso.

[84] Golec J H,1996. The effects of mutual fund managers' characteristics

on their portfolio performance, risk and fees[J]. Financial Services Review(2):133-147.

[85] Gottesman A A, Morey M R, 2006. Manager education and mutual fund performance[J]. Journal of Empirical Finance(2):145-182.

[86] Gottesman A A, Morey M R, 2007. Predicting emerging market mutual fund performance[J]. Journal of Investing(3):111 - 122.

[87] Graves S B, Waddock S A, 1990. Invtitutional ownership and control: implications for Long-Term corporate strategy [J]. The Executive (1): 75-83.

[88] Graves S, Waddock S,1990. Institutional ownership and control implications for Long-Term corporate strategy[J]. Academy of Management Executive(1):75-83.

[89] Green R C, Berk J,2014. Mutual fund flows and performance in rational markets[J]. Journal of Political Economy(6):1269-1295.

[90] Gregory A, Matatko J, Luther R, 1997. Ethical unit trust financial performance: small company effects and fund size effects[J]. Journal of Business Finance & Accounting (5):705-725.

[91] Grier P, Zychowicz E,1994. Invtitutional investors, corporate discipline and the role of debt [J].Journal of Economics and Busness(1):1-11.

[92] Grinblatt M, Titman S,1994. A study of monthly mutual fund returns and performance evaluation techniques[J]. The Journal of Financial and Quantitative Analysis(3):419-444.

[93] Grinstein Y, Michaely R,2005. Institutional holdings and payout policy [J]. Journal of Finance(3):1389-1426.

[94] Gruber M J,1996. Another puzzle: the growth in actively managed mutual funds[J]. Journal of Finance(3):783-810.

[95] Guedj I, Papastaikoudi J,2003. Can mutual fund families affect the performance of their funds?[J]. SSRN Electronic Journal.

[96] Hallahan T, Faff R W, Benson K L, 2008. Fortune favors the bold? exploring tournament behavior among Australian superannuation funds[J]. Journal of Financial Services Research(3):205-220.

[97] Hambrick D C, Mason P A,1984. Upper echelons: the organization as a reflection of its top managers[J]. The Academy of Management Review (2).

[98] Haque T H, 2014. Cross-Fund subsidization in Australian mutual fund families[J]. SSRN Electronic Journal.

[99] Hayward M L A, Hambrick D C,1997. Explaining the premiums paid for large acquisitions: evidence of CEO hubris[J]. Administrative Science Quarterly, 42:103-127.

[100]Heaton J B, 2002. Managerial optimism and corporate finance[J]. Social Science Electronic Publishing, 31:33-45.

[101]Hertzel M, Lemmon M, James S et al., 2002. Long-Run performance following private placements of equity[J]. The Journal of Finance(6): 2596-2606.

[102]Holderness C G, Sheehan D P,1988. The role of majority shareholders in publicly held corporations: an exploratory analysis[J]. Journal of Financial Economics(1-2):317-346.

[103]Hu M, Chao C C, Lim J H,2016. Another explanation of the mutual fund fee puzzle[J]. International Review of Economics & Finance, 42: 134-152.

[104]Huang H H, Chan M L, 2013. The initial private placement of equity and changes in operating performance in Taiwan[J]. Accounting and Finance(3):711-730.

[105]Huckins N W,1995. Repackaging cashflows and the creation of value: the case of primes and scores[J]. International Review of Financial Analysis(4):123-142.

[106]Iannotta G, Navone M,2012. The Cross-Section of mutual fund fee dispersion[J]. Journal of Banking & Finance(3):846-856.

[107]José-Miguel G, Massa M, Matos P,2006. Favoritism in mutual fund families? evidence on strategic Cross-Fund subsidization[J]. The Journal of Finance(1):73-104.

[108]Jain P C, Wu J S,2000. Truth in mutual fund advertising: evidence on future performance and fund flows[J]. Journal of Finance(2):937-958.

[109]Jegadeesh N, Titman S,1993. Returns to buying winners and selling losers: implications stock market efficiency[J]. Journal of Finance(1):65-91.

[110]Jensen M C, Meckling, W H,1976. Theory of the firm: managerial behavior, agency costs and ownership structure[J]. Journal of Financial Economics(4):305-360.

[111]Joseph A, Mccahery T, Starks, 2016. Behind the scenes: the corporate governance preferences of institutional investors[J]. The Journal of Finance(6):2905-2932.

[112]Kempf A, Ruenzi S, 2008. Family matters: rankings within fund families and fund inflows [J]. Journal of Business Finance & Accounting(1-2):177-199.

[113]Kempf A, Ruenzi S, 2008. Tournaments in Mutual-Fund families[J]. Review of Financial Studies(2):1013-1036.

[114]Kempf A, Ruenzi S, Thiele T,2008. Employment risk, compensation incentives, and managerial risk taking: evidence from the mutual fund industry[J]. Journal of Financial Economics(1):92-108.

[115]Khorana A,1996. Top management turnover an empirical investigation of mutual fund managers[J]. Journal of Financial Economics(3):403-427.

[116]Kiyotaki N, Moore J, 1997. Credit cycles[J]. Journal of Political Economy(2):211-248.

[117]Kochhar R, David P,1996. Institutional investors and firm innovation, a

test of competing hypotheses[J]. Strategic Management Journal(1):73-84.

[118]Kripper, Greta R, 2005. The Financialization of the American economy [J]. Socio-Economic Review(2):173-208.

[119]Krippner G R, 2011. Capitalizing on crisis: the political origins of the rise of finance[M]. Cambridge: Harvard University Press.

[120]Lambert R, Leuz C,Verrecchia R, 2012. Information asymmetry, information precision, and the cost of capital[J].Review of Finance(1):1-29.

[121]Langer E J,1975. The Illusion of control[J]. Journal of Personality and Social Psychology, 32:311-328.

[122]Lee K Y, Chung C Y, Morscheck J,2020. Does geographic proximity matter in active monitoring? evidence from institutional blockholder monitoring of corporate governance in the Korean market[J]. Global Economic Review (2).

[123]Lezear E P,Rosen S, 1981. Rank-Order tournaments as optimum labor contracts[J]. Journal of Political Economy, 89:841-864.

[124]Liu, Timmermann,2009. Optimal arbitrage strategies[R].Working Paper.

[125]Lorenzo C,Chanyuan G, 2019. Jack of all trades versus specialists: fund family specialization and mutual fund performance[J]. International Review of Financial Analysis, 63:69-85.

[126]Malmendier U, Tate G, 2008. Who makes acquisitions? CEO overconfidence and the market's reaction[J]. Journal of Financial Economics,89:20-43.

[127]Markowitz H,1952. Portfolio selection[J]. Journal of Finance(1):77-91.

[128]Mcconnell J, Servaes H,1990. Additional evidence on equity ownership and corporate value[J]. Journal of Financial Economics(2):596-612.

[129]Mehmet S, Ciamac C M, Michael G S,2018. Short-Term trading skill: an analysis of investor heterogeneity and execution quality[J]. Journal of Financial Markets, 42:1-28.

[130]Miguel A F, António F M, Sofia B R, 2019. What determines fund performance persistence? International evidence[J]. Financial Review (4): 679-708.

[131]Mingo L D V, Matallín S J C, 2018. Institutional investment management: an investor's perspective on the relation between turnover and performance[J]. Investment Analysts Journal (2):81-94.

[132]Nanda V, Narayanan M P,Warther V A,2000. Liquidity, investment ability, and mutual fund structure[J]. Journal of Financial Economics (3): 417-443.

[133]Nanda V, Wang Z J, Zheng L, 2004. Family Values and the star phenomenon: strategies of mutual fund families[J]. Review of Financial Studies(3):667-698.

[134]Nicolas H,2005. Can we expect invtitutional investors to improve corporate governance?[J].Journal of Management(3):293-327.

[135]Orhangazi Ö, 2008. Financialization and capital accumulation in the non-financial corporate sector: a theoretical and empirical invetigation on the US economy 1973-2003[J]. Cambridge Journal of Economics (6): 863-886.

[136]Ozsoylev H N, Walden J, Yavuz M D et al.,2014. Investor networks in the stock market[J]. Review of Financial Studies(5):1323-1366.

[137]Pareek A,2009. Essays on the trading behavior of institutional investors and stock return anomalies [D]. Dissertations & Theses ,Gradworks.

[138]Parida S, Tang Z, 2018. Price competition in the mutual fund industry [J]. Economic Modelling, 70:29-39.

[139]Pastor L, Stambaugh R F, Taylor L A,2017. Do funds make more when they trade more?[J]. The Journal of Finance(4):1483-1528.

[140]Patrick J K, 2014. Information efficiency and Firm-Specific return variation [J] . The Quarterly Journal of Finance(4):1450018.

[141]Peng L, Xiong W, 2006. Investor attention, overconfidence and category learning[J].Journal of Financial Economics(3):563-602.

[142]Petersen M A. Estimating standard errors in finance panel data sets: comparing approaches[J].Review of Financial Studies(1):435-480.

[143]Pollet J M, Wilson M,2008. How does size affect mutual fund behavior? [J]. The Journal of Finance(6):2941-2969.

[144]Pool V K, Stoffman N, Yonker S E,2012. No place like home:familiarity in mutual fund manager portfolio choice[J].Review of Financial Studies (8):2563-2599.

[145]Pool V K, Stoffman N, Yonker S E,2015.The people in your neighborhood: social interactions and mutual fund portfolios[J]. Social Science Electronic Publishing(6):2679-2732.

[146]Pound J,1988. Proxy contests and the efficiency of shareholder oversight [J]. Journal of Financial Economics(20):237-265.

[147]Prather L, Bertin W J, Henker T, 2004. Mutual fund characteristics, managerial attributes, and fund performance[J]. Review of Financial Economics(4):305-326.

[148]Pratt E J,1966. Myths associated with closed-end investment company discounts[J]. Financial Analysts Journal(4):79-82.

[149]Richard B E, Prado M P, Rafael Z, 2020. Competition and cooperation in mutual fund families[J]. Journal of Financial Economics(1):168-188.

[150]Richardson S, 2006. Over-Investment of free cash flow[J]. Review of Accounting Studies(2-3):159-189.

[151]Roll R,1986. The hubris hypothesis of corporate takeovers[J]. Journal of Business(2):197-216.

[152]Schwarz C G, 2012. Mutual fund tournaments: the sorting bias and new evidence[J]. Review of Financial Studies(3):913-936.

[153]Servaesl K H, 2012. What drives market share in the mutual fund in-

dustry?[J]. Review of Finance(1):81-113.

[154]Sharpe W F,1965. Mutual fund performance[J]. The Journal of Business (12):119-138.

[155]Shirley M, Walsh P, 2000. Public versus private ownership: the current state of the debate [J]. World Bank Publications: 2420.

[156]Sirri E R, Tufano P,1998. Costly search and mutual fund flows[J]. Journal of Finance(5):1589-1622.

[157]Sunil W, McConnell J, 2000. Do institutional investors exacerbate managerial myopia?[J]. Journal of Corporate Finance(3):307-329.

[158]Sunil W,1996. Pension fund activism and firm performance[J]. Journal of Financial and Quantitative Analysis(1):1-23.

[159]Taylor J, 2003. Risk-Taking behavior in mutual fund tournaments[J]. Journal of Economic Behavior & Organization(3):373-383.

[160]Tufano P, Sevick M,1997. Board structure and fee-setting in the U.S. mutual fund industry[J]. Journal of Financial Economics(3):321-355.

[161]Vidal M, Vidal-García J, Lean H H et al., 2015. The relation between fees and return predictability in the mutual fund industry[J]. Economic Modelling,47:260-270.

[162]Vidal-García J, Vidal M, Boubaker S et al., 2018. The efficiency of mutual funds[J]. Annals of Operations Research(1):555-584.

[163]Webb R, Beck M, Mckinnon R, 2003. Problems and limitations of institutional inveastors participation in corporate governance, institutional investor participation[J]. Corporate Governance(1):65-70.

[164]Weinstein N,1980. Unrealistic optimism about future life events[J]. Journal of Personality & Social Psychology, 39:806-820.

[165]Weisbach M S , Carleton W T , Nelson J M, 1998. The influence of institutions on corporate governance through private negotiations: evidence from TIAA-CREF[J]. Journal of Finance(4):1335-1362.

[166]Wermers R,2000. Mutual fund performance: an empirical decomposition into stock-picking talent, style, transactions costs, and expenses[J]. Journal of Finance(4):1655-695.

[167]Wermers R,2012. Matter of style: the causes and consequences of style drift in institutional portfolios[J]. SSRN Electric Journal:1-35.

[168]William F S,1966. Mutual fund performance[J]. Journal of Business(1): 119-138.

[169]Wruck, Karen, Hopper,1989. Equity ownership concentration and firm value: evidence from private equity financings[J]. Journal of Financial Economics(1):3-28.

[170]Wruck K H , Wu Y L, 2009.Relationships, corporate governance, and performance: evidence from private placements of common stock[J].Journal of Corporate Finance, 15(1):30-47.

[171]Wu X P, Wang Z, Yao J,2005. Understanding the positive announcement effects of private equity placements: new insights from Hong Kong data [J]. Review of Finance (9): 385-414.

[172]Xu S, How J, Verhoeven P, 2017. Corporate governance and private placement issuance in Australia[J]. Accounting and Finance(3):907-933.

[173]Yi L, He L,2016. False discoveries in style timing of Chinese mutual funds[J]. Pacific-Basin Finance Journal(5):194-208.

[174]Yi L, Liu Z, He L et al., 2018. Do Chinese mutual funds time the market[J]. Pacific-Basin Finance Journal(2):1-19.

[175]Zheng L,1999. Is money smart? a study of mutual fund investors' fund selection ability[J]. Journal of Finance(3):901-933.

[176]Zhu Y, Wu Z, Zhang H, Yu J et al., 2017. Media sentiment, institutional investors and probability of stock price crash: evidence from Chinese stock markets[J]. Accounting & Finance(5):1635-1670.

[177]Özgür O,2008. Financialization and capital accumulation in the Non-Fi-

nancial corporate sector: a theoretical and empirical invetigation on the US economy 1973-2003[J]. Cambridge Journal of Economics（6）：863-886.